생각하는 늑대

타스케

생각하는 늑대 타스케

습관적인 생각을 깨는 생각의 습관 이야기

서재근 지음

휴먼큐브

사랑하는 아내 양인혜와
나의 보물 서연우에게

프롤로그

이 책의 목적은
기획력을 근본적으로
향상시키는 것입니다

    기획력에 관한 많은 논의가 있습니다. 남들과 같은 생각으로는 새로운 가치를 창조할 수 없고 새로운 가치를 창조하지 못하면 경쟁에서 밀려나는 상황의 필연적 결과로 보입니다. 그럼에도 불구하고 논의의 양이 논의의 질을 담보하고 있지는 않는 것 같습니다. 기획력을 다루는 논의의 상당수가 기획 업무의 수행 능력 향상에 초점을 맞춘다거나, '고정관념을 피하라', '호기심을 가져라' 식의 추상적 조언에 머물러 있는 것입니다.

    본질적인 의미에서 기획력은 목표 달성을 위한 솔루션(해결 방안)의 구성 능력, 즉 당면한 문제를 해결하고 목표에 이르게 하는 아이디어의 제안 능력으로 봐야 합니다. 시장 분석 잘하고 조사도 잘하며 기타 기획 프로세스가 요구하는 업무들을 착착 잘 수행한다고 해서 아이디어 제안 능력이 좋다고 말할 수는 없습니다. 업무를

생각하는 늑대 타스케

빈틈없이 처리한다는 것과 아이디어가 좋다는 것은 서로 별개의 영역인 것입니다.

　이 책은 기획력의 근본적인 향상에 목적을 두고 있습니다. 그래서 기획 업무를 수행하기 위한 지식과 노하우는 다루지 않습니다. 대신 아이디어를 찾아내는 능력 자체를 다룰 것입니다. 그렇다고 '고정관념을 피하라' 같은 추상적인 요령을 전하기 위해 지면을 낭비하지는 않을 것입니다. '아이디어를 찾으려면 고정관념을 피하라'고만 조언하는 것은 그 자체로 아이디어가 없는 것과 다르지 않습니다. 정말로 고정관념을 피해야 한다면 피하라는 뻔한 이야기 대신 피하는 법을 이야기해야 하는 것입니다.

　저는 지난 20년 동안 기획자의 명함을 가지고 일했습니다. 주로 기업 혹은 그 기업의 브랜드와 소비자 사이의 관계 속에 놓인 문제점을 찾아내어 해결책을 제시하는 것이 제 일이었습니다. 효과적인 아이디어를 찾기 위해선 의뢰한 회사의 담당자와 긴밀한 협조가 필수적이기 때문에, 필연적으로 다양한 업종의 기획자들을 만나왔고 그만큼 다양한 문제와 고민들을 경험할 수 있었습니다. 저 자신도 아이디어를 찾는 일을 하지만 그와 동시에 아이디어를 찾는 다양한 사람들을 만나기도 한 것입니다. 아이디어를 찾는 사람의 입장에서 아이디어를 찾는 다른 사람을 만나다 보니 자연스럽게 '어떻게 하면 아이디어를 찾아내는 능력을 근본적으로 향상시킬 수 있을까'라는 고민을 하게 되었고, 실제 비즈니스 현장에서의 생생한 경험들을 통해 제 나름대로의 답을 구할 수 있었습니다.

아이디어를 찾는 능력,
당신의 사고방식에 달렸습니다

오랜 기간 직접 기획 일을 하면서, 또 비즈니스 현장의 다양한 기획자들을 만나면서 제가 깨달은 것은 의외로 단순 명료한 사실이었습니다. 아이디어를 잘 찾아내는 사람들에게는 그들 고유의 독특한 사고방식이 있다는 것입니다. 즉 아이디어가 좋은 사람과 그렇지 못한 사람의 차이는 결국 사고방식의 차이에서 비롯된 것으로 봐도 무방합니다.

아이디어를 잘 찾아내는 사고력을 흔히 쓰는 말로 바꿔보면 '통찰력'이란 말로 표현할 수 있습니다. 사전적 의미로 통찰력은 '사물을 꿰뚫어 보는 능력' 혹은 '같은 사물과 현상을 보더라도 다른 의미로 재해석할 수 있는 능력'을 뜻합니다. 정보의 본질을 파악하고 그 정보 속에 내재된 새로운 가능성을 발견하는 능력이라는 것입니다. 아이디어는 아무것도 없는 완전한 무無에서 '발명'되는 것이 아닙니다.

생각하는 늑대 타스케

아이디어는 이미 존재하는 것들을 관찰하고 그것을 다른 의미로 재해석하는 과정에서 '발견'되는 것입니다. 아르키메데스가 "유레카!"를 외칠 수 있었던 것도 욕조의 물이 넘치는, 어쩌면 그냥 지나칠 수도 있었던 일을 유심히 관찰하고 여기에서 피어난 생각들을 순금의 밀도와 새롭게 연결해보았기 때문입니다. 다시 말해서 아이디어를 발견할 수 있느냐 하는 문제는 '우리에게 전달되는 정보를 어떻게 다루느냐', 즉 통찰력과 밀접한 관계를 맺고 있다고 볼 수 있습니다.

문제는 일반적으로 가지고 있는 통찰력에 대한 심리적 부담감입니다. 통찰이라고 하면 왠지 자신과는 거리가 먼, 오직 일부 사람들만이 선천적으로 타고난 달란트쯤으로 생각하는 경향이 있습니다. 그러나 그것은 통찰에 관한 오해에 불과합니다. 통찰력은 재능이 아닙니다. 그저 사고방식의 결과일 뿐입니다. 앞서 통찰력은 주어진 정보를 재해석하는 능력이라고 언급했습니다. 이 말은 곧 통찰력이 정보를 처리하는 능력과 관련 있는 것이라는 의미로도 받아들일 수 있겠습니다. 여기서 정보를 처리한다는 것은 '그 정보를 어떤 식으로 생각할 것이냐' 하는 문제와 다르지 않으므로 결국 통찰력은 '사고방식'의 결과로 볼 수 있는 것입니다. 지금까지 우리에게 통찰이 어렵게만 느껴졌던 것은 그러한 재능이 원래부터 없었던 탓이 아니라 우리의 사고방식이 오랜 기간의 학습을 거치면서 고정된 탓이고, 그 고정된 사고방식이 정보를 처리하는 방법을 '늘 해오던 방식'으로 제한함으로써 정보속에 숨어 있는 새로운 가능성을 발견할 수 없도록 방해해왔기 때문입니다.

프롤로그

습관의 생각을 거부하는
생각의 습관이 필요합니다

통찰력 있는 사람들의 사고방식을 익히기 위해선 무엇보다 지금의 '고정된 사고방식'과 과감히 작별하고 그동안의 습관이 만들어낸 생각들에서 벗어나려는 노력이 중요합니다. 한 번의 생각만으로 결론을 얻고 그것을 고정시킨 후 그 이상의 생각은 하지 않으려는 뿌리 깊은 습성을 깨야 하고, 기존에 고정시켰던 생각에 의존하려는 습성을 버려야 합니다. 그와 동시에 생각을 고정시키지 않고 늘 신선하게 유지하며 예전에 가졌던 생각도 미련 없이 버릴 수 있을 뿐 아니라 언제라도 새롭게 생각하기를 꺼리지 않는, 통찰력 있는 사람들이 공통적으로 가지고 있는 '생각의 습관을 가져야 합니다. 이 새로운 생각의 습관은 우리로 하여금 기존의 습관에 의해 고정된 각도를 벗어나 정보를 다룰 수 있게끔 만들어줍니다. 다양한 각도를 확보하면 하나의 정보 속에 숨어 있는 새로운 가능성을 풍부하게 포착해낼 수 있기 때문에 결과적으로 뛰어난 통찰력을 발휘할 수 있게 되는 것입니다.

물론 통찰력 있는 사람들의 사고방식을 훈련하고 각자의 것으로 체화한다는 게 쉬운 일만은 아닙니다. 지금 가지고 있는 사고방식 자체가 어느 날 하늘에서 뚝 떨어진 것도 아니고 짧은 시간 동안 급조된 것도 아니기 때문입니다. 하지만 지금의 사고방식도 어차피 타고나지 않고 조금씩 '형성'된 것처럼, 우리가 추구하는 새로운 생각의 습관 역시 충분히 새롭게 형성될 수 있을 것입니다. 통찰력은 저 하늘의 별이 아닙니다. 그 별을 보는 눈의 '각도'일 뿐입니다. 각도는 훈련을 통해 얼마든지 얻을 수 있습니다.

결론적으로 말씀드리면, 이 책은 습관이 만들어내는 뻔한 생각을 거부하고 다양한 가능성의 각도를 확보하게 만드는 새로운 사고방식, 즉 습관의 생각을 깨는 생각의 습관을 제안할 것입니다. 이를 통해 여러분의 인지적 환경을 아이디어 발상에 유리하도록 재구성할 것이고, 나아가 궁극적으로 독자 여러분의 기획력의 근본적인 향상을 지원하려 합니다. 통찰력 있는 사람들이 공통적으로 가지고 있는 생각의 습관이 무엇인지, 그것들은 지금 가지고 있는 습관의 생각과 어떻게 다른지, 그리고 그러한 새로운 사고방식은 어떤 훈련을 통해 얻을 수 있는지 살펴보게 될 것입니다.

이 책을 읽지 마세요
책 속으로 들어오세요

책을 읽을 땐 의견을 나누듯 해야 합니다. 지은이의 생각을 따라가기만 해서는 책에서 얻을 수 있는 성과의 대부분을 놓치게 됩니다. 그보다는 책에 담긴 내용을 누군가 옆에서 해주는 이야기로 생각하여 마치 의견을 나누듯 본인의 생각을 섞어가며 읽는 게 훨씬 더 유익합니다. 이것은 독서하는 자세에 대한 제 오래된 생각입니다. 보통 읽을 때 견지하게 되는 태도이긴 하지만 이번처럼 쓰는 경우에도 잊지 않으려고 합니다. 이 책에 놓일 이야기들은 결코 진리가 아닙니다. 그저 제가 현장에서 일하고 경험하고 느끼고 공부하면서 정리한 생각일 뿐입니다. 그러므로 저는 이 책 역시 하나의 의견으로 읽히기 바랍니다. 기억력보다는 사고력이 쓰이는 과정이 될 때 이 책의 목적이 가장 잘 구현될 것이고, 무엇보다 중요한 것은 저의 의견이 아니라 저와의 의견 교환을 통해 여러분이 얻게 될 여러분만의 결론이기 때문입니다.

저는 제 생각을 보다 효과적으로 전달하기 위해서 감히 '소설의 형식'을 빌리기로 했습니다. 사고방식에 관한 문제를 정형화된 틀에 넣어 쓱쓱 도식화하여 설명하는 것 자체가 바람직하지 않은 데다 일방적으로 설명하는 방식으로는 생각의 습관 문제를 제대로 다루기 어려운 까닭입니다. 기존의 사고방식과 새로운 사고방식의 차이를 여러 가지 개념과 도식으로 설명해봤자 실제 자신의 사고작용을 통해 생생하게 경험하고 확인해보지 못하는 한, 그 차이는 금세 잊힐 수밖에 없습니다. 독자의 생각이 적극적으로 개입하지 않은 채 눈과 책의 거리만큼 떨어져 저자의 도식을 구경만 하고 지나가는 방식으로는 기존의 사고방식이 가진 헛점들과 실질적으로 대면하기는 어려운 것입니다.

그래서 저는 독자 여러분들이 이 책의 이야기 속으로 좀 더 적극적이고 직접적으로 개입하시기를 바랍니다. 아예 이야기 속으로 들어와서 자신의 사고를 움직여 함께 생각하고 함께 발견하면 좋겠습니다. 거기에 굳이 소설의 형식을 고집한 이유가 있습니다. 문학적 동기가 있을 리 없습니다. 문학성을 추구할 만큼의 글솜씨도 못 됩니다. 오히려 누추한 글 때문에 정작 전하고 싶은 내용까지 흐려지지 않을까 걱정도 됩니다. 모쪼록 글의 길 대신 행간의 길을 걸으시길 바랍니다. 그 길에서 마음껏 생각을 즐기셨으면 좋겠습니다.

이 책은 예전에 『씽킹 브레이커』라는 이름으로 출간된 적이 있습니다. 한동안 서점 깊숙한 곳에 꽂혀 있었던 터라 저자인 저조차도 책의 존재를 잊을 뻔했는데, 이 책을 발견하고 좋게 읽어주신 분들의 연락이 종종 이어지면서 잊을 만하면 몸 둘 바 모르는 상황이 연출되곤 했습니다. 그러다 이 책의 가치를 저 자신보다 높게 평가해주신 휴먼큐브 출판사의 황상욱 대표님을 만나면서 과분한 행운을 얻어 다시금 세상의 빛을 보게 되었습니다. 이 책이 과연 현재적 고민에까지 답할 수 있는가, 주저하기도 했습니다. 그러나 첫 번째 출간 당시와 크게 달라진 것 없는 상황에 대해 여전히 유효한 이 책의 문제의식에서 가치를 찾고자 하신 황 대표님의 격려 덕분에 용기를 낼 수 있었습니다.

현재 시점에서 업데이트해야 할 부분은 업데이트하고, 이전 출간 때 아쉬웠던 부분은 고치고, 못다 했던 이야기를 덧붙여서 개정판을 내게 되었습니다. 독자 여러분의 기획력 혹은 아이디어 발상력의 근본적인 향상에 조금이라도 도움이 될 수 있기를 진심으로 바랍니다. 서고에서 잠들어 있는 책을 깨워 좀 더 나은 책이 될 수 있도록 기회를 만들어주신 휴먼큐브 황상욱 대표님과, 이제는 언제나 나에게 신선한 자극을 주는 동료이자 동지적 기획자가 된 후배 남충식에게 특별히 감사의 마음 전하고 싶습니다.

2015년 10월 서재근

thinkingwolf.tahske@gmail.com

0 1

좋은 소식, 나쁜 소식

오늘 저녁, 두 통의 전화를 연달아 받았다. 덕분에 나는 지금 몇 시간째 얼떨떨한 기분에 사로잡혀 있다. 마치 하늘을 둥둥 떠다니다가 갑자기 땅 속 깊숙이 처박힌 느낌이랄까. 지금까지 삼십 년을 살아오면서 이렇게까지 낙차 큰 추락은 처음이 아닐까 싶다.

대개는 그랬다. 나한텐 주로 안 좋은 일들이 늘 일관성 있게 강도를 달리하며 이어지곤 했다. 처음 그 소식만 아니었다면 두 번째 소식엔 조금 덜 당황했을지도 모를 정도로.

"김지학 씨? 저는 라퓨타커뮤니케이션즈의 인사팀장입니다. 잠시 얘기 좀
  나눌 수 있을까요?"

생각하는 늑대 타스케

간단히 저녁식사를 해결하려고 자리에서 일어설 무렵, 휴대전화는 그렇게 나를 붙잡았다. 라퓨타커뮤니케이션즈, 부동의 국내 1위 광고회사. 나를 들뜨게 만든 첫 번째 전화는 바로 그 회사로부터의 스카우트 제의였다. 통화하는 내내 나는 사무적인 목소리를 유지하고자 애썼지만, 그럴수록 쿵쾅대는 심장소리가 민망해서 견딜 수가 없었다. 온몸에 통쾌함이라는 이름의 소름이 일제히 돋았다. 상상할 수 있겠는가? 9회말 역전 만루홈런의 통쾌함!

지금 나에게 스카우트 제의를 하고 있는 라퓨타는 사실 내가 5년 전에 지원했던 회사였고, 그때 나는 첫 단계인 서류 전형에서 보기 좋게 미끄러졌었다. 너무나 가고 싶어서 졸업을 앞두고 가장 먼저 지원했던 회사였지만 나에게는 고작 이력서 낼 기회밖에 허락하지 않았던 그 회사가, 5년의 시간이 흐른 후 나에게 먼저 연락을 해왔고 게다가 조건을 맞춰줄 테니 함께 일했으면 좋겠다고 몸을 낮춰 제안하고 있는 것이다. 역전의 전율에 목소리까지 떨릴 뻔했다.

나는 소위 명문 대학 출신이 아니다. 서울에 있는 중위권 대학을 졸업했다. 고등학교 때의 성적은 우수한 편이었지만, 아버지가 사업에서 크게 실패하고 가족 모두 시골로 내려가야만 하는 상황이 되어 나에겐 별다른 선택의 여지가 없었다. 장학금을 받을 수 있는 중위권 대학으로 진학하는 게 대학을 다닐 수 있는 유일한 방법이었다. 예상대로 중위권 대학의 졸업장은 별로 힘이 세지 못했다. 여러 회사에 이력서를 내보았지만, 매번 턱걸이도 못하고 떨어지고 말았다. 깊은 좌절감 속을 헤매다 자리를 잡은 곳이 지금의 회사다. 규모가 그리 크지 않은 중위권 광고회사. 이 회사에 입사하던 날, 나는 기쁨보다는 남은 인생이 모두 '중위권 인생'으로 확정지어진 것만 같은 심정에 적잖이 울적해했다.

물론 그런 우울함이 오래가지는 않았다. 규모가 작은 회사는 규모가 작은 대로 장점이 있었기 때문이다. 비즈니스 환경 변화에 유연하게 대응할 수 있는 기동력도 그렇지만, 무엇보다 애송이에 불과했던 나에게도 많은 기회가 주어졌던 것이다. 나는 특유의 집중력을 발휘해 나에게 주어진 대부분의 프로젝트에서 성과를 냈고, 그럴수록 나이와 경력은 잊혔으며, 점점 더 큰 프로젝트를 맡을 수 있게 되었다. 광고회사에서 광고권을 얻어내는 데 가장 중요한 경쟁프레젠테이션광고주를 영입하기 위해 광고회사들이 광고 전략이나 제작물 따위를 가지고 경쟁하는 행위. 경쟁PT라고 줄여 부르기도 한다에서 발군의 성과를 내면서, 나는 서서히 회사의 보물로 여겨지기 시작했고 어느새 회사의 스타로 대접받게 되었다. 회사가 작은 규모라는 사실이 오히려 나를 빠른 시간 안에 주목받게 만든 밑거름으로 작용했던 것이다.

문득 경쟁프레젠테이션의 성과를 보고 라퓨타가 나의 연락처를 수소문했을 것이란 생각에 묘한 성취감이 들었다. 돌이켜보면 나는 기회가 생길 때마다 내 능력이 가장 빛날 수 있는 경쟁프레젠테이션에 닥치는 대로 덤벼들었고, 20번이 넘는 경쟁을 치르는 동안 라퓨타와는 13번이나 부딪쳤다. 비록 라퓨타와의 전투에선 13전 4승 9패라는 초라한 기록을 남겼지만 사람들은 아무도 내 성적을 초라하다고 여기지 않았다. 사실 사람들은 우리처럼 작은 회사가, 엄청난 물량과 조직력을 자랑하는 라퓨타커뮤니케이션즈와의 경쟁에서 단 한 번이라도 이길 수 있을 거라곤 기대하지 않았던 눈치였다. 의외의 승리를 거둔 날이면 회사는 마치 골리앗이라도 쓰러뜨린 것처럼 밤늦게까지 축배의 노래를 멈추지 않았다. 라퓨타라고 모든 경쟁에서 항상 승리하는 것은 아니겠지만, 그래도 우리같이 작은 회사에 질 수 있으리라고 생각조차 하지 않았을 것이다. 그래서 내게 졌을 때는 예상치 못한 치욕스러움에 치를 떨어야 했을 것이다. 자신에게 그런 치욕을 네 번씩이나 맛보게 만든, 다윗 같은 나에게 관심을 가지는 것도 당연했으리라!

"그러지 마시고, 같은 업계 사람인데 인사나 나눌 겸 한 번 만나서 천천히 이야기를 나눠보시는 건 어떨까요? 시간과 장소는 김지학 씨가 편하신 대로 하겠습니다."

내가 잠시 머뭇거리는 모습을 보이자 그는 낚싯대로 낚아채듯 서둘러 내 말을 잘랐다. 나는 협상의 방법을 안다. 사람이라는 게 그렇다. 상대가 뜸을 들이면 더 애가 타는 법이다.

"글쎄요……"

내 대답은 이미 '예스'였다. 이날이 오기만을 손꼽아 기다렸다고 말할 순 없지만 이런 날이 오리라는 것은 어렴풋하게나마 예감하고 있었다. 나도 더 이상 어쩔 수 없다는 듯 그 사람과 약속을 잡고 너무 바빠서 오래 볼 수는 없을 것 같다고까지 일부러 일러두고 전화를 끊었다.

이제 곧 내 이름이 박힌 라퓨타커뮤니케이션즈의 명함을 가지게 될 것이다. 이곳 회사 사람들에게 미안한 마음도 들고 5년이란 세월을 함께한 섭섭함이 생각보다 무겁겠지만, 가야 할 길이라면 가야 하는 것이다. 회자정리, 사필귀정 아니던가. 나는 좀 더 높은 곳에서 날고 싶다. 더 큰 광고주의 더 큰 프로젝트를 맡아 더 큰 명성을 누리고 싶다. 발을 들여놓은 이상 족적은 남겨야 한다. 사람들이 내가 남긴 족적을 쉽게 찾아낼 수 있도록 더욱 눈에 띄는 프로젝트에 집중할 필요가 있다. 라퓨타에는 이곳 회사에서는 만나기 힘들었던 거대한 기회들이 있을 것이다, 바글바글하게!

두 번째 전화가 울린 것은 그런 상상에 빠져 있다가 내가 저녁식사를 하러 가려던 참이었다는 사실을 문득 깨닫는 순간이었다. 여자친구 윤희의 전화였다. 방금 전에 걸려온 소식을 그녀에게 어떻게 전할까 잠시 고민했다. 기뻐할 윤희의 얼굴을 생각하니 한층 더 흐뭇해졌다. 매사에 조심스럽고 신중한 윤희의 얼굴에도 예의 천진난만한 웃음꽃이 필 것이다. 나는 그런 순간이 참 좋다. 표현도 서툰 데다 조금은 무뚝뚝한 편이어서 마음을 잘 전하진 못하지만, 아무튼 윤희가 웃으면 그 얼굴에 빛이 드는 것 같고 내 마음까지도 따뜻하고 여유로워진다.

생각하는 늑대 타스케

일이 조금 남아 야근을 할 생각으로 저녁식사를 가볍게 때우려 했다가 윤희에게 이 소식도 전하고 싶고 오랜만에 데이트를 하고 싶은 생각도 들어서 저녁을 같이하자고 했다. 회사도 가깝고 보통은 윤희의 일이 먼저 끝나는 편이어서 대개 윤희가 우리 회사 쪽으로 움직이곤 했다. 윤희는 잠시 망설이는 것 같았다. '윤희는 잘 망설이지 않는다'는 생각이 스칠 무렵, 윤희는 정말 윤희답게 나지막이 그러나 분명하게 말했다.

"이런 얘기는 만나서 해야 되는데, 얼굴을 마주 보곤 말을 못할 거 같아.
이런 얘기 전화로 해서 미안해."
"응?"
"이제 더 이상 오빠를 만날 자신이 없어. 오랫동안 많이 생각해봤는데, 그
만 만나는 게 좋을 것 같아, 우리."

그 이후로도 무슨 말을 했던 것 같은데, 뒤이어 윤희가 했던 말들은 하나도 기억나지 않는다. 그녀는 마치 준비된 대사를 읽듯이, 게다가 내가 왜냐고 물을 걸 이미 알고 있다는 듯이 하염없이 길어질 수도 있는 우리의 대화를 짧고 정갈하게 정리했다.

"오빠라면, 더 잘 알 거야."

01_좋은 소식, 나쁜 소식

모른다. 모르겠는데, 차마 모르겠다고 말하지 못했다. 모른다고 하면 안 될 것 같은 분위기에 압도당해서 나는 아무 말도 못한 채 굳어 있었다. 윤희도 한동안 가만히 있었다. 정확히 알 수는 없지만 아무 말도 못하고 있는 내 반응에 윤희도 약간은 당황했던 것 같다. 곧 짧은 한숨 소리가 들려왔고 잠시 후에 그보다 더 짧은 작별인사가 들려왔으며, 그러고는 엄청나게 길게 '뚜뚜뚜…' 하는 소리가 남았다.

그때부터 서너 시간이 지난 지금까지 나는 꼼짝을 못하고 있다. 귓가에선 아직도 끊어진 전화 신호음이 들린다. 무엇이든 생각해내야겠는데 아무것도 생각나지 않는다. 정말이지 나는 그동안 윤희로부터 어떠한 시그널도 느끼지 못했다. 윤희가 이 문제를 생각했다는 그 '오랫동안' 나는 눈치조차 채지 못한 것이다. 우리가 만나지 못했던 최근 열흘 동안 갑자기 마음이 바뀐 것이 아니라면 퇴근길 버스에서 내 어깨에 기대어 자던 열흘 전의 윤희는 누구였단 말인가.

다른 남자가 생긴 걸까? 아닐 것이다. 그것은 전혀 윤희답지 못하다. 윤희는 잠깐 부는 바람 때문에 흔들릴 여자가 아니다. 설령 어떤 근사한 남자가, 내가 갖추지 못한 친절과 부드러움으로 '오랫동안' 윤희를 흔들었고 그래서 윤희의 마음이 결국 변한 것이라 하더라도, 정말 그것 때문이라면 그녀는 분명하게 밝히고 사과했을 것이다. 그것이 윤희다운 것이다. '당신이 더 잘 알 거다'라는 식으로 대충 상대방의 문제로 떠넘겨놓고 도망갈 친구가 아니다. 문제는 나에게 있거나 우리에게 있다. 그런데 그것이 무엇인지는 도무지 모르겠다.

생각하는 늑대 타스케

무엇보다 나는 지금의 이 상황을 믿을 수가 없다. 그냥 내일 아침에 일어나서 전화를 걸면 아무 일 없었던 것처럼 윤희가 상냥하게 반겨줄 것만 같다. 스카우트 제의에 관한 이야기를 능청스럽게 늘어놓으면 "정말?, 정말?" 이러면서 자기 일처럼 기뻐해줄 것만 같다. 밤 10시, 하늘의 성까지 올라갔다가 거기서 길을 잃고 말았다.

0 2

타 스 케

답답한 출근길. 회사를 옮기면서 가장 나빠진 점이라면 단연 출퇴근길이다. 버스는 너무 많이 돌아가서 지하철을 이용할 수밖에 없는데, 사람들이 한꺼번에 몰리는 곳을 지나다 보니 출근 때마다 전쟁을 치러야 한다. 오늘은 열차 안으로 밀려들어온 사람들에 휩쓸리다 하마터면 가방까지 잃어버릴 뻔했다. 초여름, 열차 안에서 부채질할 수 있을 만큼의 소박한 공간도 확보하지 못하고 열차가 흔들릴 때마다 춤을 추는 사람들끼리 밟고 밟히면서 찡그린 얼굴로 하루를 시작해야 한다는 사실이 새삼스레 짜증난다. 회사에서라도 재미가 있다면 그런 짜증은 덜했을 것이다. 그랬다면 답답한 출근길이 오히려 회사에서의 긴장과 재미를 위해 반드시 거쳐야 할 모험처럼 느껴졌을 테니까.

회사를 옮긴 지 한 달. 라퓨타커뮤니케이션즈에서의 생활은 한마디로 기대 이

생각하는 늑대 타스케

하다. 이직을 말리던 전 직장 선배의 말대로 광고회사는 정말 광고회사일 뿐인 건지, '윤희'라는 조각만 찾아 맞추면 이 퍼즐은 전에 다니던 직장의 일상과 전혀 다를 바가 없다. 나의 일이란 여전히 광고주를 만나서 광고의 방향에 대해 이야기하는 것, 그에 따라 광고 전략을 수립하는 것, 광고 전략을 토대로 제작팀과 회의하는 것, 제작팀에 의해 광고가 만들어지면 그 광고가 실제로 매체에 집행될 수 있도록 광고주를 설득하는 것, 그 밖에 광고주를 위해 필요한 자질구레한 업무들을 진행하는 것. 좀 더 큰 광고회사에서 좀 더 큰 광고주의 일을 맡는다는 게 조금 달라졌을 뿐, 하는 일에는 아무런 변화도 없는 것이다.

"커피 한잔 할래?"

이 부장이 슬쩍 어깨를 건드렸다. 이 부장은 다 좋은데 말이 많은 게 흠이다. 자기가 하고 싶은 말이 있으면 참지를 못한다. 참지 못하면 내 어깨를 슬쩍 건드리곤 한다. 나는 기다렸다는 듯 일어났다. 기왕이면 웃으면서 일어나는 게 좋다.

"어때, 지내기가?"
"아, 뭐 똑같죠."

이렇게만 말하면 안 될 것 같아서 곧바로 덧붙였다.

"그래도 배우는 게 많으니까 아무래도……"

나중에 알게 된 거지만, 내가 이 회사로 스카우트된 이유는 이전 회사에서 그간에 보여준 실력을 인정받았기 때문이 아니었다. 전 직장에서 내 상사로 있다가 먼저 회사를 옮긴 이 부장의 추천을 인사팀에서 받아들인 것이었다. 짐작하겠지만 이 사실은 하늘 높은 줄 모르고 치솟던 내 자만심을 냉정하게 교정해주었다. 너무 냉정하게 교정해준 나머지 다소 기가 죽기도 했다. 나는 더 이상 회사의 보물도, 회사의 스타도 아니다. 나는 단지 400명이 넘는 직원 중 한 명일 뿐이며 이 회사의 누구도 나를 특별히 주목해주지 않는다. 뱀의 머리였다가 용의 꼬리가 된 것 같은 그런 기분.

그러나 나는 조급하게 생각하지 않기로 했다. 지금까지의 성과가 죄다 리셋되어버린 것 같은 아쉬움은 어쩔 수 없다. 다시 시작하는 마음으로 기회가 올 때를 기다릴 수밖에. 일단 경쟁프레젠테이션이 중요한 계기가 될 것이다. 라퓨타에서도 경쟁프레젠테이션이 중요한 것은 마찬가지다. 회사 규모가 너무 크고 기획팀도 14개나 있다 보니 한 팀에 돌아가는 기회가 많지 않다는 문제는 있지만, 그럴수록 나는 한 번의 기회에 집중해야 한다. 낚시를 하는 마음으로 차분히 움츠리고 있다가 기회가 왔을 때 강력한 인상을 남기고 경쟁에서 승리하면 되는 것이다.

"천천히 해. 네 실력이면 여기서도 충분히 통할 거야."

생각하는 늑대 타스케

그동안 기가 죽은 듯 조용히 움츠려 지내는 모습 때문에 나를 불러낸 것일까. 이 부장은 마치 내 마음속을 들여다보고 있는 것처럼 중얼거렸다.

"라퓨타랑 경쟁해서 이긴 경험도 많잖아, 너."

예전엔 나도 그런 사실을 자랑스러워했다. 작은 회사의 어려운 여건 속에서도 네 차례나 라퓨타를 꺾은 적이 있다는 우월감에 도취되어 있었다. 하지만 지금은 다르다. 나에게 네 차례 졌던 라퓨타는 잊는 편이 낫다. 이제부터는 아홉 차례나 이겼던 라퓨타에 주목해야 한다. 그래야만 이 치열한 경쟁의 장에서 별처럼 빛날 수 있을 테니 말이다. 나에게 아홉 번의 패배를 선사했던 라퓨타에 주목하기로 결심하고 나니, 문득 그때 라퓨타는 어떤 전략으로 나를 이겼는지 궁금해졌다. 그것을 찾아보면 라퓨타가 경쟁프레젠테이션을 진행하는 스타일을 미리 엿볼 수 있을 것이다.

라퓨타에는 20명 규모의 브랜드전략연구소가 따로 존재한다. 전에 있던 회사는 물론이거니와 웬만한 규모의 회사들은 흉내조차 낼 수 없는 조직이다. 분명 이 조직의 힘을 충분히 활용했을 것이다. 연구소의 석박사들을 동원하고 가공할 분석툴을 적용하여 광고주들의 눈과 귀를 현혹했을 것이다. 분석력이라고 하면 나도 남부럽지 않을 수준은 된다고 믿긴 하지만, 이곳 라퓨타에서 내가 더욱 빛날 수 있으려면 여기서 주로 사용되는 분석툴을 미리 경험하고 꼼꼼하게 익혀둘 필요가 있다. 뭐니 뭐니 해도 나 같은 기획자에게 분석 능력만큼 중요한 것은 없기 때문이다. 브랜드전략연구소의 도움 없이도 고성능의 분석툴을 자유자재로 구사하는 기획자로 비쳐진다면 이곳에서의 내 입지도 크게 강화될 것이다. 예전의 기획서들은 자료실에서 찾아볼 수 있다고 이 부장이 일러주었다.

자료실에서 아홉 권의 기존 기획서를 찾아 펼쳐 들었는데, 한동안 내 눈을 믿을 수가 없었다. 이것이 진짜 기획서가 맞는지, 맞는다면 내가 찾던 그 기획서가 맞는지 몇 번이고 다시 들춰보고 또 들춰보았다. 그 아홉 권의 기획서에서는 내가 기대했던 빛나는 '분석툴'은 찾으려야 찾을 수가 없었다. 아니, 분석툴 비슷한 것조차 없었다. 분석툴은커녕 그 흔한 그래프 하나 찾기가 힘들었다. 아홉 권이 모두 그랬다. 다시 말해 그것들은 기획서라고 생각하기 힘든 것들이었다. 차라리 동화책 같았다. 어떤 어린이용 학습지회사를 위한 기획서는 아예 그림책 같아 보이기까지 했다. 어머니가 아이에게 읽어주는 그림책, 그것도 아주 짧은 그림책 같은 느낌이었다. '내가 이런 이상하기 짝이 없는 기획서에 졌다고? 하다못해 간단한 시장 상황 분석 같은 것조차 없는 이 기획서에?'

나는 숨을 고르고, 다시 침착하게 이 당혹스러운 상황을 정리해보기로 했다. 우선 차분하게 또박또박 '동화책'들을 다시 읽어보았다. 정말 동화책처럼 쉬웠다. 이야기하는 바도 상당히 간결했다. 물론 결론은 그 당시 경쟁프레젠테이션에서 내가 주장했던 것과 다른 결론이었다. 그러나 그것만으로는 나의 패배를 받아들이기

생각하는 늑대 타스케

가 쉽지 않았다. 기획서라면 당연히 전략적 결론에 대한 근거가 제시되어야 한다고 배웠다. 그리고 그 근거의 타당성을 증명하기 위하여 이미 여러 곳에서 인정받는 분석툴을 사용하는 것 아닌가. 그 동화책들은 간명하고 쉬웠고 전략적 결론 또한 그럴듯했지만, 결코 과학적이라 할 수 없었고 그래서 강한 신뢰를 주지는 못하는 것들이었다. 뭔가 묵직한 것으로 뒤통수를 얻어맞은 기분을 떨칠 수가 없었다.

"저, 여기 기획서들, 누가 쓴 건지도 확인이 가능한가요?"

기획서 표지엔 회사 이름만 표기되어 있는 편이라 구체적으로 누가 썼는지까지는 알 수 없었다. 브랜드전략연구소의 손길은 전혀 닿지 않은 것 같고 실제로 쓴 사람은 누구일지 궁금해져서 자료실 직원에게 물었더니, 그녀는 무심한 표정으로 기획서들을 가져가서 바코드 인식기에 틱틱 갖다 댔다.

"누가 썼는지까지는 안 나오고요, 아홉 권 모두 타스케팀에서 쓴 것들이네요."

'타스, 케? 타스케팀? 우리 회사에 그런 팀도 있었나?' 의아해하는 나를 보고 자료실 직원이 더 신기해했다. 혹시나 하는 마음에 나에게 패했던 네 차례의 기획서들까지 찾아서 자료실 직원에게 건네주었다. 역시 그것들은 타스케팀이라는 곳에서 작성한 것이 아니었다. 내가 이겼던 네 번은 다른 팀에서 쓴 기획서들이고,

내가 졌던 아홉 번은 모두 타스케팀이라는 곳에서 나온 것들이란 이야기다. 더욱 혼란스러워졌다. 회사를 옮긴 지 한 달이 되었지만 나는 타스케팀이라는 곳에 대해 한 번도 들어본 적이 없었다. 게다가 나를 이겼던 그 이상한 그림책들이 모두 그 팀에서 나온 것이라니, 그들은 도대체 누구란 말인가.

사무실 내 자리로 돌아왔더니 팀 사람들 몇몇은 이미 퇴근했고, 이 부장은 막 퇴근할 참으로 컴퓨터를 끄고 있었다. '다행이다.'

"김 대리는 퇴근 안 해? 한가할 땐 칼퇴근. 머리도 좀 식히고 그러라고. 너무 열심히 하면 금방 지치는 법이야."
"저 부장님, 궁금한 게 하나 있는데요……"
"응?"
"우리 회사에 타스케팀이라는 팀이 있나요?"

이 부장은 의아해하는 표정으로 잠시 갸우뚱하더니 갑자기 눈을 반짝이며 신이 난 듯 말했다.

"아, 김 대리는 아직 타스케팀하고 같이 일을 해본 적이 없구나!"
"네? 아, 네……"
"하긴 나도 여기 와서 아직 두 번밖에 못 봤으니까."

생각하는 늑대 타스케

"네?"

이 부장은 자기 책상에 있는 회사 조직도를 가리켰다.

"자, 여기…… 조직도를 보면 사장님이랑 부사장님 사이에 옆으로 선 하나가 튀어나와 있지? 대표이사 직속인 전략지원실, 여기가 바로 타스케팀이야. 전략지원실이 원래 명칭인데, 사람들은 다 타스케팀이라고 부르지. 타스케는 그 팀의 팀장 이름이야."

"아……"

"왜, 보통은 우리 같은 기획팀이 알아서 전략을 기획하잖아? 그런데 특별한 프로젝트가 있거나 기획팀의 요청이 있는 경우에는 함께 참여해서 전략 개발을 도와주는 일을 해. 완전히 도맡아서 전략을 짜기도 하고, 그냥 자기들 아이디어나 의견 같은 것만 주고 빠질 때도 많고. 기획팀이 원하면 기획서까지 직접 쓰고 프레젠테이션을 하기도 하는데 매번 그러는 건 아냐. 워낙 의뢰하는 일들이 많으니까 어지간히 큰 프로젝트가 아니면 잘 안 나서는 것 같아. 아무튼 대단한 팀이야. 모두들 그 팀과 함께 일하고 싶어 하고, 그 팀에 가고 싶어 하는 사람도 많지. 왜, 얼마 전에 새로 들어온 광고주도 그 팀 작품이잖아."

모두가 그 팀과 일하고 싶어 한다니 더욱 이해하기 힘들어졌다.

"이상하네요. 그 팀에서 썼다는 기획서들을 봤는데 사실 전 별로였거든요. 기획서라기엔 뭔가 좀 이상하던데."

이 부장은 가방을 챙겨 들고는, 마치 내가 무슨 말을 하는 건지 다 알고 있다는 듯이 살며시 웃었다.

"독특하긴 해. 이상하다기보다는 지금까지 우리들이 해온 방식과는 다른 거라고 봐야겠지. 처음엔 나도 몹시 당황했어. 너무 다르니까. 그런데 그 팀에서 나온 전략은 웬만한 경쟁프레젠테이션에서 다 통하더라고. 그 팀은 진 적이 거의 없어. 사실이 그렇다면 그 팀을 이상하다고 평가하긴 힘든 거 아냐? 어쩌면, 그 팀의 전략이 이상해 보이는 우리의 눈이 이상한 건지도 모르지."

먼저 퇴근하겠다며 손을 흔들고 사무실을 빠져나가던 이 부장이 다시 나를 불렀다.

"이봐, 김 대리. 그럼 아직 타스케 팀장도 만난 적이 없겠네? 나중에 보고 놀랄까 봐 미리 얘기해주려고. 그분 말이야, 사람이 아니야."
"네?"
"타스케 팀장은 사람이 아니라고. 그 양반, 늑대야."

최 고 의 기 회

윤희에게 메일을 보내봤지만 답장이 오지 않는다. 윤희와 이대로 끝내고 싶지 않다. 그런데 방법을 모르겠다. 무엇이 문제인지를 모르니 어떻게 해결하면 좋을지 떠오를 리도 없다. 그저 너무 멀어져 있는 것이 불안하고 이렇게 그냥 잊혀버리는 것이 두려워서 내 이름이라도 떠올리게 만들고 싶었을 뿐인지도 모른다. 그냥 담담하게 나의 일상과 안부를 전하다 보면 어떤 실마리를 찾을 수도 있지 않을까. 그러나 답장이 오지 않으니 담담한 메일이 전혀 담담하지 못하게 되었다. 내 마음이 수신처 없이 떠도는 것만 같다. 메일이라도 자주 보내 내 존재감을 유지하고는 싶지만 그러다가 윤희가 질려 할 수도 있을 것 같아서 이도 저도 못하고 그냥 묵묵하게 견디고만 있다.

윤희에 대한 생각과 함께 요즘 나의 전쟁 같은 출근길을 채우고 있는 것이 바로

생각하는 늑대 타스케

타스케에 대한 생각이다. 타스케가 사람이 아니라 사람의 말을 하는 늑대라는 사실은 의외로 쉽게 받아들여졌다. 마치 걸리버가 하늘을 떠다니는 성 라퓨타에서 만난 거인들을 쉽게 받아들인 것처럼 말이다. 내가 납득하기 힘든 것은 타스케가 사람이냐 아니냐의 문제가 아니라, 어째서 이 회사에 있는 수백 명의 엘리트들이 한결같이 그 늑대를 우러러보고 그것도 모자라 그와 함께 일하지 못해서 안달이냐는 것이다. 그가 다소 독특한 시각을 가지고 새로운 아이디어를 내놓는 것은 사실일 수 있겠지만, 아무리 그래도 그의 기획서는 마케팅 지식의 '마' 자도 찾아보기 힘든 허술하기 짝이 없는 것 아니냐 말이다. 집단 최면에라도 걸린 걸까? 그 늑대가 사실은 마법사여서 이곳의 선량한 사람들을 죄다 무지몽매하게 만들어버린 것은 아닐까?

"김 대리, 김 대리. 당신이 기뻐할 만한 소식이 있어."

본부장을 만나고 온 이 부장이 TV 광고에 나갈 소재를 점검하고 있는 나를 불렀다. 경쟁프레젠테이션 소식이었다. 중소기업이긴 하지만 음료회사로서 건실하게 성장하고 있는 〈솟대음료〉에서 새로운 제품이 나온 모양이다. 전통음료인 수정과를 개량, 현대화하여 〈오! 수정과〉라는 이름으로 출시한다고 한다. 그 회사 입장에서는 사활을 걸고 개발한 제품이라 그런지 여러 광고회사에 경쟁프레젠테이션 참여를 의뢰했고, 우리 회사 역시 참여하기로 했다고 한다. 본부장급 회의 결과, 이번 경쟁에는 회사를 대표하여 우리 팀이 참여하기로 했고 이 부장의 추천으로 내가 경쟁프레젠테이션의 프로젝트 리더가 되었다. 대리에 불과한 나에게 프로젝트 리더를 맡겼다는 사실은 그만큼 회사로선 부담이 크지 않은 프로젝트라는 뜻이 될 수도 있다. 하지만 그렇다고 나에게까지 중요하지 않은 프로젝트일 수는 없다.

입사한 지 3개월 만에 찾아온 기회다. 크든 작든, 높든 낮든 이 작은 기회부터 살리지 못하면 나에게 더 큰 기회란 영영 없을지도 모른다. 내가 이 회사에서 묵묵히 평범한 직원으로 움츠리고 있었던 까닭이 무엇이었던가. 바로 지금처럼 모든 사람들이 주목하는 기회가 왔을 때 그 기회를 살려 더욱 화려하게 날개를 펴기 위함이 아니었던가.

"타스케팀도 관여하게 되나요?"
"글쎄, 아무래도 힘들지 않을까? 그다지 큰 프로젝트는 아니니까 말이야."

이 부장의 이야기가 다 끝나기도 전에 나도 모르게 한숨이 새어 나왔다. 아쉬웠다. 타스케팀이 관여하게 된다면 적어도 타스케의 실체를 내 눈으로 확인해볼 수 있을 것이다. 그 팀과 함께 일하고 싶어 하는 팀이 많아서 어지간한 규모의 프로젝트로는 그와 회의 한 번 하는 것도 힘들다. 이래서는 왜들 그렇게 그에게 환호하는지 느껴볼 기회조차 없을 것이다.

다른 이유도 있다. 사람들이 그동안 열광한 것은 그의 허상이었으며 실은 별것 아닌 인물이라는 사실을 사람들 앞에서 확인시킬 수만 있다면, 나는 오히려 그것을 기회 삼아 더욱 높이 날 수 있을 것이라는 기대가 있었다. 나의 실력으로 그의 부족한 마케팅 지식과 분석력을 공격함으로써 그가 지금껏 지켜온 '라퓨타의 스타', '라퓨타의 챔피언' 자리를 차지할 수 있게 되는 것이다. 그러나 아쉽게도 그런 기회는 다음으로 미뤄야 할 것 같다. 지금은 내게 주어진 목표에 충실하여 일개 대리가 주도한 프로젝트를 성공으로 이끄는 것이 중요하다. 그것만으로 라퓨타의 스타가 되긴 힘들겠지만 후일을 위해선 침착하게 지금의 계단을 잘 올라설 필요가 있다.

중소음료회사 〈솟대음료〉의 수정과 음료 신제품 〈오! 수정과〉 프로젝트는 하나하나 착착 진행되었다. 시장 상황 분석, 소비자 분석, 경쟁사 분석 등 이미 매뉴얼화된 업무 프로세스대로 진행하고 있긴 하지만 사실 이런 경우 답은 뻔하다.

시장에 다른 수정과 음료는 없다. 즉 〈오! 수정과〉가 시장의 선도자인 셈이다. 시장의 선도자라면 다른 수정과 음료와 경쟁할 필요도 없다. 콜라나 녹차 같은 다른 종류의 음료들과 경쟁하면 된다. 이런 경우라면 〈오! 수정과〉는 수정과의 효능을 적극적으로 광고함으로써, 다른 음료 전체와 경쟁할 수 있는 차별화된 자리를 차지해야 하는 것이다. 다른 수정과 음료 대신 〈오! 수정과〉를 마시게 하는 것이 아니라, 콜라나 녹차 등 아예 다른 종류의 음료 대신 〈오! 수정과〉를 마시게 해야 한다. 그러기 위해선 소비자들에게 수정과의 효능을 제대로 알릴 필요가 있다. 이 것은 마케팅의 '마' 자만 공부하고 필립 코틀러의 '필' 자만 들어본 사람이라도 쉽게 알 수 있는, 마케팅 전략의 기본 중에서도 기본인 내용이다. 시장의 선도자는 시장의 파이Φ를 키우는 거다. 시장의 영역 자체를 다른 시장의 영역보다 경쟁력 있게 키워야 기회가 있는 것이다.

중요한 것은 수정과의 효능을 제대로 알리는 것이다. 보통 상품기획 단계에서부터 각고의 노력을 기울여온 광고주들일수록 제품의 효능을 과대포장하려는 유혹에 휩싸이기 마련이다. 설사 그것이 과대포장이 아니더라도 소비자들이 자사 제품의 효능을 제대로 알아주기를 바라는 마음에, 혹은 효능만 알면 모두 그 제품을 사려고 줄을 설 것만 같은 착각에 빠지기 때문에, 광고주들은 대개 있는 효능 없는 효능 죄다 광고해주기를 바란다. 여기에 '효능의 함정'이 있다.

이 제품은 약이 아니다. 음료다. 약을 원하는 소비자와 음료를 원하는 소비자의 욕구는 매우 다르다. 즉 이 제품을 살 소비자의 기본적인 욕구는 병을 고치는 게 아니란 뜻이다. 목이 말라서 갈증을 해소하기 위해 동네 슈퍼마켓이나 편의점에서 음료수를 찾다가 우리 제품을 사게 될 것이다. 그러므로 제품의 효능을 지나치게 강조하다 보면, 그 효능이 필요 없는 사람에겐 처음부터 음료로서의 가치가 없다는 점에 유의해야 한다.

수정과의 효능은 다양했다. 곶감에는 비타민 A의 모체인 베타카로틴이 풍부해 항암작용과 면역성이 뛰어나고, 타닌과 철분 등이 빈혈에 탁월한 효과가 있으며, 또 생강과 계피가 각각 폐와 위를 좋게 해주고 속을 따뜻하게 만들어준다는 것이다. 그러나 이런 효능들은 약 냄새가 너무 많이 나기 때문에 곤란하다. 빈혈 걱정을 하는 사람은 이 음료 대신 빈혈약을 먹을 것이다. 물론 빈혈환자라면 음료를 마시더라도 이 수정과 음료를 마실 가능성이 많겠지만 어디 빈혈환자에게만 팔아서 장사가 되겠는가?

계속해서 수정과의 효능을 뒤지다 보니 종합적으로 소화를 돕는 작용이 있다는 것을 발견했다. 그리고 보니 한식집에서 식후에 종종 수정과 따위를 내놓는 데도 이유가 있었던 것이다. 그렇다면 문제는 조금 더 쉬워진다. 〈오! 수정과〉를 식후에 마시는 음료로 규정해주는 것이다. 콜라나 녹차와 같이 시장에서 훨씬 일찍 자리를 잡은 음료들과의 경쟁은 피해가는 것이 좋다. 어차피 소비자가 하루에 마실 수 있는 음료의 양에는 한계가 있으니, 식후라는 특정 TPO시간Time, 장소Place, 상황Occasion의 대표적 음료만 될 수 있어도 이 음료에겐 대성공일 수 있는 것이다.

나는 일단 잠정적으로나마 '식후에는 역시 수정과!'라는 슬로건을 채택하기로 했다. 시장의 선도자로서 수정과 음료 자체의 파이Φ를 키우기 위해 수정과의 효능을 절묘하게 전달하면서 다른 음료들과 명확하게 차별화시킬 수 있는 방법이다.

자기가 짠 전략에 스스로 만족한다는 게 좀 우습게 느껴지지만 이번만큼은 꽤 괜찮은 것 같다. 이모저모 꼼꼼하게 살펴보았고, 무엇보다 이론적인 배경도 탄탄하지 않은가.

타스케팀이 〈솟대음료〉 프로젝트에 참여한다는 이야기를 들은 것은 전략 방향이 한창 마무리되어가고 있던 시점이었다. 본격적으로 참여하는 것은 아니고 그쪽에서도 아이디어가 있어서 그것만 전해준다는 것이다. 웬만큼 큰 프로젝트가 아니면 만나보기 힘든 팀이지만, 이번 경우처럼 종종 타스케 팀장이 관심 있어 하는 프로젝트에는 의견을 내기도 한다고 했다. 그러고 보니 내가 이전 회사에서 라퓨타에게 졌던, 아니 정확하게 표현해서 타스케팀에게 졌던 아홉 번의 광고주들도 규모로는 그다지 크지 않았다. 어쨌든 잘됐다! 적어도 타스케를 직접 대면할 수 있는 기회는 잡았다.

"그런데 좀 이상해."

타스케팀의 합류 소식을 알려주던 이 부장이 미간을 찌푸렸다.

"아니, 그 팀에서 낸다는 아이디어 말이야, 그게 좀 이상하단 말이지. 시장 선도 제품이면, 당신 말대로 당연히 제품의 효능을 강력하게 어필해서 제품 카테고리의 영역을 키워야 하는데 말이야."

생각하는 늑대 타스케

"그런데요?"

"타스케팀에선 그러면 안 된다고 이야기하나 봐. 뭐, 아직 잘은 모르겠는데 아무튼 그냥 〈오! 수정과〉라는 브랜드네임 가지고 좀 웃긴 CM송주로 TV 광고에서 쓰이는 노래을 제작하는 아이디어 같더라고."

"네? 설마 그럴 리가요?"

나는 강한 의문을 표했지만 사실 속으로는 그 말이 사실이길 간절히 바랐다. 그 말이 사실이라면 내가 의구심을 가졌던 것처럼, 타스케팀의 실력이 바닥임을 드러내는 것과 다르지 않기 때문이다. 좀 웃긴 CM송이란 것은 단순히 웃기기만 한 CM송이 아닐 것이다. 그들은 분명 그 CM송에 의도된 전략이 있는 것처럼 이야기할 것이다. 그 전략을 추측하기란 전혀 어렵지 않다. 예컨대 그들은, 음료 제품은 소비자들이 구매할 때 많은 것을 저울질하지 않고 쉽게 구매하는, 이른바 저관여 제품이라고 강조할 것이다. 그리고 저관여제품이라면 제품의 인지도가 대단히 중요한 것처럼 몰아갈 것이다. 결국 제품의 인지도를 높이는 데는 재미있는 CM송만큼 편한 것도 없다고 주장할 것이다.

그러나 그것은 하나만 알고 둘은 모르는 판단이다. 신제품의 인지도는 당연히 중요하다. 하지만 그것은 필요조건이지 충분조건은 될 수 없다. 즉, 지금 〈솟대음료〉가 사활을 걸고 만들어낸 음료 〈오! 수정과〉는 인지도를 높이는 것만 가지고는 부족한 것이다. 얼마만큼 인지도를 높이느냐 하는 것이 중요한 게 아니고, '어떤 식으로 인지도를 높이느냐' 하는 게 훨씬 더 중요한 것이다. 인지도가 높아졌다고 무조건 우리 음료를 마시는 건 아니지 않겠는가.

만약 그들의 전략이 최소한 이런 시나리오에서 나온 것도 아니라면, 그들은 단순히 〈오! 수정과〉라는 브랜드네임이 재미있다는 사실만 가지고 그런 저급한 아이디어를 낸 것이 틀림없다. 전자나 후자나 전략적 완성도가 매우 떨어진다. 시장 선도자로서 제품 카테고리 영역 자체의 경쟁력을 키워야 하는 지극히 당연한 원칙에 대해서도 분명하게 반대의 입장을 취했다고 하니 사정은 뻔하다. 그들은 마케팅에 대해선 잘 모른다!

"부장님, 그럼 그 팀과는 언제 회의를 하게 되나요?"
"글쎄, 모레 전략 방향을 사장님께 보고하기로 했으니까 오늘 내일 중엔 만나서 서로 의견 조율을 해야 하지 않을까?"
"음, 그러기엔 우리 쪽이 시간이 좀 부족하네요. 제가 아직 마무리를 못해서요."

거짓말이다. 마무리라고 해봤자 제작팀에 넘길 크리에이티브 브리프Creative Brief, 광고 전략상 요구되는 바람직한 광고 제작 방향이 담긴 업무 지침서. 일반적으로 광고 전략을 짜는 기획팀에서 작성되어 제작팀에 전달된다만 남았다. 한두 시간도 안 걸릴 일이다. 하지만 나는 시간을 끄는 편을 택했다. 그것은 사실 일종의 승부수였다. 타스케팀의 전략은 아무리 생각해도 뻔하다. 그들을 공격할 수 있는 논리는 얼마든지 있다. 나는 그런 공격을 밀폐된 회의실에서 암암리에 진행하고 싶지 않았다. 사장이 보는 앞에서 냉정하고 처절하게 공격하고 싶었다. 모두가 우상처럼 여기는 늑대를 맨손으로 잡아서 이제 타스케의 시대가 가고 나의 시대가 오고 있음을 만천하에 알리고 싶었다. 천천히 날개를 펼 수밖에 없을 거라 생각했는데, 타스케의 엉뚱한 실수 덕분에 한 방에 날아오를 기회를 잡은 것이다.

"부장님, 사장님께 보고드리기 전에 먼저 두 팀의 의견을 조율하지 말고 그냥 사장님 앞에서 두 팀의 전략을 비교해보는 게 어떨까요? 시간도 없는데 그게 훨씬 효율적일 것 같습니다."

별다른 의미는 없다는 식으로 무심하게 말했지만, 그 말 속에는 나도 모르게 무게가 실리고 있었다. 기회에도 등급이 있다면 이것은 최고급 기회다. 내 말에 무게가 실릴 수밖에.

04

어느 필립교도의 몰락

사귀고 있을 땐 몰랐는데, 헤어지고 나서 보니라고까지 표현하고 싶진 않다. 아직까지는 윤희는 정말로 세심한 여자였다. 그녀는 내가 중요한 프레젠테이션을 할 때마다 시간 맞춰 격려의 문자메시지를 보내주곤 했다. 프레젠테이션뿐만 아니라 나에게 중요한 일이 있을 때면 잊지 않고 힘을 보태주곤 했다. 내가 특별히 부탁을 한 것도 아니었다. 그냥 내가 스치듯 뱉은 이야기들을 귀담아듣고 잊지 않으려고 노력했기 때문일 것이다. 그래서인지 오늘은 외로움이 더 깊었다.

라퓨타커뮤니케이션즈의 대회의실은 생각보다 훨씬 넓었다. 오늘 회의를 위해서 그렇게까지 넓은 회의실이 필요한 것은 아니었지만, 나는 오늘 회의를 최대한 공식적인 행사로 만들고 싶었다. 제작팀은 참여할 필요가 없는 전략 방향 회의임에도 불구하고 굳이 제작팀까지 참여시킨 까닭도 거기에 있었다. 나는 누구보다

생각하는 늑대 타스케

먼저 회의실에 가서 앉아 있었다. 브리핑을 하기 위한 자료도 다시 한 번 꼼꼼하게 검토했다. 다른 회사와의 경쟁도 아닌데 나는 그 어느 때보다 더욱 몰입해 있었다.

우리 팀 사람들이 가장 먼저 자리를 채웠다. 이 부장은 나를 보며 슬며시 윙크를 했고, 그 옆으로 다소 무뚝뚝한 우리 국장이 자리를 잡았다. 이 부장이나 국장이나 대략적인 전략 방향은 이미 알고 있고 모두 내 생각에 동의한 상태다. 하지만 그들이 내 의견에 동조해주길 바라는 건 아니다. 이 모든 것은 내가 혼자서 준비했다. 그 사실을 사장이 느끼려면, 저들이 나를 거들어 숟가락질을 해주지 않는 편이 훨씬 좋은 것이다. 이어서 제작팀 사람들이 들어왔다. 바쁜 시간에 회의에 참석한 것이지만 안색이 나빠 보이진 않았다. 아마도 타스케팀이 함께한다는 사실 때문이리라. 그 생각을 하니 갑자기 온몸에 소름이 돋는 것 같았다. 그러고 보니 오늘이 타스케팀과 처음 대면하는 자리였던 것이다. 첫 만남이라 설레는 것도 있지만 차라리 잘됐다는 생각도 들었다. 처음 보는 자리인 만큼 나는 조금 더 냉정하게 그들의 의견을 비판할 수 있을 것이기 때문이다.

타스케팀이 왔다. 회의실에 미리 자리를 잡고 앉아 있던 사람들이 한꺼번에 일어나 늑대에게 인사를 하기 시작했다. 조용하고 서먹하던 회의실에 일순 활기가 돌았다. 나는 속으로 웃었다. '기다려라, 타스케.'

타스케는 바싹 마른 늑대였다. 눈까지 처져 있어서 위압적인 느낌이라곤 찾으려야 찾을 수가 없었다. 뭐랄까, 유약하고 병들고 어떻게 보면 다소 비굴하게 느껴질 정도로 말라빠진 늑대였다. 그 옆으로는 타스케팀의 팀원으로 보이는 사람 세 명이 함께 서 있었다. 하나같이 뭔가 모자란 듯한 표정들이라니. 그중에 키만 훌쩍 커서 전봇대처럼 서 있던 팀의 막내 같은 녀석은 한쪽 손에 장난감처럼 기타를 들고 있었다.

'기타까지 칠 모양이군.' 웃음을 참고 있는 나의 손목을 끌면서 이 부장은 자리를 잡고 앉은 늑대에게 나를 데리고 갔다. "새로 온 신참 데리고, 이 프로젝트를 처음부터 맡아 진행했다"라고 나를 소개했다. '그런 얘기라면 사장한테나 할 것이지.' 타스케는 비교적 정중하게 인사했다.

"안녕하세요? 타스케라고 합니다. 잘 부탁합니다."

그러고는 어리둥절한 표정으로 회의실을 둘러보았다.

"그런데 이거 오늘 회의에 너무 많이 모인 거 아닌가요? 뭐 그리 대단한 아이디어도 아닌데, 허허."

'대단한 아이디어가 아닌 것 같아서 이렇게들 모였습니다.' 나는 속으로 대꾸했다. 그의 겸연쩍어하는 웃음소리가 왠지 모르게 상쾌하게 들렸다. 그리고 조금 미안해지기도 했다. 하지만 어쩔 수 없는 것이다. 내가 오르려면 그가 밟히는 수밖에.

"기타까지 가져오셨네요?"

이 부장이 호기심을 보였다.

"아, 네, 저 친구가 아이디어를 냈는데 노래도 재미있고 한 번 들려드리려
고요. 가수는 아니니까 너무 기대하진 마세요, 허허허."

타스케는 멀대같이 생긴 녀석을 가리켰다. 멀대는 자신의 이야기를 하고 있음
을 알아채고는 90도에 가깝게 넙죽 인사를 했다. '웃긴 녀석.' 이윽고 사장이 들어
왔다. 면접 때 보고 처음이었다. 우리 사장은 인상이 좋은 편이다. 하지만 냉정하
게 말하면 지장智將다운 면모는, 적어도 인상에서만큼은 부족해 보인다. 그는 실
무 경험이 풍부한 광고인 출신으로 직원들의 고충을 잘 이해하고 직원들을 비교
적 잘 융합시켜간다는 차원에서 직원들에게 신망이 두터운 편이지만, 그 밖에 어
떠한 면이 탁월한지 느낄 수 있을 만큼 눈에 띄는 성과는 아직 없었다. 하긴 그런
정보는 일개 대리가 접근하기엔 다소 무거운 정보이리라. 어쨌든 사장이 나를 기
억하고 있을 가능성은 매우 적다. 면접이라고 해봤자 가볍게 인사만 나눴을 뿐
특별히 나눈 이야기도 없었다. 그냥 아래에서 어련히 알아서 뽑았겠느냐는 식이
었다.

사장 역시 늑대를 반겼다. 회의실 한가운데 있는 자신의 자리도 마다하고 아예 타스케의 옆자리에 앉더니 둘이서 한동안 잡담을 나누었다. 뭐가 그리 좋은지 중간에 껄껄 웃기도 하면서 둘은 오랜 친구처럼 한가로이 노닥거리는 모습이었다. 나는 잠시 후의 대반전을 위해서 모두가 그 순간을 즐길 수 있도록 내버려두었다. 이윽고 사장이 현실로 돌아왔다.

"아, 참, 우리 회의해야지."

나는 기다렸다는 듯이 일어나 모두를 향해 공손하게 인사를 했다.

"이번에 〈솟대음료〉의 〈오! 수정과〉 경쟁프레젠테이션 프로젝트를 진행한 기획12팀 김지학 대리입니다. 오늘은 이번 프로젝트의 기본 골격이자 크리에이티브의 기본 가이드라인이라 할 수 있는 전략 방향을 결정하는 자리입니다. 원래는 저희 팀 단독으로 전략 방향을 준비해서 간략하게 보고 드릴 예정이었으나, 전략기획실에서도 바쁜 시간을 쪼개어 아이디어를 주시겠다고 하여 부득불 자리가 커졌습니다. 프레젠테이션 스케줄상 시간을 더 끌 여유가 없어서 이 자리에서 두 가지 전략 방향 중 좀 더 타당한 방향을 결정해야 할 것으로 판단됩니다."

불필요한 내부 경쟁은 사람들의 얼굴을 불편하게 만든다. 나의 모두발언이 끝나자 회의실에 모인 모든 얼굴들이 시선 둘 곳을 찾지 못하는 것 같았다. 예상했던 바다. 아이디어 듣는 자리를 내부 경쟁의 자리로 바꾸려는 나의 계획을 짐작한 사람은 아무도 없었을 것이다. 다행스러운 것은 사장은 이런 상황에 흥미를 느끼는 것 같다는 점이다. 나는 타스케팀이 먼저 발표하도록 유도했다. 늑대는 잠자코 있었고 옆에 있던 멀대가 왠지 기어들어가는 목소리로 이야기를 꺼냈다.

"기본적으로 저희는 〈오! 수정과〉 같은 음료는 수정과라는 제품 종류로만 기억되어선 안 되고, 반드시 브랜드명이 소비자 입에 붙어야 한다고 생각했습니다. 그러기 위해선 무엇보다 재미있고 기억하기 쉬워서 소비자가 흥얼거릴 수 있는 CM송을 만들어보는 게 어떨까 생각합니다. 물론 제작팀이 만들면 훨씬 멋지고 좋은 노래가 되겠지만, 그전에 여러분께 참고삼아 이런 분위기면 어떨까 싶어서 준비해봤습니다."

'녀석, 제법 능란하게 말할 줄도 아는군.' 나는 흐뭇했다. 타스케팀의 몰락의 서곡이 저 기타 소리와 함께 시작되는구나 싶었다. 멀대의 이야기는 이미 내가 짐작한 시나리오에 있었던 대사다. 예상했던 대로 그들은 시장 선도자의 마케팅 원칙에 대해선 까맣게 잊고 있다. 멀대가 기타를 튕기기 시작했다.

"깔끔한 당신은 오, 수정! 깔끔하게 당겨주는 오, 수정! 깔끔한 첫맛, 더 깔끔한 끝맛, 당신은 오, 수정과!"

노래가 시작되자마자 슬슬 웃기 시작한 사람들은 노래가 끝나자 일제히 폭소를 터뜨렸다. 재미있는 노래였다. 우스꽝스러운 멜로디에 따라 부르기도 쉬운 곡이었다. 크리에이티브 디렉터_{광고제작팀의 총책임자. 보통 CD라고 부른다. 광고 제작에는 그래픽과 카피 등 이질적인 성격의 업무가 어우러지기 때문에 CD는 그것들을 수렴하여 균형 있게 조정하는 역할을 해야 한다}는 그냥 아무런 수정 없이 멀대 녀석의 목소리로 바로 녹음해도 좋겠다고 호들갑을 떨었다. 더 놔두면 걷잡을 수 없게 될 것 같아 조용히 일어섰다. 앉아서 이야기해도 될 분위기였지만 일어서는 게 낫다. 주목성이 더 높기 때문이다.

"재미있는 CM송입니다. 하지만 저는 이런 식으로 광고해서는 곤란하다고
생각합니다."

예상한 대로 웃음이 넘쳐나던 회의실에 찬물을 끼얹은 듯 적막이 흘렀다. 사장이 호기심 어린 눈빛을 보냈다. 사장과 눈을 맞추느라 타스케의 표정은 살피지 못했다.

"아마도 전략지원실에서는 〈오! 수정과〉를 '깔끔한 맛'이라는 강점을 내세
워 다른 음료들과 경쟁하자는 뜻 같습니다. 하지만 이런 전략에는 몇 가
지 오류가 있습니다."

결론부터 말하면 주목받기 쉽다. 궁금해 죽겠다는 사람들의 표정들.

"이 전략은 〈오! 수정과〉가 수정과로서 다른 음료들과는 어떤 차이가 있고, 어떤 이유로 다른 음료보다 마실 가치가 있는지 전혀 설득하지 못하고 있습니다. 오히려 지금까지 나온 많은 음료들과 별반 다를 게 없는 평범한 음료로 만들어버림으로써 결과적으로 제품의 경쟁력만 죽이고 있습니다. 들려주신 CM송으로 광고를 만들면 사람들은 〈오! 수정과〉를 그냥 깔끔한 맛을 내는 음료로만 기억할 가능성이 높습니다. 콜라는 상쾌함, 이온음료는 갈증 해소, 〈오! 수정과〉는 깔끔함. 이런 식으로 그저 많고 많은 음료수 중에 하나가 될 뿐입니다. 〈오! 수정과〉는 최초의 수정과 음료입니다. 이런 경우는 수정과 음료 자체의 경쟁력을 키워야 합니다. 수정과의 효능을 적극적으로 알려줌으로써 왜 콜라 대신 수정과를 마시는 게 좋고, 왜 다른 음료 대신 수정과를 마시는 게 좋은지 느끼게 만들어야 합니다. 우스꽝스러운 CM송까지 불러가면서 〈오! 수정과〉를 기억시킬 필요가 없습니다. 사람들이 〈오! 수정과〉를 몰라도 상관없습니다. 그저 수정과 음료만 좋아하면 됩니다. 제품 카테고리 자체에 대한 선호도가 커지면 그 모든 혜택은 시장 선도자에게 돌아가기 마련입니다. 시장 선도자에게는 브랜드를 키우는 것보다 제품 카테고리를 키우는 것이 훨씬 유효하다는 것은 마케팅 상식입니다. 결론적으로 말씀드리면, 〈오! 수정과〉가 깔끔한 맛의 음료라고 강조하는 것은 오히려 경쟁력을 약화시킬 뿐입니다. 수정과 자체에 대한 선호도를 높이는 게 훨씬 중요합니다."

'마케팅 상식'이라는 표현은 내 의견을 말하기 전부터 의도된 것이었다. 말하자면 그런 표현을 통해 나와 타스케의 차이를 극명하게 표현하고 싶었다고나 할까. 아무튼 내 단호한 목소리가 회의실에 남아 떠돌고 있는 느낌이 들 정도로 회의실은 쥐 죽은 듯 고요해졌다. 기획팀에 비해 상대적으로 마케팅 지식 부분이 약할 수밖에 없는 제작팀은 많이 혼란스러워하는 것 같았다. 그런데 이상한 것은 사장의 반응이었다. 사장은 어떻게 보면 뾰로통하다고까지 할 수 있을 표정으로 두리번거렸다.

"자, 저 필립교도의 의견에 전략지원실이 대답을 해줘야 할 듯한데?"

'필립교도?' 늑대는 그 말이 무슨 뜻인지 아는 듯 사장을 힐끗 쳐다보면서 그윽하게 웃었다. 노래를 불렀던 멀대가 무엇인가 이야기를 하려고 하자 옆에 있던 또 다른 직원이 말리면서 앉은 채로 입을 열었다. 평범해 보이는 외모였지만 어딘지 모르게 강단 있어 보이는 그는 '정준 차장'이라고 자기를 소개했다.

"저희도 김 대리님 의견에 동감하는 부분이 있습니다. 저희 예상으로는 경쟁프레젠테이션에서 우리와 맞붙게 될 다른 광고회사들도 김 대리님이 방금 말씀하신 방향으로 광고를 준비해올 것 같습니다. 그만큼 타당성이 있다는 뜻일 겁니다. 하지만 저희는 앞서 말씀드린 바와 마찬가지로 〈오! 수정과〉의 경우는 수정과 음료라는 제품 카테고리를 키우는 전략을 채택

생각하는 늑대 타스케

할 수 없다는 입장입니다."

그는 멀대보다 훨씬 더 또박또박하게 말했다.

"그것은 우리나라 음료 시장의 특성 때문입니다. 아시다시피 우리나라에서는 두 군데의 메이저 음료회사가 전체 시장을 장악하고 있습니다. 그들은 거의 모든 유통 채널에 영향력을 행사할 수 있을 만큼의 힘을 가지고 있습니다. 일반 소매점이나 편의점에 대한 영업도 대단히 공격적입니다. 여기서 우리가 한 가지 더 생각해보아야 할 것이 바로 그들이 시장을 지키는 방법입니다. 중소 음료회사가 심혈을 기울여 새로운 제품을 생산하면 그들은 그 제품을 바로 카피합니다. 이른바 미투 전략me-too strategy, 경쟁사가 개발한 제품을 유사하게 흉내 내어 대응하는 전략 형태를 일컫는다을 쓰는 것이지요. 그러고는 자신들의 우월한 유통력을 바탕으로 카피한 제품을 시장에 뿌리는 것입니다. 자, 이런 상황을 생각해보세요. 소비자가 광고를 보고 수정과 음료를 마셔보고 싶어 합니다. 그래서 소매점에 가서 수정과 음료를 달라고 했더니 주인은 우리의 〈오! 수정과〉 대신 더 높은 마진을 보장한 메이저 회사의 수정과 음료를 권해줍니다."

나는 발끈했다.

04_어느 필립교도의 몰락

"요즘 어떤 소비자가 주인이 권해주는 걸 먹습니까? 대부분 자기가 냉장고로 가서 음료를 선택해오지 않나요? 소매점에서도 그렇고 편의점에서도 마찬가지일 것 같은데요."

정준 차장은 전혀 당황하지 않았다. 그는 마치 내 반응을 예상이나 했던 것처럼 여유 있었다.

"바로 그 점이 핵심입니다. 주인이 마진이 더 높은 제품을 권하는 상황이라면 오히려 더 쉽습니다. 그때 우리 소비자가 '아, 나는 그거 말고, 〈오! 수정과〉를 마시겠다'고 이야기할 수 있어야 한다는 겁니다. 그러나, 김 대리님의 전략대로 〈오! 수정과〉를 기억시키는 것보다 수정과 음료 자체의 매력만 강조하게 된다면, 소비자들은 그때부터 〈솟대음료〉의 〈오! 수정과〉나 메이저 회사들의 짝퉁 수정과 음료나 별반 다를 게 없다고 생각하게 됩니다. 그들은 소매점에서나 편의점에서나 아무런 갈등 없이 더 큰 회사의 수정과 음료를 선택하게 된다는 겁니다."

나긋하던 차장의 목소리에 조금 더 힘이 실리는 듯했다.

"문제는 거기에서 끝나지 않습니다. 메이저 회사에서 카피하느라 급조하여 만든 제품은 아무래도 〈솟대음료〉가 심혈을 기울여 만든 제품보다 맛이 떨어질 수밖에 없습니다. 그래서 메이저 회사의 수정과 음료를 마셔본 사람들은 맛에 실망하게 되겠지요. 이 사람들이 '아, 메이저 회사의 수정과 음료는 역시 맛이 떨어지네. 다음부턴 〈솟대음료〉의 수정과 음료만 마셔야겠어'라고 생각해주면 정말 고맙겠지만, 소비자들이 그렇게 생각해줄 가능성은 거의 없습니다. 대신 그들은 '수정과 음료는 내 입맛에 잘 안 맞는군. 다음부턴 다른 음료를 마셔야겠어'라고 생각하기가 쉽다는 것입니다. 그것은 소비자의 잘못이 아니고, 우리가 그동안 〈오! 수정과〉라는 브랜드를 강조하지 않고 수정과 음료 전체의 매력을 키우는 데 주력했기 때문입니다. 이런 과정으로 〈솟대음료〉가 공들여 만든 제품이 카피한 제품들과 함께 사라져버리게 됩니다. 같은 이유로 죽은 음료들을 떠올려보시면 쉽게 이해가 갈 겁니다. 선풍적인 인기를 끌었던 대추 음료가 어쩌다 쓸쓸한 최후를 맞이했을까요?"

한 번 그에게 옮겨간 스포트라이트는 돌아올 줄 몰랐다. 모든 시선이 정준 차장에게 고정되었다.

"저희 생각에는, 우리나라 음료 시장의 특성상 중소 음료회사가 제품 카테고리 차원의 매력만을 강조하는 것은 자살행위와 다르지 않습니다. 김 대리님은 사람들이 〈오! 수정과〉는 몰라줘도 상관없다고 하셨지요. 대신 수정과 음료 카테고리를 좋아하게 만들어야 한다고 했습니다만, 저희는 분명히 반대의 의견입니다. 어차피 〈오! 수정과〉는 그 이름 때문에 수정과 음료임이 쉽게 드러나게 됩니다. 이럴 경우는 금세 따라올 경쟁사들의 미투 전략에 대비하여 브랜드 자체의 힘을 키우는 게 훨씬 중요하다고 판단했습니다."

정준 차장의 맺음은 내가 했던 것보다 훨씬 단호하게 들렸다. 나는 애써 웃고 있었지만 사실 웃으면서 반박할 이야기가 떠오르기를 간절히 바라고 있었다. 회의실은 정 차장의 의견에 완전히 수긍하는 분위기로 돌아섰고 더 이상의 반론은 불필요해 보였다. 나는 무슨 말이라도 해야 했다. 하지만 마땅히 반박할 말이 떠오르지 않았다. 나는 우리나라 음료 시장의 구조적 특성이니 미투 전략이니 하는 것들은 생각조차 해보지 못했다. 조급함에 내가 꺼내든 카드는 스스로 생각해도 군색하기 짝이 없었다.

"그렇지만, 그럴 가능성을 어떤 이론으로 뒷받침할 수 있죠?"

허여멀건해 보이기만 하던 늑대의 눈빛이 갑자기 나를 응시했다. 나도 모르게 눈을 피했다. 빤히 쳐다보는 느낌. 어색한 정적을 사장이 깼다.

"김, 뭐지? 김, 지학? 김지학 대리라고 했나?"
"네. 김지학이라고 합니다."

생각하는 늑대 타스케

"자네는 필립 코틀러를 믿는가?"

"네?"

너무 황당한 질문이라 뭐라고 대답해야 할지 몰라 허둥대는 표정이 역력했을 것이다. 회의실에 모인 사람들의 얼굴이 아까부터 흥미진진한 게임을 보는 얼굴로 바뀌어 있었다.

"나는 필립 코틀러를 믿지 않네. 나는 오직 소비자만을 믿지."

사장은 남들이 다 알아볼 수 있도록 시계를 꺼내 보면서 자리에서 일어섰다.

"나는 타스케 팀장 쪽에서 정리한 대로 갔으면 좋겠는데. 제작팀에선 CM송을 잘 좀 다듬어보도록 해요. 더 좋은 아이디어가 있으면 타스케 팀장과 알아서 상의들 하죠."

사장은 껄껄 웃으며 멀대의 어깨를 토닥이더니 이내 늑대와 악수를 나누고 나에게는 눈길조차 주지 않은 채 그대로 사라져버렸다.

늑대소굴

—

　　"짐 쌀 준비 해."

　언제 돌아왔는지, 이 부장이 귓속말을 해왔다. 이야기가 잘된 모양이다. 웃는 얼굴로 대답을 하기는 했으나 이 부장의 얼굴을 제대로 쳐다볼 순 없었다. 이 부장에겐 가뜩이나 미안한 마음이 많은데 이번 일로 정말 면목이 없다. 그의 추천으로 회사를 옮긴 주제에 고작 4개월 만에 다른 팀으로 자리를 옮기게 되었으니 말이다. 핑계 같지만, 〈오! 수정과〉 사건 이후 나는 한동안 어디에도 마음을 붙이지 못하고 떠돌았다. 처음엔 그냥 어안이 벙벙할 뿐이었다. 그러던 것이, 사람들이 내 어깨를 툭 치며 "괜찮으냐"고 물어보기 시작했을 때부터 이상하게 괜찮지 않아지기 시작했다. 그때부터 그날 회의에서 본 사장의 뽀로통한 표정이 계속 눈에 밟혔다. 그는 종종 내 자리 모니터에 나타나서 "저 필립교도의 의견에 전략지원실이 대답해주어야 할 것 같은데"라며, 이번에는 나를 뚫어지게 쳐다보며 말을 걸어왔다. 자리를 지키고 앉아 있기가 힘들었다. 그래서 가능한 대부분의 시간을 자료실에서 보내곤 했다.

처음부터 의도한 것은 아니었는데 자료실에 있다 보니 자연스레 타스케팀이 작성한 기획서들에 관심이 쏠렸다. 그들의 기획서를 읽다가 막연하게나마 '호랑이를 잡으려면 호랑이 굴로 찾아가야 하지 않을까?' 하는 생각을 하곤 했다. 그렇게 몸을 숨기듯 자료실에 앉아 그들의 흔적만 따라다닐 것이 아니라, 아예 그들이 사는 동굴로 찾아가는 편이 훨씬 당당하게 느껴졌다. 그리고 얼마 후, 타스케팀에서 제안한 '선도자의 마케팅 함정'에 빠지지 않는 전략과 그 우스꽝스러운 CM송에 힘입어 〈솟대음료〉의 〈오! 수정과〉 경쟁프레젠테이션에서 승리했다는 소식을 들었다. 알 수 없는 힘에 이끌려 나는 호랑이 굴, 아니 늑대소굴을 내 발로 기어들어가려는 마음을 완전히 굳히고 이 부장에게 팀을 옮기게 해달라고 부탁했던 것이다.

누구라도 그랬겠지만 이 부장은 상당히 난감해했다. 사실 다른 회사에 있던 나를 이 회사로 추천한 자신의 입장이 얼마나 난처해지겠는가. 처음엔 귓등으로도 듣지 않는 것 같았던 이 부장은 회의실에서, 술집에서 몇 차례 내 마음을 돌이키려고 애를 쓰다가 내가 끝내 뜻을 굽히지 않자, 마침내 도와주기로 했다. 그 대답이 이렇게 빨리 돌아올 줄은 몰랐다. 조직이 클수록 결정에 걸리는 시간은 더욱 길어지기 마련인데, 이 회사의 속도는 어째 비교할 수 없을 만큼 작은 전 회사보다 빠른 것 같다.

"간단하던데? 일단 타스케 팀장이 너를 받아줄 마음이 있어야 하니까, 그 양반한테 먼저 의중을 떠봤지. 워낙에 그 팀에 가고 싶어 하는 사람이 많아도 잘 안 받아주니까. 힘들 것 같으면 엎드려 사정이라도 해볼까 했는데, 근데 너라니까 아주 흔쾌히 그러자고 하더라고. 뭐 일단 그 양반이 오케이하니까 그다음부턴 일사천리였지, 뭐."

그렇게 된 얘기였구나, 하면서도 나는 타스케 팀장이 나를 흔쾌히 받아주었다는 사실이 약간은 놀라웠다. 내가 그였다면 '김지학'이라는 이름 석 자만 들어도 마음이 썩 내키지 않았을 것이다. 그 사건에서처럼 자신을 맹렬하게 공격하려던 사람을 기꺼이 받아들이는 것은 도대체 어떤 마음일까? 게다가 그 자리는 누구나 원하지만 아무에게나 열어주는 자리가 아니지 않은가.

"이번 주 안에 발령이 날 거야. 인수인계 차질 없이 하려면 미리미리 준비해두고. 팀 사람들한테 인사 단단히 하고 나하고도 따로 송별회 하자. 이번엔 네가 사, 이놈아. 내가 너한테 부은 돈이 얼만데."

좋은 사람이다, 이 부장은. 지갑까지 꺼내 보이며 과장하고 있지만 거기서 빠져나온 돈보다 훨씬 큰 빚을 지고 있다는 사실을 내가 어찌 모를 수 있겠는가.

생각하는 늑대 타스케

발령을 받고 오전 내내 바빴다. 본부장에게 인사도 다녀와야 했고 업무 인계 작업도 마무리지어야 했다. 타스케팀으로 자리를 옮겼을 때는 점심시간이라 아무도 자리에 없었다. 회사의 다른 팀들이 파티션으로만 팀을 구분하고 있는 것과는 달리, 전략지원실은 방이 따로 있었다. 처음 방문 앞에 섰을 땐 '사장의 총애를 받는다고 이거 좀 심한 특권이 아닌가' 싶었지만, 막상 방문을 열고 들어가보니 따로 방이 만들어져있는 편이 다른 팀들에게도 낫겠다 싶었다.

전략지원실에는 개인 책상이 없었다. 방 왼쪽으로 둥글고 커다란 회의용 테이블이 놓여 있었고 그 위에 각자의 것으로 보이는 컴퓨터 모니터와 키보드, 마우스가 놓여 있었다. 컴퓨터 본체는 테이블 밑에 설치되어 그나마 공간을 뺏지는 않았지만, 기획팀에는 보통 최신형 노트북을 지급하는 것에 비하면 조금 누추한 느낌까지 들었다.

'컴퓨터가 네 개? 내 것은 아직 안 왔나 보구나.'

그리고 방 오른쪽으로는 회의할 때 쓰는 큰 화이트보드가 놓여 있었고, 그 옆으로 책이 꽂혀 있다 못해 밖으로 산더미처럼 차곡차곡 쌓인 책장이 있었다. 그게 다였다. 사무실이라기보다는 창고를 회의실로 개조한 상태처럼 보였다. 내 자리라도 정해졌으면 앉아서 뭔가 정리라도 하고 있으련만 아직 자리도 없고, 또 둥근 테이블을 둘러싼 자리들도 모두 임자가 있는 듯 보였다. 그냥 누구의 자리도 아닌 것처럼 컴퓨터도 없고 문에서도 가장 가까운 자리에 앉아 책장의 책들을 살펴보았다. 도대체 일관성이 없었다. 소설책과 시집부터 축구 잡지까지 닥치는 대로 꽂아

둔 느낌이 강했다. 심지어는 기타 연주할 때 쓰는 타브 악보까지 몇 개 보였다.

'동화책 쓰기엔 꽤 안성맞춤이네.'

그런데 의외였던 것은 그중에 마케팅에 관한 책들도 꽤 많이 보였다는 것이다. 한눈에도 손때를 많이 탄 것으로 보이는 원서들이 주류를 이루고 있었고, 『하버드 비즈니스 리뷰』 같은 마케팅 전문지도 어렵지 않게 찾을 수 있었다. 그들이 쓰는 동화책과는 상당히 거리가 있는 소품들이었다.

"어, 이 친구 내 자리에 앉았네."

타스케 팀장이었다. 하도 조용히 들어와서 인기척을 느끼지 못했다. 마치 슬그머니 다가온 늑대 앞에 선 사면초가의 사냥감이 된 듯이 순간 몸이 얼어붙었다. 인사도 잊고 한동안 얼이 나간 사람처럼 횡설수설했다. 늑대는 손가락으로 내 자리를 가리켰다. 틀림없이 팀장 자리일 거라고 생각했던, 테이블 자리 중에서도 창가에서 가장 가까운 곳이 내 자리였다. 내가 자리를 옮겨 앉자, 늑대는 내가 앉았던 자리에 정말 자기 자리인 양 앉아서 아까부터 들고 있던 책을 읽기 시작했다. 다른 직원들은 왜 아직 안 오는지, 사무실 모양이 특이하다든지 등 썰렁한 분위기를 전환할 만한 말을 억지로라도 건넬까 하다가 늑대의 작심한 듯한 독서를 방해하지 않는 게 더 좋을 것 같아 나도 그냥 잠자코 있었다. 정말 조용했다. 너무 조용해서 컴퓨터 전원 버튼 누르는 것도 부담스럽게 느껴졌다.

"아참, 신경 쓰지 말고 일 보게. 원래 우리 팀은 누가 있는지 없는지 잘 신
경 안 쓰는 팀이야."

그는 너털웃음을 지었다.

"하긴, 일을 보려고 해도 일이 없겠군그래. 허허, 그럼 노시게나. 노는 것
도 일이지, 암."

책에서 눈을 떼지 않은 채 말을 잇는 그의 입가에 아까부터 살짝 웃음기가 도는
데, 왠지 좀 거슬렸다. 혹시 저 늑대가 나를 받아준 이유는 그때 기분 나빴던 것을
두고두고 갚으려는 속셈이 아닐까? 괜히 한번 주먹을 불끈 쥐어보았다. 괜찮다.
신경 안 쓴다. '늑대소굴을 스스로 찾아가겠다'고 마음먹었을 때 어차피 각오했던
일이다. 나는 정말로 늑대가 신경 쓰이지 않는다는 듯 탁탁탁탁 쓸데없이 힘주어
키보드를 두드렸다.

"안녕하세요?"

잠시 후, 한 무리의 직원들이 방으로 몰려 들어왔다. 전에 회의실에서 봤던 사람
들이었다. 노래를 불렀던 멀대가 자신을 '박치석'이라고 소개했다. 별명은 '박치기'
인데, 이름 때문은 아니고 워낙 맨땅에 헤딩 짓을 잘해서라고 너스레를 떨었다. 옆

생각하는 늑대 타스케

에서 웃고 있던 정준 차장이 악수를 청해왔다. 나는 의도적으로 내 손에 힘을 주었는데 그의 손은 그냥 따뜻하기만 했다. 조금 민망해졌다. 그는 진심으로 반겨주는 것 같았다. 그러고는 맨 뒤에 남은 여자 직원 한 명을 소개해주었다. 회의실에서 봤을 땐 키가 작다고 생각했는데 다시 보니 그리 작지는 않았다. 뛰어난 미인은 아니었지만 은근한 매력이 느껴졌다. 이지원 대리라고 했다. 정준 차장이 소개를 하다가 갑자기 물었다.

"아, 김지학 대리가 몇 년차죠?"
"네. 저는 6년찹니다."
"그렇군요. 나는 생긴 것보다는 어려요. 8년차거든요. 여기 이지원 대리가
5년차구요."

이지원 대리가 잘 부탁한다며 미소를 지었다. 귀여운 표정이었다. 광고회사는 직급 체계가 일반 회사와는 조금 다른 편이다. 과장이라는 직급이 없는 회사가 많아 보통 차장을 일찍 달게 된다. 8년차라면 아마 올해 차장을 달았을 것이다.

"팀장님, 우리 환영식 해야죠!"

멀대가 갑자기 늑대 쪽을 향하면서 목소리에 힘을 주었다. 늑대가 웃는 얼굴로 책을 덮으며 일어섰다.

"나 사장님 좀 뵙고 올게. 그 양반, 늙으니 친구가 없나 자꾸 부르시네."

늑대가 자리를 비우자 정준 차장이 말을 이었다.

"팀장님은 워낙에 만남과 헤어짐에 특별한 의미를 안 두시는 분이라 환영
회나 환송회나 잘 안 챙기시는 편이에요. 늑대가 좀 그런가 봐요. 하지만
우리는 사람이니까 사람들끼리는 해야죠!"

'사람들끼리'라는 말에 나도 모르게 훈훈해졌다. 지난번 그때 그토록 냉정하게
딱 잘라 내 의견을 반박하던 사람이 이 사람 맞나 싶었다. 나는 갑작스럽게 그와
동지가 된 기분에 사로잡혔다. 하지만 나는 이런 기분 자체를 경계해야 한다는 걸
명심하고 있다. 나는 지금 호랑이 굴 같은 늑대소굴에 있다. 정신을 바짝 차려야
하는 것이다.

"모레 뭐 하나 발표할 게 있어서 내일까지는 바쁠 거 같고, 발표하고 나서
뒤풀이 겸 해서 환영식 하는 것은 어때요? 일단 이 프로젝트는 우리끼리
마무리할 테니까 이틀 동안은 좀 노세요. 노는 것도 일이니까요."

'우리끼리'라는 말에 그새 기분이 묘해졌다. 동지의식의 급격한 퇴색. 게다가 '노
는 게 일'이라니 늑대와 똑같은 이야기를 하는 게 아닌가. 역시나 이곳은 늑대소굴

생각하는 늑대 타스케

인 것이다. 사람 같은 늑대가 늑대 같은 사람들을 데리고 살고 있는 늑대소굴. 마음이 약간 굳어지는 것 같아서 이야기를 돌렸다.

"그런데 참, 여기 자리는 왜 이렇게…… 그리고 저 자리가 진짜 팀장님 자리인가요?"

이지원 대리가 내 쪽으로 얼굴을 돌렸다. 다시 봐도 귀여운 표정.

"네. 아마 곧 아시게 될 텐데요, 저희는 회의가 많아서 테이블에 앉은 채로 일하고, 일하다가 바로 회의를 해요. 뭐 회의 시간을 따로 정해놓고 하는 것도 아니고요. 각자 일하다가 같이 생각해볼 게 있다 싶으면 언제라도 이야기를 꺼낼 수 있고 그렇게 그냥 회의가 시작되는 거예요. 팀장님은 가끔 우리를 원탁의 기사들이라고 부르세요, 호호. 이렇게 모니터가 있어서 회의하기도 정말 좋아요. 자기가 생각해도 이상한 의견을 말하는 듯한 기분이 들 땐 모니터로 얼굴이 가려지거든요."

어느샌가 자리에 앉은 정준 차장이 모니터에 얼굴을 가린 채로 거들었다.

"이렇게요, 하하. 컴퓨터가 없는 팀장님한테 절대적으로 불리하죠. 하지만 저 자리만 팀장님 자리인 건 아니에요. 컴퓨터가 안 놓인 곳이라면 아무 데나 앉으세요. 그때그때 내키는 자리에 마음대로 의자를 옮겨 다니시면서 일을 하세요. 어떨 땐 치석이 옆자리, 또 어떨 땐 이 대리 옆자리. 자리가 없는 게 아니라 자리를 정하지 않으신 느낌이랄까.”

그 얘기를 듣자 하니 문득 궁금한 게 생겼다. 목소리를 낮췄다.

“아무래도 늑대라서 컴퓨터를 못 쓰시나 보죠?”

박치석이 얼른 대답했다.

“아, 그렇지는 않아요. 제 컴퓨터는 팀장님이 직접 조립해준 거예요. 그래서 성능이 가장 좋아요.”

또다시 이지원 대리의 귀여운 얼굴.

“언젠가부터 컴퓨터를 잘 안 쓰시게 된 것뿐이에요. 이유는 잘 모르겠지만. 요즘엔 거의 책만 보세요. 옛날에 읽으셨던 책들을 다시 꺼내 보시는 것 같던데. 덕분에 요즘 저희 『까라마조프가의 형제들』 읽느라고 바빠요. 숙제거든요. 책이 오죽 두꺼워야 말이죠. 검사는 따로 안 하시는데 팀장님이 책 내용을 자꾸 인용하셔서 안 읽을 수도 없어요. 아무튼 그래서 저

자리에 가장 많이 앉아 계세요. 책장에서 가깝다고."

『까라마조프가의 형제들』. 학창 시절 교수님이 추천해주신 필독서. 나에게 그렇게 두꺼운 소설을 읽어볼 시간적 여유란 없었다. 돌이켜보면 톨스토이나 도스토옙스키의 장편소설들이 한심하게 느껴진 적도 많았다. 하고 싶은 이야기를 그렇게나 길게 담을 수밖에 없다는 게 오히려 커뮤니케이션 능력의 한계처럼 보였다. '짧은 것이 강한 것', 그것이 나의 커뮤니케이션에 대한 신념이었고, 그래서 나는 광고라는 업종에 끌렸다. 어쨌든 나는 새로 옮긴 팀의 사람들이 적어도 겉으로는 나를 반겨주고 친절하게 맞아주는 데 적잖이 안도했다. 처음 군대에 입대하던 날도 이만큼 부담스럽지는 않았다. 아마도 군대는 어차피 겪을 일이었고 또 누구나 가는 곳이었기 때문이었을 테다. 여기는 다르다. 내가 공격했던 팀을 내 발로 찾아온 것이다. 여기 사람들이 나를 탐탁지 않게 여길 가능성도 많았지만, 필요에 의해 스스로 찾아온 이상 그 역시 내가 겪어내야 할 사정들이었다. 그러나 적어도 이 팀 사람들에게서 필요 이상의 긴장과 스트레스는 받지 않아도 될 듯해 보였다. 어쨌건 다행이다.

물론 이곳 사람들이 예상보다 훨씬 늑대에 빠져 있다는 점은 조금 놀랍다. 그들은 자신의 상사에 대해 이야기하면서 웃음을 놓을 줄 몰랐다. 그들은 늑대를 진심으로 좋아하고 있다. 늑대의 힘은 도대체 무엇인가. 부딪쳐보면 알겠지만 점점 더 궁금해진다.

06

전문가의 함정

타스케는 말이 별로 없는 늑대였다. 말을 하고 있을 때는 잠시 그가 사람이라는 착각이 들다가도 막상 입을 다물고 있을 때면 영락없는 늑대였다. 말을 하지 않을 때는 책장 앞에 가만히 앉아 책을 읽고 있었다. 늑대 말대로 팀 사람들은 늑대가 있건 없건, 책을 읽건 무엇을 하건 특별히 신경 쓰지 않는 눈치였다. 사람들의 키보드 소리가 내 귀에만 특히 높은 데시벨의 소음을 내는 듯했다.

프로젝트의 마무리 작업이 한창이라 그런지 이지원 대리가 이야기했던 방식의 회의는 아직 이루어지지 않았다. 프로젝트를 위한 회의는 벌써 끝났고 지금은 그 회의의 결과를 한창 정리하는 단계일 것이다. 슬쩍 들여다보니 정준 차장이 기획서를 쓰고 있었다.

'이번 동화책은 정 차장의 작품인가 보군.'

타스케는 정 차장이 동화책을 넘겨주기 전까진 거기에 관심도 없는 것처럼 보였다. 정 차장이 건네주고 나서야 한참 꼼꼼하게 읽어보는 것 같더니 정 차장 자리로 의자를 끌고 가서 이야기를 나누었다. 뭔가 서로 의견이 다른 부분이 있는 것 같은데도 둘의 표정은 나쁘지 않았다. 오히려 그들의 눈썹에는 시종일관 초승달이 떴고 둘은 그 상황을 즐기는 것처럼 보였다. 일하는 게 노는 것 같았고, 노는 게 일하는 것 같았다.

노는 게 일하는 거라더니 그게 이런 건가. 아직 잘은 모르겠지만, 사람들을 홀리는 늑대의 마법 중 하나일지도 모르겠다. 하긴 타스케가 정 차장을 유독 신임하는 것일 수도 있다. 〈오! 수정과〉 때 보여준 것처럼 정 차장의 치밀하고 정연한 논리가 타스케의 부족한 면을 보완해주는 것일 수도 있지 않은가. 자기와 비슷한 사람을 신임하고 밀어주는 경우는 별로 없다. 그럴 때는 오히려 긴장관계가 될 가능성이 많다. 대개 윗사람들은 자신이 가지지 못한 점을 가지고 있고 자신의 부족한 면을 보완해줄 수 있는 아랫사람을 참모로 아끼게 된다.

정 차장의 프레젠테이션으로 프로젝트가 마무리되자마자 약속한 대로 환영식이 열렸다. 거창한 건 아니고 회사 주변에서 저녁식사를 함께하고 간단하게 술을 마실 계획이었다. 타스케는 예상대로 불참했다. 팀장으로부터 법인카드를 받았다고 치석이 비싼 거 사먹자고 난리였으나 자리의 주인공이었던 내가 메뉴를 고른 덕에 다소 가벼운 식사 자리가 되었다.

특별할 것 없는 시간이 흘렀으나 그렇게 쓸데없는 이야기들로도 사람의 거리가 눈에 띄게 좁혀질 수 있다는 사실이 새로웠다. 사실 나는 회식 자리를 즐기지 않는다. 어차피 일이 아니면 만날 이유가 없었을 사람들끼리 한데 모여서 영양가 없는 이야기들을 비생산적으로 뱉어내고, 개중 몇 가지에 대해 과도하게 의미를 부여하는 모양새가 나에겐 몹시 피곤하게 느껴졌기 때문이다. 일에 대한 스트레스를 말하는 사람은 어딘지 모자라 보이고, 인생을 들먹거리는 사람은 뭔가 과해 보인다.

나누는 이야기의 질이라면 전략지원실 사람들도 크게 다르지 않았다. 하지만 왠지 유쾌했다. 테이블 위에 놓인 초밥들보다도 정갈하지 못하고 술까지 곁들여진 탓에 조금은 헝클어지기도 한 이야기들뿐이었는데, 그렇게 웃고 떠드는 사이에 그들을 조금씩 알게 되고 그만큼 편안해졌다.

집이 먼 이지원 대리가 식사를 마치고는 바로 일어섰고 남은 셋이 곱창집으로 자리를 옮겼다. 얼마 후에 멀대 치석에게 전화가 왔다. 조금 심각하게 통화를 하더니 아예 전화기를 들고 밖으로 나갔다. 정준 차장이 틀림없이 여자친구일 거라고, 요즘 좀 틀어진 거 같다고 귀띔해주었다. 아닌 게 아니라 치석은 자리로 돌아오자마자 정 차장과 나에게 넙죽 인사를 하더니 아무래도 여자친구를 보러 가야겠다고 일어섰다. 갑작스럽게 오붓해져버린 두 사람만의 술자리가 어색했는지 정 차장이 나에 대해 물어왔다.

"참, 김 대리도 여자친구 있어요? 결혼은 아직 안 한 것 같고."

다시 윤희 생각이 났다. 나와 윤희는 거의 싸운 일이 없다. 그녀가 원하는 만큼 내가 다정다감한 사람이었다고 생각하긴 어렵지만 그렇다고 속을 썩이거나 하지도 않았기 때문이다. 윤희 역시 나를 잘 이해해주는 편이었다. 선배의 소개로 만난 윤희도 다른 광고회사에서 나와 같은 일을 했고 그래서 광고회사의 불규칙한 업무 특성을 너무나 잘 알고 있었다. 우리는 연인이기도 했지만 좋은 업계 선후배이기도 했다. 윤희는 자기네 팀 사람들 때문에 힘들어하는 경우가 많았는데, 그때마다 나의 조언이 윤희의 상처난 마음에 작용을 하는 듯했다. 가끔 내 무심한 태도 때문에 그녀가 속상해할 때도 있었지만 그렇다고 그때마다 윤희에게 달려가진 않았다. 윤희도 며칠 지나면 엉킨 마음을 잘 다스리곤 했다. 그래서 내가 너무 안심했던 걸까. 나도 치석처럼 바로 달려갔어야 했을까. 여자친구가 없다고 말하려다가 없어졌다고 말했더니 정 차장은 더 묻지 않았다. 센스가 있다. 내가 화제를 돌렸다.

"저, 줄곧 궁금했던 건데 차장님은 혹시 '필립교도'라는 말이 무슨 뜻인지 아세요?"

정 차장은 오히려 이 질문이 언제 나올지 궁금했다는 듯이 미소를 지으며 나에게 술을 권했다. 나는 훨씬 더 궁금해져서 평소에는 잘 마시지도 않던 소주를 입

06_전문가의 함정

에 털어 넣었다.

"그러고 보니 그 얘기가 신경 쓰였겠군요."

잔을 비우는 정 차장의 얼굴에 아직 미소가 남아 있었다.

"너무 신경 쓰지 마세요. 나도 4년 전쯤 사장님한테 똑같은 얘기를 들었
었죠, 필립교도라고, 허허허. 그런데 재미있는 사실 하나 알려드릴까요?
그런 사장님도 실은 왕년엔 골수 필립교도였다는 거예요. 게다가 더 재미
난 사실은 우리 회사에서 가장 지독한 필립교도가 바로 우리 타스케 팀
장님이셨다는 겁니다, 허허. 들은 얘기라 자세한 건 모르고요. 어쨌든 그
러니까 그게 어제의 필립교도가 오늘의 필립교도한테 한 말씀인 거예요.
타박하는 소리는 아니니까 그리 신경 쓰지 않아도 돼요."

정 차장이 내 술잔을 채웠다.

"짐작하시겠지만, 필립교도는 말 그대로 필립 코틀러 신봉자를 뜻하는 말
이에요. 좀 심하게 말해서 필립 코틀러 얘기면 무조건 믿고 보는 마케터
들을 의미하는 거죠."

생각하는 늑대 타스케

정 차장은 잠시 상념에 빠진 것 같았다. 옛 생각이 났는지 이야기를 멈추고 한 동안 씩 웃는 얼굴이었다.

"내가 4년 전에 처음으로 한 프로젝트를 완전히 책임지게 되었을 때였어 요. 잘해보고 싶었죠. 소영웅주의랄까. 그런 건 좀 다른가? 아무튼 뭐 그 런 거 있잖아요. 내 힘으로 윗사람들을 놀라게 하고 싶었어요. 나는 경영 학과를 나와서 대학 때부터 필립 코틀러의 책으로 공부를 했죠. 다들 그 런지는 모르겠지만 나에겐 그가 쓴 『마케팅관리론』이 성경책 같았어요. 고린도전서 몇 장 몇 절 하는 식으로 줄줄 꿰고 있었죠. 아무런 의심도 없 이 말이에요. 당연히 그 성경 구절들이 그때 프로젝트에 반영이 되었겠 죠? 그러다 〈오! 수정과〉 때의 김 대리처럼 우리나라 소비자들에겐 적용 하기 힘든 결론을 목청 높여 주장하게 되었는데, 그때도 사장님이 어김없 이 나에게 필립교도라고 하더군요. 그땐 그 말이 무슨 뜻인지도 몰랐어 요. 나중에 내가 호기 좋게 타스케 팀장님을 찾아가서야 그게 무슨 뜻인 지 비로소 알 수 있었죠."

나는 잠자코 있었고, 그의 이야기가 이어졌다.

"오기가 생기더라고요. '그래, 내가 필립교도면 너희는 무슨 교도냐. 너희 는 도대체 무슨 책으로 공부를 한다는 거냐?' 하면서 속으로 칼을 갈고 타스케 팀장님을 찾아갔어요. 지금 생각해도 웃긴데, 아무튼 팀장님 책상에 불쑥 종이를 내밀면서 어떤 책들을 읽으면 좋겠는지 나에게 책을 추천해달라고 억지를 부렸죠. 타스케 팀장님이 어이없다는 듯이 나를 한참 쳐다보더니 그 자리에서 가만히 책 제목들을 쓰기 시작했어요."

나는 왠지 이 이야기에 빠져들기 시작했다.

"그때 팀장님은 모두 마흔세 권을 썼어요. A4용지 앞뒤로 꽉꽉 눌러서 마흔세 권. 그것도 출판사 이름까지 친절하게 달아주셨는데, 전부 마케팅 책이었고 모두 저자가 달랐어요. 놀랍죠? 처음에는 팀장님이 잘난 체한다고 생각했어요. 그런데 아무튼 그 마흔세 권의 책 중에 나의 성경책도 포함되어 있더군요. 이상한 기분이 들었어요. 나한테는 성경책 같은 책인데 팀장님한테는 그저 마흔세 권 중 한 권에 불과한 느낌."
"그렇지만 아무리 많은 책이 있다 해도 그중에 특히 훌륭한 책이 따로 존재할 수도 있지 않은가요? 마흔세 권이 아니라 천 권의 책이 있다 해도 필립 코틀러의 책은 특별히 더 존중받을 가치가 있다고 생각하는데요."

정 차장이 다시 내 술잔을 채우는데 당시 정 차장이 느꼈다는 그 이상한 기분이 나에게 확 전해졌다. 이번에도 소주를 털어 넣었다. 나는 울컥했고, 정 차장은 흥거워했다.

"그런데, 팀장님이 그렇게 책들을 써주시고는 이렇게 말씀하시더군요. '그 책들을 모두 읽어보게. 하나같이 좋은 책들이니까 건성건성 읽지 말고 꼭꼭 씹어가며 읽어야 하네. 그러다 보면 자네는 하나의 진리를 만나게 될 거야.'"

여자친구에게 달려가던 치석에게서 전화가 왔다. 급한 불만 끄고 다시 돌아오겠다고 한 모양이다. 아무래도 갑자기 달려나간 것에 마음이 쓰인 것 같은 치석을 정 차장이 말렸다. 둘이 옥신각신하는 동안 혼자 술을 마셨다. 오늘은 술이 잘 들어간다. 통화가 끝나기가 무섭게 정 차장에게 물었다. 이야기가 끊길까 봐 서둘렀다.

"무엇이던가요, 그 진리라는 게?"

정말 궁금해서 물어본 건데 목소리가 왠지 따지는 느낌이었다. 이번에는 내가 정 차장의 잔을 채웠다.

"아, 필립 코틀러도 그냥 한 명의 마케터일 뿐이구나. 필립 코틀러도 신이 아니라 인간인 이상 모든 문제를 해결해줄 수는 없겠구나. 필립 코틀러가 시키는 대로 소비자가 움직이는 게 아니고, 소비자가 움직이는 걸 필립 코틀러가 따라다니는 거구나. 소비자들은 저마다 다르고 시장도 저마다 다른데 제아무리 필립 코틀러라도 모든 상황을 다 짐작하고 고려할 순 없겠구나. 내가 필립 코틀러 따르느라 정작 소비자는 못 봤구나."

정 차장은 또다시 약간의 뜸을 들였다. 나는 따지거나 보채는 느낌을 주고 싶지 않아서 잠자코 기다리고 있었다. 그런데 왠지 내가 기다리는 게 아니라 정 차장이 나에게 생각할 시간을 주고 있는 것 같은 느낌이 들었다.

"타스케 팀장님이 그러시더군요. '필립 코틀러는 정말 대단한 분이야. 마케팅을 공부하는 입장에서 참 배울 게 많은 분이지. 나도 그분을 존경해. 하지만 거기까지야. 존경할 만하지만 신앙심을 가질 정도는 아니란 거지. 그 역시 인간인 이상 틀릴 수 있고 또 모든 상황을 전부 살필 수는 없지 않겠나? 필립 코틀러 아니라 필립 코틀러의 할아버지라도 어차피 인간일 텐데 신앙심 수준으로 무턱대고 믿어버리는 건 문제가 아닐까? 유명한 전문가의 이야기라고, 세계적인 권위자의 이야기라고 무조건 따르지는 말게. 그들 역시 틀릴 수 있어. 자네나 나처럼.' 그러면서 팀장님은 '권위에 대한 생각 없는 존경심이 진실의 가장 큰 적'이라는 아인슈타인Albert Einstein의 이야기를 좋아한다고 하시더라구요."

정 차장의 얼굴이 불콰해졌다. 그 모습이 거북하지 않았다. 얼굴의 홍조만큼 정 차장은 행복해 보였다. 매일 만나는 타스케이건만 그와의 시간을 추억하는 게 그렇게도 기쁜 일인가.

생각하는 늑대 타스케

"그렇다고 타스케 팀장님이 전문가의 이야기를 무시하라는 뜻으로 말씀하신 건 아니에요. 오히려 귀담아들어야 한다고 하시죠. 다만 그 전문가의 말이 전적으로 믿을 만해서가 아니라, 전문가로서 오랫동안 고민해온 의견이니까 귀담아들을 필요가 있다는 거죠. 팀장님이 강조하는 건 권위 있는 전문가의 말이라고 무턱대고 믿지 말고 하나의 의견으로 생각하고 참고만 하는 사고방식이에요. 팀장님은 '배움'에 대해서도 조금 다른 생각을 가지고 계세요. 언젠가 팀장님이 그런 말씀을 하셨어요. '배운다는 것은 얌전히 앉아서 누가 가르쳐주는 것을 익히는 과정이 아니야. 그의 생각과 나의 생각이 잘 어우러져 새로운 생각으로 빚어지는, 일종의 '생각의 삼투압' 과정이지. 그래서 그의 생각을 귀담아 잘 들어보고 내가 이미 가지고 있는 생각과 잘 견주어본 후, 그를 통해 자신의 결론에 도달하는 것이 무엇보다 중요해.' 타스케 팀장님은 당신 얘기도 무턱대고 믿지 말라고 하세요. 자신도 그저 한 사람의 마케터일 뿐이니까. 우리들의 생각과 끊임없이 삼투압시켜보라고 주문하시죠. 그렇게 해서 새로운 생각이 떠오르면 자기에게도 꼭 말해달라고 말씀하시면서."

정 차장은 갑자기 노래나 불렀으면 좋겠다면서 말을 돌렸다. 원래 말이 많지 않은 사람들은 말이 많아지는 자신의 모습을 민망해하기 마련이다. 나도 그런 면에서 그와 비슷한 것 같다. 그는 다시 돌아오겠다는 박치석을 말렸던 것을 후회했다. 멀대가 분위기 메이커 역할을 잘하나 보다. 하지만 나는 이야기를 좀 더 듣고

06_전문가의 함정

싶었다.

"그런데 차장님. 아까 가장 지독한 필립교도가 다름 아닌 타스케 팀장님이었다는 건 무슨 얘긴가요?"

"아, 그 얘기요. 그건 뭐 나도 들은 거라 정확한 얘기는 잘 몰라요. 그러니까, 사장님께서 지금의 나처럼 차장 초년일 때, 그 밑에 신입사원으로 타스케 팀장이 들어왔대요. 사장님도 워낙에 유명한 일벌레였는데 타스케 팀장이 일하는 걸 보고선 혀를 내둘렀다고 할 정도였다더군요. 팀장님은 과학적 근거에 충실한 업무 방식으로 윗사람들의 인정을 받으셨는데, 특히 조사나 통계적 수치를 충분히 활용하고 이론적 배경이 튼튼한 분석틀을 중시하셨다고 해요. 팀장님 스스로가 이론적으로 엄청나게 해박하셔서 브랜드전략연구소 사람들도 팀장님 앞에선 함부로 아는 체하지 못했다는 이야기도 자주 들었어요. 필립 코틀러에 너무나 정통한 나머지 그의 이론을 설명하거나 인용하는 모습을 본 사람들이 팀장님을 필립 코틀러로 착각할 정도였대요. 지금은 상상도 할 수 없는 일이지만, 허허. 그리고 지금이야 따로 직급도 없이 팀장이라는 직책만 가지고 계시지만 당시엔 우리 회사같이 인사 정책에 유연성이 없는 회사에선 유례가 없을 정도로 특별 승진을 밥 먹듯 하신 분이라고도 해요."

"아, 그런데 왜 지금은?"

"그야 뭐, 나도 모르죠. 언젠가 홀연히 회사를 그만두고 퇴직하셨는데 지금 사장님이 취임하면서 어디선가 혼자 지내시던 팀장님을 찾아가 보름을 같이 지낸 끝에 겨우 모시고 올라왔다는 얘기가 있어요. 다 주워들은 얘기라 어디까지가 사실이고 어디까지가 거짓인지는 잘 모르겠고요. 아 참, 그런데 팀장님도 처음엔 늑대 얼굴이 아니었대요. 사람 얼굴이었다던데 그것도 남겨진 기록이 없어서 확인 불가더라고요, 허허허.”

“네?”

정 차장의 이야기를 들으면 들을수록 궁금한 것이 더 많아졌다. 더 묻고 싶었지만 오늘은 그냥 묻어두기로 했다. 대신 정 차장에게 들었던 이야기들을 사진첩 정리하듯 다시 되돌려보았다. 늑대에 대해선 아직 온전히 이해하기 힘들다. 그가 추구하고 있는 것이 무엇인지, 이론적으로 해박하다는 그가 전혀 이론적이지 못한 모습으로 일하는 까닭은 무엇인지 아직 알 수 없다. 그러나 “위대한 석학의 이론이라고 무조건 믿으려 들지 말고, 같은 일을 하는 사람의 입장에서 의견을 청취하는 자세를 취하라”는 말과 “배운다는 것은 무작정 익히는 것이 아니라 생각과 생각이 교류하는 생각의 삼투압이다”라는 타스케의 말은 왠지 깊은 뒷맛을 남기는 것 같다.

거나해진 정 차장이 또다시 술을 권했다. 정 차장은 술잔에 술을 따랐고 내 술잔에는 늑대의 그 뒷맛 깊은 말이 담기고 있었다.

습관적 생각을 깨는
통찰력 있는 사람들의 생각 습관

첫 번째

전문가의 생각에
의존하지 않습니다

다른 사람들의 시장 예측을 듣는 것은 시간낭비다.

정말로 중요한 사실들에 대한

당신의 판단을 흐릴 수 있기 때문에 위험하기까지 하다.

TV에 나온 해설자(전문가)들이 시장이 앞으로 어떻게 될지에 대해

그럴듯한 의견을 밝히는 모습을 보고 있노라면

미키 맨틀Mickey Mantle, 뉴욕 양키스의 전설적인 선수이 했던

신랄한 비판이 떠오른다.

"방송 부스에 들어가면 경기가 쉬워 보인다."

_ 워렌 버핏 Warren Edward Buffett

전문가는 전문가일 뿐

어떤 이유에서든 아이디어를 찾거나 그에 대한 의사결정이 필요할 때, 우리가 빈번하게 범하는 실수 중 하나는 그 분야의 전문가나 권위자의 말을 너무 쉽게 믿어버리는 것입니다. 전문가나 권위자는 그 방면에 대해 양적으로나 질적으로나 풍부한 지식과 경험을 가지고 있기 때문에 우리가 하고자 하는 일을 좀 더 폭 넓은 관점에서 접근할 수 있는 것처럼 보이고, 문제 해결을 위한 실질적 아이디어에도 훨씬 근접해 있는 것처럼 보입니다. 그래서 어렴풋하게나마 우리 나름대로의 아이디어를 가지고 있다 해도, 전문가의 이야기가 단단한 이론적 배경과 적절한 사례를 갖추어 논리정연하게 펼쳐질 경우, 우리는 어느새 상대적으로 근거가 빈약한 자신의 생각을 입 밖으로 꺼내볼 엄두조차 내지 못하는 경우가 허다합니다.

그렇지만 제아무리 탁월한 식견을 갖춘 전문가의 이야기라도 별다른 여과 과정 없이 곧바로 받아들이는 것은 새로운 아이디어를 위해 그다지 바람직한 태도가 아닙니다. 아이디어는 축적된 지식과 경험 자체에서 저절로 창조되는 것이 아니기 때문입니다. 아이디어는 특정한 목표를 지향하거나 어떠한 문제를 해결하기 위해 지식과 경험 같은 '정보'를 처리하는 '사고思考의 과정'에서 발견되는 것입니다. 다시 말해서, 정보가 아무리 많아도 처리 과정에 상상력이 작용하지 않으면 아이디어라는 산출물을 기대하기 어렵습니다. 오히려 지나치게 견고한 지식이 자유로운 상상을 제한하여 전혀 새로운 아이디어의 가능성을 사전에 차단해버릴 수도 있다는 점에 유의할 필요가 있습니다.

치열한 아이디어 각축장이라 할 수 있는 기업들의 마케팅 현장을 가만히 들여다보면, 전문적인 지식이 독창적인 상상력 앞에 얼마나 무기력한지 쉽게 알아낼 수 있습니다. 세계 최고의 경영컨설팅업체로 일컬어지는 경영전략 전문가집단 맥킨지McKinsey가 기업의 문제를 해결해주고 그에 대해 과금하는 기존의 사업 방식 대신, 시작 단계에 있는 회사의 경영에 직접 참여하여 그 수익의 일부를 나누어 갖는 사업 방식을 도입한 적이 있습니다. 경영 분야에서 축적해온 그들의 전문성을 무기로 비즈니스 현장에 좀 더 직접적으로 개입하기로 한 것입니다. 하지만 그 결과는 좋지 못했습니다. 세계 최고 수준이라는 그들의 지적 전문성이 실제 현장에서는 그다지 빛을 보지 못했고 결국 사업 3년 만에 그 계획을 철회해야 했던 것입니다.

전문적인 지식으로부터 아이디어가 샘솟을 수 있다면 이런 일은 좀처럼 일어나기 어렵겠지만, 실제 비즈니스 현장에서는 이름난 대학의 석박사 출신 인재를 대거 보유한 기업들이 부진의 늪에 빠져 헤어나지 못하는 경우를 얼마든지 찾아볼 수 있습니다. 반면에 전문적인 마케팅 지식을 가지고 있지 못한 기업인이 놀라운 감각으로 일반적인 마케팅 상식을 뒤엎고 새로운 시도를 하여 크게 성공하는 경우 또한 많습니다. 지금은 마치 '혁신적 아이디어의 아이콘'처럼 여겨지는 미국 애플사의 스티브 잡스Steve Jobs 역시 마케팅을 전문적으로 배운 적이 없는 사람일뿐더러, 마케팅 전문가 집단을 그다지 신뢰하지 않았고 오직 자신의 통찰에 기반하여 중요한 의사를 결정한 것으로 유명합니다.

2008년 TV 홈쇼핑 채널에서 소개된 이후 선풍적인 인기를 끌어온 〈휴롬〉이라는 주서기가 있습니다. 칼날을 고속으로 회전시켜 과일을 갈아내는 방식의 믹서기와는 달리 저속으로 회전하는 스크류 속으로 채소와 과일이 천천히 들어가 원액(즙)을 자연스럽게 짜내는 방식으로, 주부들에게 〈원액기〉라는 이름으로 사랑받으며 상당한 매출을 기록한 제품입니다. 그런데 이 제품이 처음 개발되고 홈쇼핑 채널을 통해 첫 출시되기 전에 가격 책정 문제로 한바탕 진통을 겪었다고 합니다. 홈쇼핑 전문가나 마케팅 전문가들이 일반 믹서기와 크게 다르지 않은 가격대를 제시하며 그보다 높은 가격으로는 팔기 어렵다면서 기존에 책정된 가격을 내려야 한다는 부정적인 전망을 내놓은 것입니다.

제품을 직접 개발한 김영기 회장은 이른바 전문가들의 이야기를 그대로 받아들이기 힘들었다고 합니다. 과일 본연의 맛과 영양을 파괴하지 않는 좋은 주서기를 만들기 위해 10년 동안 무수한 실패를 거듭하며 아주 어렵게 개발한 기술이 일반 믹서기와 똑같이 취급되는 것도 마뜩지 않았겠지만, 무엇보다 낮은 가격에 맞추려면 재료의 질이 떨어져 양질의 제품을 내놓을 수 없다는 생각 때문이었습니다. 더구나 일반 믹서기와 비슷한 가격으로 '원액기는 보통의 믹서기와는 차원이 다르다'라는 인식을 심어줄 수 있을지도 의문이었습니다. 결국 그들은 양질의 재료를 쓰면서 기존 가격을 지키는 방향으로 입장을 정하고 반대로 홈쇼핑 채널을 설득했다고 합니다. 결과는 대성공이었습니다. 홈쇼핑 전문가나 마케팅 전문가의 예측과는 달리, (오히려 마케팅에 대한 전문적인 지식 없이 오직 제품 개발에만 몰두해온 김영기 회장의 예측대로) 상대적으로 높은 가격에도 불구하고 소비자들은 〈휴롬〉의 원액기를 일반 믹서기와는 질적으로 확연히 다른 주서기로 받아들이며 홈쇼핑 히트 신화를 만들어낸 것입니다.

'날개 없는 선풍기', '먼지봉투 없는 진공청소기'로 유명한 영국 가전회사 다이슨 Dyson의 창업자 제임스 다이슨James Dyson은 아예 "전문가의 말을 듣지 말라"는 이야기를 하기도 합니다. 다이슨 창업자는 진공청소기의 먼지봉투 때문에 청소기의 흡입력이 떨어진다는 점을 알고 5년간 5천 개가 넘는 프로토타입을 만드는 각고의 노력 끝에 먼지봉투가 필요 없는 신개념 진공청소기를 개발했습니다. 하지만 마케팅 전문가들은 그

06_전문가의 함정

가 개발한 시제품을 비웃었습니다. 소비자들이 먼지봉투보다 더러운 먼지통 보는 것을 더 꺼릴 것이라는 게 그 이유였습니다. 기존 업체와의 협력을 통해 제품을 출시하려던 계획이 전문가들의 부정적인 견해에 막혀 좌절되자 다이슨은 아예 회사를 직접 차려 자신의 아이디어를 관철해나갔습니다. 그렇게 탄생한 진공청소기 '다이슨 DC01'은 다른 제품들보다 5~10배 비싼 가격에도 불구하고 출시 2년 만에 영국에서 가장 많이 팔리는 진공청소기가 되었고, 이제 다이슨이란 이름은 혁신적 아이디어의 대명사처럼 여겨지며 유럽과 미국에서 크게 성공한 브랜드가 되었습니다.

이처럼 아이디어를 찾기 위해 처음부터 전문가를 찾아가는 경우가 아니라 자신이 발견한 아이디어를 전문가에게 평가받는 경우에도 냉정한 자세를 견지하는 게 중요합니다. 전문가가 높이 평가한다고 해서 크게 기뻐할 일도 아니고, 반대로 저평가한다고 해서 낙담할 일도 아니라는 것입니다. 전문가들은 자기 분야에 대한 지식과 경험을 기반으로 예측합니다. 지식과 경험이 아우를 수 있는 영역 안에서 그 아이디어를 판단할 수밖에 없습니다. 그러다 보니 지금까지 쌓여온 지식만으로는 닿지 못하는 곳, 아직 해보지 않은 지식 이상의 가능성까지 판단하기란 전문가들에게도 무척 어려운 일입니다. 아이디어는 상상력의 영역인데, 상상력은 전문가들의 무기가 아니기 때문입니다. 그래서 전문가일수록 자신이 가진 지식의 함정에 빠져 주어진 아이디어가 '어떤 점에서 힘들고, 어떤 점에서 불가능한지' 그 한계를 보려는 경향이 많습니다. 하지만 창조자들은 자신의 상상력에 날개를 달아 전문가들이 불가능하다고 말하는 것을 '실현할 수 있는 방법'을 찾으려 합니다.

1960년대 중반, 미국의 명문 사립인 예일대학교에 프레드릭 스미스Frederick W. Smith라는 학생이 있었습니다. 경제학을 수강하던 스미스는 이전에 없었던 새로운 물류 시스템에 대한 아이디어를 보고서로 제출했습니다. 일단 자전거 바퀴의 중심축(허브) 같은 역할을 할 지역을 선정하여 화물을 집결시킨 후, 그곳에서 재분류한 화물을 다시 주변 지역으로 자전거 바퀴살(스포크)처럼 펼쳐지는 모양새로 배송하는 시스템이었습니

생각하는 늑대 타스케

다. 스미스는 이 새로운 방식이 (그 당시엔 어렵다고 받아들여졌던) 익일 배송을 가능하게 만들 것이라고 믿었습니다. 그러나 경제학 교수의 대답은 C학점이었습니다. 최단거리로 수송하는 기존의 방식을 기준으로 봤을 때 그다지 현실성이 없는 아이디어라는 평가를 받았던 것입니다. 스미스는 실망하지 않고 학교를 졸업하면서 C학점짜리 아이디어를 실제로 사업화했습니다. 만약 스미스가 경제학 전문가인 교수의 냉정한 평가를 곧이 곧대로 받아들이고 낙담했다면, 우리는 오늘날 세계에서 가장 지배력 있는 물류회사 중 하나인 페덱스FedEx라는 회사를 볼 수 없었을지도 모릅니다. 경제학 전문가가 C학점을 준 아이디어에 전혀 전문적이지 못한 소비자들이 A+학점을 준 셈입니다.

생각의 독립

전문가를 믿지 말라는 이야기가 그 분야의 전문가나 권위자의 식견을 무시해도 좋다는 의미는 아닙니다. 그들은 충분히 존중받을 가치가 있습니다. 전문가들은 언제나 좋은 아이디어를 찾는 데 큰 도움이 될 수 있는 사람들입니다. 다만 그들 역시 나름대로의 해답을 제시하는 것일 뿐, 그것이 반드시 정답이란 법은 없다는 점을 잊어서는 안 됩니다. 한 분야에서 몇 십 년을 종사해온 전문가라도 얼마든지 틀린 답을 낼 수 있습니다. 아이디어의 가능성을 엉뚱하게 평가할 수도 있습니다. 같은 분야의 전문가라고 해서 항상 같은 결론을 말하지 않는다는 사실은 우리도 잘 알고 있습니다. 토론 프로그램에는 몇 명의 전문가들이 패널이 되곤 하지만, 그들끼리도 서로 다른 견해를 피력하고 서로 다른 결론을 주장하는 모습을 늘상 보게 됩니다. 전문가들이 신이 아닌 이상, 그들의 이야기는 '진리'가 아닙니다. 하나의 '의견'에 불과합니다. 의견은 신앙의 대상이 될 수 없습니다. 참고의 대상일 뿐입니다.

영국의 일간지 〈가디언Guardian〉에 의해 '영국 최고의 지성'으로 꼽힌 런던대학교 노리나 허츠Noreena Hertz 교수는 한 실험을 예로 들며 전문가의 의견을 맹목적으로 추종

생각하는 늑대 타스케

하려는 우리의 인식 습관을 거론한 바 있습니다. 허츠 교수에 의하면 전문가의 의견을 듣고 있는 사람의 뇌를 스캔해본 실험이 있었는데, 사람들의 뇌에서 독립적인 의사결정을 담당하는 영역의 스위치가 꺼져 있었다고 합니다. 즉 전문가의 말을 들으면서 우리는 스스로의 '생각의 스위치'를 끄는 경향이 있음을 경고한 것입니다. 아이디어를 찾거나 검증받을 때 전문가의 의견은 들을 수 있을 만큼 충분히 들어도 좋습니다. 하지만 아예 우리 스스로의 생각의 스위치를 꺼두고 전문가가 시키는 그대로 신속하게 움직이는 건 곤란합니다.

전문가의 의견을 취하면서도 생각의 스위치를 끄지 않기 위해서는 무엇보다 (직접 만나든 책에서 읽든) 전문가의 의견을 구하기 전에 나름대로의 결론을 먼저 내려두는 것이 좋습니다. 자신만의 결론이 없으면, 자신이 충분히 생각하지 못한 타인의 결론이 그 자리를 매우 쉽게 꿰찰 수 있는 까닭입니다. 스스로 내린 결론을 가지고 있으면 적어도 전문가의 의견을 아무 여과 없이 그대로 흡수하는 오류는 피할 수 있습니다. 그리고 이제 전문가의 의견을 얻었다면, 생각할 시간을 충분히 갖습니다. 최대한 다른 각도에서, 최대한 냉정하게. 여러분 스스로 내린 결론을 버무려 자신의 의구심을 최대한 활성화시키고 그것을 전문가의 의견에 투영해봅시다. 많은 의구심을 극복한 아이디어가 강력한 아이디어입니다. 그렇듯 전문가의 생각을 자신의 생각과 삼투압시키면서 자신만의 결론을 도출해내는 습관을 만드는 것이 중요합니다.

통찰력은 타인의 의견에 의존하지 않고 본인의 생각에 자신감을 가질 때 비로소 성장할 수 있습니다. 그럴 때 예전에 미처 가보지 않았던 방향으로 생각을 펼쳐나갈 수 있는 용기가 생기고, 자신의 생각과 다른 생각을 만났을 때 기꺼이 섞어볼 용기가 생기며, 그러다 자신의 생각보다 더 좋은 생각을 만나면 그때까지의 자신의 생각을 버리고 새로운 생각을 받아들일 수 있는 용기가 생기기 때문입니다.

07

영어에 존댓말이 없는 까닭

———

전략지원실 생활은 생각보다 빠르게 적응되었다. 처음 이곳에 왔을 때 품고 있었던, 늑대소굴을 찾아온 산업스파이 같은 나의 자세도 많이 수그러들었다. 아마도 이곳 사람들의 붙임성과 편안함이 크게 작용했을 것이다. 물론 늑대와는 아직도 거리가 있다. 그는 일부러 팀원들과 어느 정도의 거리를 유지하고 있는 것 같다. 사적인 이야기를 하지 않는 것은 물론이거니와 업무에 대해서도 별로 말이 없는 편이다. 그는 마치 (자신이 늑대라는 사실은 잊은 채) 양떼들을 초원 위에 풀어놓고 그늘에 앉아 한가롭게 놀고 있는 양치기 소년이나 된 것처럼 행동한다. 하긴 정 차장의 이야기대로라면 타스케는 일방적으로 가르치는 스타일이 아니라서 누군가 의견을 묻기 전에 먼저 나서서 참견할 것 같지는 않다.

"아이고, 오늘은 모두 자리에 계시네!"

생각하는 늑대 타스케

기획6팀의 박 국장이 한 손에 커다란 쉬폰케이크를 들고 우리 사무실을 방문한 것은 오전 11시 30분쯤이었다. 쉬폰케이크라면 사족을 못 쓴다는 이지원 대리가 가장 반겼다. 그는 케이크 상자를 이지원 대리에게 건네주고 타스케 팀장 옆에 앉았다. 그러고는 30분 정도를 쉴 새 없이 소곤거렸다. 갑작스러운 방문에 갑작스러운 이야기까지, 나는 그가 조금 무례하다고 생각되었지만 늑대는 마치 환자에게 웃음을 잃지 않는 의사처럼 상냥하게 그의 이야기에 귀를 기울이고 있었다. 그리고 잠시 후, 그가 떠나고서 우리 팀원들도 그가 찾아온 용건을 알게 되었다.

그에겐 아이디어가 필요했다. 정식으로 의뢰할 만큼 큰 프로젝트는 아니라서 그냥 쉬폰케이크를 들고 온 모양이다. 그가 맡고 있는 팀의 광고주 중에 〈레녹스〉라는 사무용 복합기 회사와 관련된 일이었다. 복합기라면 복사기에 프린터, 팩스, 스캐너 등의 기능들을 추가하여 하나의 기계로 다양한 업무 처리가 가능하도록 만든 제품이다. 박 국장에 의하면, 몇 년 전부터 복합기가 많이 대중화되어 지금은 가정용 제품도 꽤 활성화되고 있지만, 가정용 분야는 워낙 소형제품이 주류를 이루는 데다 저가 제품 중심에 시장도 크지 않고 그마저도 여러 회사들이 나눠 갖는 양상이라 〈레녹스〉 입장에선 큰 매력을 못 느끼고 있다고 한다. 〈레녹스〉에겐 중대형제품 위주로 매출 규모가 크고 애초부터 주력해오면서 1위 기업인 〈미코〉와 양강 체제를 형성하고 있는 사무용 분야가 아무래도 더 매력적이란 얘기다. 문제는 사무용 복합기 시장에서 〈레녹스〉의 매출과 시장점유율이 점점 떨어지고 있다는 것. 1위 기업인 〈미코〉의 매출과 시장점유율은 지속적으로 증가하고 있다는 사실을 보면 사무용 복합기 시장 자체가 침체 국면은 아닌 듯했다. 박 국장은 상품력 차원에선 오히려 〈레녹스〉가 한 발 더 우위에 있다고 했다. 기술력에서 〈미코〉에 전혀 떨어지지 않는데도 가격은 더 저렴하다는 것이다. 그런데도 〈미코〉와의 간격은 점점 벌어지고 침체 상황에서도 좀처럼 벗어나지 못하고 있다. 타스케는 점심식사 후에 이 문제에 대해 간략하게 이야기를 나눠보자고 했다.

정식으로 의뢰가 들어온 것은 아니지만 어쨌든 나로서는 팀을 옮기고 나서 첫 번째 프로젝트인 셈이다. 타스케팀은 모든 프로젝트를 함께 시작한다. 함께 생각하고, 함께 회의하고, 함께 결론을 내리고 나면, 마무리 작업만 업무를 정해 나누는 식이다. 식사를 마친 팀원들은 뜨거운 여름 햇살을 피해 수풀이 우거진 회사 근처 공원의 그늘을 찾아갔으나, 나는 어째 마음껏 어울릴 수가 없었다. 점심을 먹으면서 줄곧 나의 첫 번째 프로젝트에 대해 생각해보았지만 도무지 감이 잡히지 않았기 때문이다. 적당히 둘러대고 혼자 사무실로 돌아오는 길이 어쩐지 어둡게 느껴졌다. 마치 미국으로 유학 와서 안 되는 영어 때문에 미국인들처럼 여유롭게 공부하지 못하고 잠잘 시간도 아껴가며 더 공부해야 하는 신세 같다고나 할까. 마음까지 움츠러들려는 순간, 발밑으로 내 그림자가 밟혔다. '공원에만 그늘이 있는 건 아니구나.'

대등한 기술력에 가격까지 저렴한데도 매출 성장이 없다는 것은 아마도 1위 기업인 〈미코〉가 기술적인 면에서 실제보다 과대포장된 이미지를 가지고 있기 때문

생각하는 늑대 타스케

일 것이다. 조사를 해보면 더욱 뚜렷하게 나타나겠지만 〈레녹스〉는 그에 비해 억울하리만치 저평가되어 있을 것이 분명하다. 마케팅에서 이야기하는 이른바 '포지셔닝'에 실패했을 가능성이 높다. 타스케가 박 국장에게 전해들은 정보에도 〈레녹스〉의 마케팅팀은 브랜드 관리 등 마케팅 전략을 설계하고 구사하는 팀이라기보다는 거래처 영업을 담당하는 조직에 가깝다고 하니, 포지셔닝 같은 것은 거의 신경 쓰지 않는 회사임에 틀림없다.

이 사실을 확인해보려고 광고비 데이터도 검색해보았다. 광고회사에는 일반적으로 어떤 회사가 특정 기간 얼마만큼의 광고비를 지출했는지 검색할 수 있는 시스템이 갖추어져 있다. 예상대로 〈레녹스〉는 애초부터 광고를 많이 하지 않는 회사였다. 1위인 〈미코〉는 과거에는 그들의 기술력을 어필하는 기업 이미지 광고에 상당히 많은 비용을 지출하다가 3~4년 전부터 규모를 크게 줄여 〈레녹스〉와 같은 수준을 유지하고 있었다. 〈미코〉가 광고비를 줄인 것은 이해할 수 있다. 초기에 집중한 광고 덕에 〈레녹스〉와 비교할 수 없을 만큼 우월한 기술력 이미지를 얻게 되었을 것이고, 이제는 따로 광고하지 않더라도 그 이미지를 유지할 수 있게 된 것이다.

나는 습관적으로 책부터 펼쳐보았다. 〈레녹스〉처럼 포지셔닝을 등한시했다가 문제가 생겨 실패한 사례들을 찾아보기 위해서였다. 그러나 이내 책을 덮었다. 왠지 그러면 안 될 것 같았다. 이 팀 사람들도 책은 잘 들여다보는 것 같았지만 그래도 왠지 내 마음이 그랬다. 대신 일단 내 나름대로 생각들을 펼쳐보기로 했다. 여러 상황들에 대한 정보와 지식을 토대로 내 나름의 해결책을 고민해보고 나서 뭔가 점검해볼 게 있으면 그때 책을 들여다보자.

나는 곧 내 나름대로 잠정적인 결론을 내렸다. 〈레녹스〉가 현재의 매출 정체 상황을 극복하기 위해서는 광고를 해야 한다. 이미지적으로 뒤처져 있는 문제를 이미지적으로 해결하지 않으면 다른 어떤 길이 있을까. 기술적으로 우위에 있는 요소를 찾아서 그것을 소비자에게 적극적으로 알려준다면 현재의 문제는 극복할 수 있을 것이다.

"지낼 만한가?"

타스케 팀장이 가장 먼저 왔다. 다른 사람들은 오늘도 커피전문점에 들렀다 오나 보다. 타스케의 질문에 나도 모르게 '큭' 하고 소리를 내어 웃을 뻔했다. 타스케는 똑같은 질문을 벌써 세 번째 묻고 있는 것이다. 내가 잘 배우고 있다고 하자, 그는 점잖게 웃으며 "배운다……"라고 되뇌었다. 그는 마치 '배운다는 게 무엇인가'를 물어볼 태세였다. 그러면 '생각의 삼투압'이라고 대답하려고 했다. 그러나 그뿐 뭔가 더 이야기를 할 것 같던 그는 더 이상 묻지 않고 책장 앞 자기 자리에 앉아 익숙한 포즈로 책을 읽기 시작했다. 그는 종종 싱겁다.

생각하는 늑대 타스케

이지원 대리가 말했던 대로 회의는 사람들이 자리에 앉자 그렇게 바로 시작되었다. 팀장은 박치석에게 생각 좀 해봤느냐고 물어보는 것으로 회의의 시작을 알렸다. 치석에겐 별다른 생각이 없을 거라는 내 예상과는 달리 자기 생각을 술술 풀어놓았다. 박 국장이 다녀가고 타스케가 〈레녹스〉에 대해 이야기해준 것은 불과 5분도 안 되는 시간. 그 외에는 함께 어울려 식사를 다녀왔고 게다가 커피전문점까지 들렀다 온 녀석의 말이라고는 믿지 않았다. 가만히 앉아 생각다운 생각을 해볼 시간도 없었을 텐데.

치석의 생각은 물론 정교하게 다듬어진 것은 아니었다. 모니터 밖으로 얼굴을 내밀지 않고 이야기를 하고 있는 걸 보면 자기 자신의 생각에 자신 있어 하는 눈치도 아니었다. 하지만 결론적으로는 나의 생각과 흡사했다. 치석도 광고 자체의 부족을 거론했다. 그 때문에 소비자들이 〈레녹스〉의 기술력에 큰 신뢰를 가지고 있지 않을 것이라는 가설 또한 나와 같았다. 근거는 없다. 아직은 가설에 불과하다.

가설. 그러고 보니 이 팀은 자신의 가설을 함께 나누는 것으로 프로젝트를 시작하고 있었다. 가설을 가지고 일을 시작하다 보면 보다 풍부한 방향으로 아이디어에 접근할 수 있다는 장점이 있다. 대개의 경우 자료를 통해 정보를 모으는 것으로 일을 시작하는데, 정보에 지나치게 집중하게 되면 생각의 더듬이가 그 정보 밖으로 뻗는 것을 제한하기 때문이다. 그러므로 무엇이든 아이디어가 필요한 일은 아무런 정보 없이 가설로 시작하는 것이 좋고, 정보를 얻은 후에도 새로운 가설을

07_영어에 존댓말이 없는 까닭

수립해보는 것이 좋다. 가설의 타당성이 공감을 얻게 되면 조사를 통해 확인해보면 된다. 이것은 실제 업무 현장에서 놓치기 쉬운 부분이지만 아주 기본적인 것에 속한다. 그러고 보면 타스케팀의 힘은 결국 기본기에 충실하다는 데 있을지도 모르겠다.

"저는 생각이 조금 다른데요."

다르다는 것은 그 자체만으로도 눈길을 끄는 힘이 있다. 이지원 대리였다.

"저도 많이 생각해보지는 않아서 아직 잘 모르겠는데요. 복합기의 타깃을 생각하면, 꼭 광고가 부족해서 문제가 생긴 건 아닌 거 같아요."

'복합기의 타깃?' 내가 생각하지 못했던 관점이었다. 갑자기 머릿속이 분주해졌다. 늘 모니터로 가린다던 이 대리의 얼굴이 모니터 밖으로 나와 있었다.

"가정용 복합기라면 모르겠지만, 사무용 복합기의 타깃은 일반 소비자가 아니잖아요? 주로 중대형제품인 사무용 복합기의 고객은 당연히 기업 고객이겠죠. 일부는 다른 곳으로도 팔려나가겠지만, 업무를 수행하기 위해 중대형 복합기가 꼭 필요한 회사들이 주요 고객층이 될 거라고 생각해요. 그렇다면 주로 기업의 구매 부서를 통해 거래가 이어지는 B2B제품이라는 이야기가 되는데, 그런 제품에까지 광고가 필요할 것 같지는 않아요. 우리 앞에 있는 이 컴퓨터들은 모두 하나의 서버에 연결되어 있지만 그 서버의 브랜드가 무엇인지 아무도 알지 못하잖아요. 누구 하나 관심도 없고요. 서버와 마찬가지로 복합기의 구매자도 결국 기업의 구매 부서 담당자들일 텐데 그 사람들이 몇 명이나 된다고…… 매스미디어를 통한 광고라니, 왠지 배보다 배꼽이 큰 느낌이 들어요."

"그럼 이 대리 생각은 어때? 그럼 광고 대신 뭘 해야 할까?"

타스케가 바로 관심을 보였다. 이 대리는 자신감을 얻은 것처럼 목소리에 힘이 들어가기 시작했다.

"결론적으로 말씀드리면, 가격을 좀 더 낮추어야 할 것 같아요. 〈레녹스〉가 〈미코〉보다 기술적으로 확실히 우위라고 말하기도 어렵고, 말할 수 있다 해도 구매 담당자가 그 점을 경험적으로 느끼고 인정하기는 어렵기 때문에, 이미지 면에서 〈미코〉보다 열세인 〈레녹스〉는 불가피하게 가격경쟁력이라도 갖추어야 하는 거죠. 물론 지금도 약간 더 저렴하긴 하지만 이 정도의 가격 차이로는 이미지의 차이를 극복하기 힘들 것 같아요. 구매 담당자가 확실한 메리트를 느낄 수 있게 만드는 것이 급선무고 그러려면 가격경쟁력 확보가 가장 확실한 방법 아닐까요?"

이야기를 잠잠히 듣고 있던 타스케의 눈이 미끄러지듯 나에게로 향했다. 마치 내 순서라는 눈빛이었다. 그게 아니라 단순히 '뭐 다른 생각은 없느냐?' 하는 눈빛이었다 하더라도 나는 당황하지 않을 수 없었다. 내 나름대로는 이미 치석과 유사한 생각을 한 터였고, 그 의견은 이지원 대리의 반론에 직면했으며, 나에게는 이지원 대리의 의견을 반박할 만한 뾰족한 생각이 떠오르지 않았기 때문이다. 어정쩡한 침묵이 흘렀고 나는 이상한 기운에 잠겼다. 분명 땀을 흘리지는 않는데 얼굴 안쪽으로 뭔가 후끈거리며 흐르는 느낌이 들었다. 타스케뿐만 아니라 모두가 특별한 표정 변화 없이 내 대답을 기다리고 있는 얼굴이었다. 무엇이라도 이야기를 꺼내야만 했다. 사람들이 내가 중얼거린다고 생각했을지도 모를 정도로 작은 목소리였다.

"B2B제품이라는 점은 미처 생각지 못했습니다만, 같은 B2B제품이라도 복합기와 네트워크서버의 경우는 좀 다를 것 같습니다."

그러나 뭐가 다를지는 나에게도 답이 없었다. 왠지 그럴 것만 같은 느낌이 들었을 뿐이다. 특별히 눈 둘 곳이 없어 내 앞에 있던 모니터를 보면서 말했는데 다른 사람들이 보면 꼭 모니터로 얼굴을 가리고 말하는 꼴이었으리라. 타스케 팀장이 더 캐물으면 어떻게 할지 걱정하고 있을 무렵, 한층 더 무거워진 침묵을 깨고 정준 차장이 끼어들었다.

생각하는 늑대 타스케

"제 생각도 그렇습니다. 이지원 대리 말대로, 사무용 복합기를 생각할 때는 반드시 B2B제품의 거래 프로세스를 고려해야 합니다. 하지만 그와 동시에 네트워크서버와의 차이점도 고려해야 한다고 생각합니다."

정 차장이 '이지원 대리 말대로'라고 말을 잠시 끊은 동안 나는 그가 이 대리 의견을 옹호하는 줄 알고 몹시 긴장하고 있었다. 그러나 그가 사실은 나를 옹호하고 있다는 걸 알고는 나도 모르게 안도의 한숨이 흘러나왔다. 나는 나의 이런 간사함을 추스를 겨를도 없이 정 차장에게 고마워하고 있었다. 정 차장은 자신의 생각역시 부족하다는 전제하에 이야기를 이어갔다.

"같은 B2B제품이라도 사용자가 얼마나 관여하느냐에 따라 대응은 달라져야 할 것이라는 생각이 듭니다. 네트워크서버는 마치 공기와 같아서 실제로 우리의 업무에 상당한 영향을 끼치고 있지만 일단 보이지 않는 곳에 있습니다. 그래서 평상시에 그 서버가 어떻게 작동하고 있는지 사람들이 관심을 두기가 어렵습니다. 가령, 이메일이 오지 않는 상황이 발생했을 때를 상상해보세요. 컴퓨터의 고장이나 인터넷 상태의 불량을 의심할 뿐 네트워크서버의 이상을 떠올리는 사람은 거의 없을 겁니다. 하지만 복합기는 다릅니다. 서류 한 장 복사하러 가는 경우를 생각해보면 간단하게 알 수 있죠. 당장 급하게 복사할 게 있는데 복합기가 고장이 나 있다면 이지원 대리는 어떻게 할까요? 기회가 된다면 구매 담당자에게 복합기 좀 좋은 거 쓰자고 하지 않을까요? 즉, 복합기는 B2B 성격이 강하긴 하지만 사용자의 영향력이 강한 제품이라는 겁니다. 이메일이 안 되는 상황일 때 사람들은 네트워크서버를 탓하지 않지만, 복사가 안 되는 상황엔 복합기를 탓하게 되고 구매 담당자에게 불만을 품게 되지요. 어떤 B2B제품은 구매자가 사용자의 만족도에 신경을 쓸 수밖에 없다고 봅니다."

'아, 사용자!' 그렇다. 복합기는 구매자와 사용자가 다르다. 미처 그 점을 생각하지 못했다. 사용자의 영향력이 강한 제품일수록 구매자는 사용자가 신경 쓰일 수밖에 없다. 즉, 구매 담당자는 사용자인 직원들의 평가에 민감하므로 이 점에 착안하여 구매 담당자를 심리적으로 압박하자는 생각이다. 하지만 이지원 대리는 쉽게 수긍하지 못하는 눈치였다.

"근데요, 구매 담당자들이 정말 그렇게 직원들의 의견을 중요시하고 직원들의 눈치를 보나요? 우리 회사에 있는 컴퓨터 같은 것도 직원들의 의견을 일일이 물어보고 산 것도 아니잖아요. 어차피 품질을 평가하는 것은 어렵고 또 대체로 요즘엔 제품의 수준도 비슷비슷하니까 그중에 단가가 저렴한 것을 구매하는 것 아닐까요? 회사의 이익을 생각하는 구매 담당자라면 당연히 그래야 할 것 같은데요."

그녀의 중얼거림이 다소 새침하게 들렸다. 그러나 단지 자기가 주장한 의견에 미련이 남아서 그러는 것 같지는 않았다. 그녀는 정말로 수긍이 안 되는 눈치였다. 내가 생각해도 그녀의 의문은 타당한 구석이 있다. 사용자가 다수인 제품을 구매할 때 구매자가 사용자의 의견을 하나하나 모두 반영할 수는 없다. 그래서 B2B제품은 광고를 하지 않는 게 당연시되기도 한다.

"음, 그럼 내가 구매팀 팀장한테 직접 물어보는 게 좋겠구먼, 허허허."

잠자코 듣고 있던 타스케 팀장이 예의 그 흐뭇해하는 표정을 지으며 일어섰다.

"물어본다고 뭐 뾰족한 대답이 나오겠냐마는, 구매팀 팀장이야 뻔한 대답이나 하지 않겠어? 당신 일 똑바로 하고 있느냐고 물어보는데 잘하고 있다고 그러겠지. 아무튼 이 어려운 질문은 내가 하고 올 테니 여러분은 내일까지 다른 질문에 대해 생각들 좀 해줘. 〈레녹스〉보다 까다로운 문제니까 잘 좀 부탁해."

'다른 질문?' 늑대가 생뚱맞아 보였다.

"영어에는 왜 존댓말이 없을까? 애들이 버르장머리가 없는 걸까? 아, 물론 'please'나 'sir' 같이 상황에 한정된 표현이나 호칭 말고 전체적으로 봤을 때 말이지, 도대체 영어에는 왜 존댓말이 없는 걸까?"

엉뚱한 질문을 던져놓고 타스케는 마치 정말 구매 담당자라도 만나러 갈 모양으로 전략기획실 방을 빠져나갔다. 타스케가 빠져나가면서 방을 가득 채웠던 말들도 죄다 그를 따라나선 것처럼 사무실에는 갑작스러운 정적이 흘렀다. 나뿐만 아니라 치석과 이지원 대리 역시 당황하는 것 같았다. 정 차장만이 상황 파악에 어려움을 겪지 않는 듯 가벼운 미소를 지어 보였다.

"오랜만에 퀴즈를 내셨네, 하하."

생각하는 늑대 타스케

08

아이디어 보물섬

오늘 출근길은 영 신통치 않았다. 20여 분 일찍 출발했더니 비교적 한적한 지하철에 자리가 나서 앉아 오기까지 했건만 어쩐지 내 마음만은 함께 앉아 오지 못한 것처럼 찌뿌듯하기 그지없었다. 어제 타스케 팀장이 던진 그 느닷없는 질문 때문이었다. 질문을 들었을 때부터 퇴근을 하고 저녁을 먹고 잠자리에 들고 다시 일어나서 출근할 때까지 한시도 잊지 않고 고민했건만, 도저히 그럴 듯한 답을 찾을 수 없었다.

영어에 존댓말이 없는 이유라니. 그것은 마치 우주에 태양이 있는 까닭을 묻는 것처럼 들렸다. 특별한 이유가 있을 것 같지 않은 것의 이유까지 고민해야 한다는 사실이 쓸데없는 정력 낭비처럼 느껴졌다. 행여 영어에 존댓말이 없는 특별한 이유가 있다 한들 그것이 도대체 〈레녹스〉 복합기와는 무슨 상관이란 말인가? 하지

생각하는 늑대 타스케

만 그렇다고 생각을 안 해볼 수도 없다. 어제 회의에서 아무 말도 하지 못했을 때 느꼈던 것 같은, 얼굴 안으로 뭔가 뜨거운 것이 흐르는 느낌을 다시 경험하고 싶지는 않다.

영어권 사람들에게는 애초부터 위아래의 개념이 없었을 것이라는 대답은 왠지 마음에 들지 않는다. 그렇게 뻔한 거라면 늑대가 그런 식으로 질문을 던지지는 않았으리라는 추측이 강하게 든다. 더구나 그들에게도 엄연히 계급 질서가 있었고, 어떤 면에선 동양에서보다 훨씬 분명하고 뚜렷한 계급 차별이 있었는데, 그런 그들에게 위아래의 개념 자체가 애초부터 없었을 거라는 주장은 반론의 여지가 너무나 많다.

어쩌면 그들의 사고방식이 우리의 그것보다 좀 더 합리적이어서 그 어떤 권위도 무조건적으로 인정하지는 않기 때문일 것이라고 추측해볼 수 있다. 즉 그들은 계급에 의해 위아래의 개념을 갖는 것이 아니라, 공공에 의해 권위를 인정받은 경우에만 'sir' 같은 말로 존경을 표하는 것일 수도 있다는 뜻이다. 그렇지만 이 추측 역시 너무 빈약하게 느껴졌다. 'Yes, sir'는 존댓말이고 'Yes, teacher'는 반말이라는 게 내가 생각해도 부자연스럽기 때문이다.

치석이나 이 대리도 나처럼 뾰족한 답을 구하지 못한 듯했다. 정 차장 역시 자신의 생각에 확신을 가지는 눈치는 아니었지만, 그렇다고 이 상황 자체를 심각하게

08_아이디어 보물섬

받아들이는 것처럼 보이지도 않았다. 오히려 타스케 팀장이 오랜만에 이상한 퀴즈를 냈다며 이 상황을 즐기는 것처럼 보였다. 예전엔 이런 퀴즈를 자주 건넸던 모양이다. 어쨌든 4년 넘게 타스케 팀장과 지냈다는 정 차장도 알쏭달쏭한 표정이다 보니, 나보다 불과 몇 달 먼저 이 팀에 합류했다는 이 대리나 신입사원인 박치석이 명쾌한 답을 가지고 있을 리 만무했다.

타스케의 출근이 늦어지자 우리는 아예 '영어의 존댓말'에 대한 회의를 시작했다. 대개는 비슷한 생각이었다. 영어에는 위아래의 개념은 없고 공공에 의해 인정받은 권위만 존재한다는 식이었다. 정 차장은 뭔가 다른 의견이 있는 듯도 했지만, 그저 듣기만 해서 무슨 생각을 하는지까지 알 수는 없었다. 굳이 말하고 싶지 않아 하면 캐묻지 않는 게 좋다. 어차피 조금 있으면 알게 될 일.

타스케는 오전 내내 그리고 점심식사 이후, 한참을 가만히 책만 읽고 있었다. 혹시 우리를 밤낮으로 고민하게끔 이상한 질문을 자신이 던져놓았다는 사실조차 잊고 있는 건 아닌지 불현듯 억울한 마음이 생겨서 한참 동안 타스케의 눈치만 살폈다. 나는 끝내 참지 못하고 턱밑까지 차오른 궁금증을 그만 꺼내고 말았다. 늑대에게 그가 어제 회의 끝에 이상한 질문을 던지고 갔음을 상기시켰다.

"오 그래, 영어. 허허, 생각들 좀 해보셨나?"
"이제 그 생각 좀 멈추려고요."

생각하는 늑대 타스케

내 대답이 의외였는지 타스케가 조금 더 과장되게 웃었다.

"아, 그런가? 그러면 지금까지의 생각들 좀 들어볼까?"

정 차장을 제외한 우리 셋은 동일한 생각을 가지고 있음을 전했다. 늑대도 대체로 수긍하는 듯이 가만히 고개를 끄덕였다. 우리는 이제 그가 왜 이런 질문을 했는지, 영어의 존댓말과 〈레녹스〉 사이에 무슨 연관성이 있는지 궁금하다는 표정을 지어 보였다. 그러나 타스케는 정 차장의 의견도 궁금했는지 굳이 그에게도 질문을 던졌다. 잘됐다. 나도 그의 생각이 궁금하던 참이었다.

"아, 저도 같은 생각입니다."

'싱겁긴. 그럼 아까부터 같다고 하면 될걸.'
하지만 정 차장은 이야기를 맺은 게 아니었다.

"다만, 그것은 영어에 존댓말이 정말로 없다는 것을 전제했을 때에 한해서입니다. 영어에 정말로 존댓말이 없다면, 그것은 아마도 앞에서 세 사람이 말한 것처럼 권위가 인정될 경우에만 따로 존경을 표시하기 때문이라고 생각됩니다."
"그런데?"

"하지만 영어에 존댓말이 있는지 없는지 그것 자체가 분명하지 않습니다. 영어에 존댓말이 있다면, 팀장님의 질문은 이미 그 자체로 성립되지 않는 겁니다."

나는 정 차장이 무슨 이야기를 하는 것인지 잘 납득할 수 없었다. 영어에 왜 존댓말이 없느냐는 질문에 존댓말이 있는지 없는지 알 수 없다는 식의 답을 하다니. 나뿐만 아니라 치석과 이 대리도 역시 의아해하는 표정이었다. 우리는 이상하다는 식의 눈빛을 암호처럼 주고 받았다. 정 차장의 이야기를 들은 타스케 팀장이 한껏 웃음 띤 얼굴로 우리를 둘러보았다. 그 역시 정 차장 이야기에 당황한 것일까. 어쨌든 그가 웃을 줄 아는 늑대라는 사실이 새삼 놀랍다.

"물리학자 아인슈타인, 그 양반이 옛날에 이런 얘기를 한 적이 있대. 우리가 지금 가지고 있는 상식이 실은 모두 열여덟 살 이전에 후천적으로 형성된 편견들의 집합체라고. 사실 나는 그 나이엔 별생각 없이 살던 입장이라 그 말이 딱 맞는 얘긴 줄은 모르겠네. 하지만 만약에 그 말이 우리가 모두 당연시하는 상식이 실은 별것 아니라는 뜻이라면 나도 그 물리학자의 말에 전적으로 동의하고 싶군. 왜냐면 세상에는 당연한 것이란 없기 때문이지. 우리는 흔히 어떠한 사실을 반복적으로 경험하고 학습함으로써 그 사실을 마치 '원래부터 그런 것'인 양 오해하게 돼. '영어에 존댓말이 없다는 사실'을 함께 살펴볼까? 여러분은 아마도 이 사실을 단 한 번도 의심해본 적이 없을 거야. 왜냐하면 처음부터 그렇게 배웠고 계속해서 같은 내용의 학습을 반복해왔거든. 한마디로 당연한 사실이 된 거지. 자, 그렇다면 이쯤에서 나는 다시 묻고 싶네. 당연하다는 말은 도대체 무슨 뜻일까?"

타스케는 말을 끊고 대답을 기다렸다. 대답이 있을 리 없었다.

"당연하다는 건 이치를 더 따질 필요도 없을 만큼 자연스러운 것이란 뜻이겠지. 이치를 따질 필요도 없을 만큼 자연스러운 것이라…… 음, 그렇다면 뭔가 이상하지 않아? 영어에 존댓말이 없다는 게 어째서 더 이상 이치를 따질 필요도 없을 만큼 자연스러운 일이지? 그럼 존댓말을 쓰고 있는 우리는 이치에도 안 맞는 이상한 족속들인가?"

치석과 이 대리와 나의 눈빛이 일제히 마주쳤다.

"솔직하게 말하지. 실은 나는 영어에 존댓말이 있는지 없는지 잘 몰라. 영어권 문화에 살아본 적이 없으니 어떤 게 맞는지 알 수가 있나. 그래도 분명한 건 영어에 존댓말이 없는 게 당연하다고 보는 시각 자체는 잘못된 것이라는 점이네. 혹시 모르지, 영어에는 존댓말이 없는 게 아니고 오히려 반말이 없는 것일 수도 있지 않을까? 어쩌면 영어를 쓰는 사람들은 아무에게나 누구에게든 서로서로 존댓말을 쓰는 것이라고 생각할 수도 있잖아. 아버지가 아들에게 'Go to bed'라고 하는 게 '이제 잠이나 자라'가 아니고 '이제 주무셔요'라고 말하는 것일 수도 있지 않느냐는 말이지. 그 사람들에겐 아예 반말의 개념이 없어서 점잖게 존댓말만 하는 걸 수도 있지 않을까?"

타스케의 목소리는 좀처럼 올라가지 않았다. 뭐랄까, 가르치려는 느낌보다는 자신의 생각을 조곤조곤 설명하는 분위기였다.

"세상에 이치를 따질 필요도 없을 만큼 당연한 것이란 없어. 영어에 존댓말이 있는지 없는지 모르겠지만, 존댓말만 있든 반말만 있든 거기엔 분명한 이유가 있기 마련이야. 다만 우리가 그 이유를 모를 뿐이지. '모른다는 것'과 '당연하다는 것'에는 상당한 차이가 있다고 생각해. 이유도 모르면서 당연해 보이니까 무조건 받아들이는 것, 그게 바로 '고정관념'이야. 고정관념을 아무런 의심도 없이 그대로 인정하면서 우리가 어떻게 새로운 아이디어를 찾을 수 있겠나?"

너무 차분하게 이야기한 탓일까. 사무실 분위기는 조용하다 못해 숙연한 느낌까지 감돌고 있었다. 괜스레 군기침이 나려고 하는 것을 간신히 참았다. 타스케는 미소를 잃지 않고 있었다. 그러고는 〈레녹스〉로 화제를 돌렸다.

"나는 이 대리의 의견이 맞을 수도 있다고 생각해. 그러나 그 의견의 근거가 'B2B제품은 당연히 광고할 필요가 없다'는 생각에서 출발한 것이라면 다시 한 번 생각해봤으면 좋겠어."

타스케는 이 대리의 자리 쪽으로 움직이더니 이 대리의 컴퓨터를 모두가 볼 수 있게 테이블 위로 올려놓았다. 컴퓨터에 큼지막하게 붙어 있는 마크 하나를 가리켰다. '엔텔 인사이드' 마크였다. 그 컴퓨터 안에는 〈엔텔〉 사에서 만든 CPU중앙처리장치가 채택되어 있다는 뜻이다.

"여러분 중에 이 마크를 처음 보는 사람은 없을 거야. 〈엔텔〉은 자기네가 생산하는 CPU를 별도로 광고할 뿐 아니라, 다른 컴퓨터 완제품 회사가 자기네 컴퓨터 제품 광고에 '엔텔 인사이드' 마크만 보여주면 그 광고비의 일부까지 부담해주기 때문이지. 우리는 엄청나게 많은 광고를 통해서 이 회사의 CPU와 이 마크를 만나왔어. 그런데 여러분도 잘 알다시피 CPU는 대표적인 B2B제품이야. 컴퓨터 부품 회사와 컴퓨터 완제품 회사와의 거래를 통해서 주로 사고 팔리는 제품이니까. 그렇다면 이 대리, 좀 이상하지 않아? 〈엔텔〉의 마케팅 담당자들은 왜 쓸데없이 당연히 할 필요도 없는 광고를 그렇게 막대한 돈까지 투자하며 해온 것일까?"

어떻게 보면 지적을 받는 느낌이 들 수도 있을 텐데, 이 팀의 회의에선 그런 느낌이 안 난다. 단지 어떤 생각을 함께 나누고 있다는 느낌뿐이다. 이지원 대리의 표정도 평온하다. 타스케가 다시 모두의 시선을 모았다.

"자, 지금 우리 모두 함께 〈엔텔〉의 마케팅 담당자가 되어보자고. 우리의 CPU제품이 잘 팔린다는 건 많은 완제품 회사들이 우리 CPU를 채택한다는 뜻이겠지. 컴퓨터 완제품 회사의 CPU 담당자가 우리 제품을 선택해줘야만 해. 그런데 그는 다른 제품을 선택할 수도 있어. CPU 전문가인 그가 보기에 성능에는 별 차이가 없으면서 가격은 훨씬 저렴한 〈IMD〉 사의 제품이 더 좋아 보일 수도 있는 거지. 하지만 그는 〈IMD〉에서 만들어진 CPU를 채택할 수 없어. 왜냐하면 컴퓨터의 사용자인 소비자들이 '엔텔 인사이드' 마크가 있어야 좋은 컴퓨터라고 생각하기 때문이야. 여러분도 마찬가지일 거야. 〈엔텔〉의 CPU라면 왠지 안심이 되고 다른 회사의 CPU라면 왠지 불안할 거야. 생각해보게. 어째서 이런 일이 생기게 된 걸까?"

이지원 대리가 한 손으로 턱을 받치며 사뭇 진지한 눈빛으로 타스케의 말을 이었다.

"그러니까 B2B제품임에도 불구하고 꾸준히 광고를 하고 또 모든 컴퓨터 제품 광고에 자기네 로고를 보여주도록 유도함으로써 소비자들로 하여금 '〈엔텔〉 사의 CPU를 써야 좋은 컴퓨터인가 보다'라고 생각하게 만들었고,

그래서 나중엔 생산자인 컴퓨터 제조사들이 꼼짝없이 〈엔텔〉사의 CPU
를 채택할 수 밖에 없게 됐다는 말이군요."

타스케가 한층 더 흐뭇한 표정으로 고개를 끄덕였다.

"물론 다른 이유도 있었을 거예요. 소비자들이 CPU를 중요하게 생각하도
록 만들면 컴퓨터 시장의 주도권을 컴퓨터 제조사가 아닌 CPU회사가 가
져갈 수 있죠. 그러면 결국 컴퓨터 시장을 자신의 의도대로 재편해갈 수
도 있게 되는 거예요. 몇 년에 한 번씩 더 높은 성능의 CPU를 소개함으
로써 소비자들은 업그레이드라는 재구매를 강제받게 되니까요."

정 차장이 한마디 거들자 치석의 입에서 추임새처럼 옅은 감탄사가 흘러나왔다.
나는 가만히 지금까지의 이야기들을 되새겨보았다. 나에겐 지나가는 이야기들을
바로 되새겨봄으로써 머릿속에 메모하는 버릇이 있다. 타스케가 다시 이야기를
꺼냈다.

"〈엔텔〉의 마케팅 담당자는 자기네 제품을 구매할 사람보다 사용할 사
람을 더 중요시하고, 또 B2B제품임에도 적극적으로 광고를 함으로써 자
기 회사를 컴퓨터 산업 전체를 주무르는 회사로 키울 수 있었어. 자, 어떤
가? 뭔가 느껴지지 않나?"

"당연하다고 믿었던 것을 의심하는 것이 중요합니다!"

멀대 치석이 군인이나 된 듯 똑 부러지게 외쳤다. 덕분에 사무실 분위기가 많이 가벼워졌다. 타스케는 바로 이야기를 이었다.

"여러분에게 아이디어가 필요하다면, '당연하다고 믿는 것들'에 대한 검문을 강화해야 해. 그렇게 함으로써 우리는 고정관념에 쉽게 빠지지 않을 수 있을 뿐 아니라 동시에 고정관념을 재해석해볼 수 있는 기회를 얻게 되거든. 고정관념은 오랜 시간 동안 아무런 의심 없이 당연한 것으로 받아들여져온 것들이야. 그래서 그 고정관념을 잘 살펴보면 지금까지는 미처 발견하지 못했던 새로운 아이디어를 그만큼 많이 만날 수 있음을 잘 기억해두게. 〈엔텔〉 사가 오늘날의 성공을 구가할 수 있었던 이유는 그들이 구매자를 중시하는 고정관념과 B2B제품은 광고할 필요가 없다는 고정관념에 의심을 가지고 그것을 재해석했기 때문이라고 나는 생각하네. 그러니 여러분도 익숙하고 당연해 보이는 것일수록 오히려 현미경으로 자세히 들여다봐야 해. 당연해 보이는 것을 당연하다고 지나치는 순간 여러분의 생각은 고정관념의 지배를 받게 되지만, 그 당연함을 의심하는 순간 여러분의 생각은 고정관념 속에서 새로운 아이디어의 가능성을 발견할 수 있다는 말이네."

생각하는 늑대 타스케

한마디로 고정관념은 피해야 할 지뢰가 아니고 오히려 새로운 아이디어의 보물섬이라는 이야기다. 하긴 '영어에 존댓말이 없는 까닭'만 살피려 한다면 새로운 발상에 접근할 기회가 그만큼 줄어들지만, 그것이 당연하다는 믿음 자체를 의심하고 해체하고 분해하자 '영어는 사실은 존댓말밖에 없을 수도 있다'는 새로운 상상에 접근할 수 있었다.

우리는 〈레녹스〉의 문제를 원점에서 다시 검토하기로 했다. B2B제품은 광고를 하지 않는 것이 당연하다는 관점은 교정이 됐지만, 그것이 곧 〈레녹스〉가 광고를 해야 한다는 의미는 아니기 때문이다. 〈레녹스〉의 문제는 광고로 해결될 수도 있고 그렇지 않을 수도 있다. 어쩌면 이지원 대리의 말처럼 가격의 조정을 통한 접근이 더 효과적일 수도 있다. 아니면 제품이라든지 유통이라든지 다른 차원의 해답이 존재할 수도 있을 것이다. 우리는 〈레녹스〉가 당면한 문제부터 다시 살펴야 한다.

많은 논의를 거쳐 겨우 원점으로 돌아온 느낌이었지만 어쩐지 실망감은 하나도 들지 않았다. 오히려 왠지 모를 뿌듯함까지 느껴졌다. 적어도 오늘 아침 출근길 지하철에서 몸은 앉아 있음에도 내내 서서 와야 했던 나의 마음이 그제야 한시름 덜고 있는 듯했다.

08_아이디어 보물섬

습관적 생각을 깨는
통찰력 있는 사람들의 생각 습관

두 번째

고정관념을
좋아합니다

[문제]

여러분 머릿속에 있는 고정관념을
열 가지만 적어보세요.

시간이 걸려도 좋습니다.
천천히 생각해보세요.
A형 혈액을 가진 사람의 성격에 관한 것처럼
사회적인 통념상 이미 고정관념으로
널리 알려진 것은 되도록 배제하고
목록을 작성해보세요.

아이디어의 두 가지 성질

아이디어의 가장 기본적인 성질은 새롭다는 것입니다. 누구나 다 알고 있는 낡은 생각이 아이디어의 대접을 받는 경우는 없습니다. 아이디어는 과거로부터 오늘까지 이어져오던 것을 앞으로 어떻게 바꾸려 하는가, 혹은 기존과 똑같은 방식으로는 해결되지 않는 문제를 앞으로 어떤 다른 방식으로 해결하려 하는가, 하는 질문에 대해 대답이 되는 것입니다. 그러므로 (과거의 방식으로 해결할 수 있다면 굳이 아이디어가 필요하지 않기 때문에) 아이디어는 태생적으로 변화를 품고 있고, 모든 변화는 그 자체로 새로움을 필요로 합니다.

새로움과 함께 조화를 이루어야 할 아이디어의 두 번째 성질은 공감입니다. 제아무리 새로운 생각이라도 감당할 수 없을 만큼 기상천외하여 도무지 이해가 되지 않는 것이라면 아이디어로 인정받기 어렵습니다. 아이디어가 아이디어로 받아들여질 수 있는 까닭은 그 새로운 생각이 극복해낸 '한계점'에 대해 사람들의 공감대가 이미 형성되어 있기 때문입니다. 예컨대 누군가 도심 지역의 교통체증을 해소하기 위하여 도심의 모든 도로에 초록색을 칠하자는 의견을 제시한다면, 여러분은 이 천진난만한 생각을 오직 새롭다는 이유만으로 아이디어로 채택할 수 있겠습니까? 매우 새롭기는 하지만 문제점과 해결 방안 사이의 인과관계를 이해하기 힘든 생각, 그래서 기존의 한계점을 어떻게 극복할지 공감할 수 없는 생각은 아이디어가 될 수 없습니다.

항아리 모양 용기 제품이 절대강자로 자리 잡고 있던 바나나우유 시장에 2006년 새로운 제품 하나가 야심 찬 도전장을 내밀었습니다. 그전에도 많은 바나나우유들이 1위 제품에 도전했으나 뚜렷한 족적 없이 번번이 실패로 끝나야 했을 만큼 항아리 모양 용기 제품의 아성은 견고하게만 보였습니다. 하지만 2006년 출시된 이 제품은 심상치 않은 바람을 일으키더니 1위 제품을 심각하게 위협하며 바나나우유 시장에 강력한 도전자가 된 바 있습니다. 이 제품에는 소비자들의 시선을 강력하게 끌어당기는, 매우 새로우면서도 충분히 공감 가능한 '빅 아이디어'가 있었기 때문입니다.

이 제품은 소비자들에게 '바나나는 원래 하얗다'고 주장했습니다. 그동안 노란색 바나나우유가 들어 있는 항아리형 용기의 제품을 줄기차게 봐오면서도 사람들은 누구 하나 그것을 이상하게 생각하지 않았습니다. 사람들 머릿속에 바나나는 이미 노란색으로 저장되어 있었기 때문입니다. 오랜 시간 동안 이 정보는 어떠한 의심도 받지 않았습니다. 그랬기 때문에 이 새로운 도전자의 '바나나는 원래 하얗다'라는 외침은 사람들의 생각을 한순간에 뒤집기 시작했습니다. 바나나를 노랗게만 생각해왔던 사람들은 이 인식상의 도전에 상당한 신선함을 느끼게 되었고, 동시에 조금만 생각해보면 바나나에서 우리가 섭취하는 부분이 하얀색이었다는 사실을 깨닫고 이 주장에 금세 동조할 수 있었던 것입니다. 만약 이 도전자의 이름이 '바나나는 원래 빨갛다'였다면 그렇게 큰 반향을 이끌어내지는 못했을 겁니다.

이처럼 아이디어에는 조금은 낯설 수도 있는 '새로움'과 누구라도 납득할 수 있는 '공감'이 조화를 이루며 함께 존재해야 합니다. 새롭지 못한 공감이나 공감할 수 없는 새로움은 아이디어가 되기 어렵습니다.

생각하는 늑대 타스케

고정관념에 관한 고정관념

공공연하게 창조성이 강조되는 시대, 대부분의 사람들은 고정관념을 싫어합니다. 특히 아이디어를 찾아야 할 필요가 있는 사람들에게 고정관념은 절대로 만나서는 안 되는 '악의 근원'처럼 여겨지기도 합니다. 그럴 만합니다. 고정관념은 어떤 정보나 대상, 현상 따위에 대해 더 이상의 다른 가능성이 배제된 채 확정된 생각을 말합니다. 그렇다 보니 한 번 고정관념이 작동하기 시작하면 (계속해서 다른 가능성을 탐색하는 데 필요한) 상상력이 움직일 여지가 없어지게 됩니다. 즉 고정관념은 확실히 상상력의 에너지를 고갈시키는 측면이 있고, 그래서 창조성이나 기획력을 다루는 많은 책들이 고정관념과의 단호한 작별을 촉구하는 데는 타당한 이유가 있습니다.

그런데 모두가 고정관념과 거리를 두기로 굳게 마음먹고 사는데도 어쩐지 실제로 고정관념으로부터 자유로워진 것 같은 사람을 만나기란 그다지 쉽지 않아 보입니다. 아마 이 글을 읽고 있는 여러분도 고정관념과 헤어질 결심을 여러 번 해보았을 겁니다. 그러는 사이에 본인의 창의력에 관한 의구심도 자주 고개를 들었을 겁니다. 하지만 실망할 필요는 없습니다. 고정관념을 떨쳐내라고 말하는 책들이 해마다 서점에 쏟아져 나올 만큼 고정관념을 제거한다는 게 말처럼 그리 쉬운 일도 아니고(사실 고정관념을 떨쳐내라는 그 많은 책들 중에 어떻게 하면 떨쳐낼 수 있는지 알려주는 책을 찾기도 쉽진 않습니다), 무엇보다 고정관념을 가지고 있다는 사실이 창의력에 별다른 영향을 주는 것도 아니기 때문입니다.

앞서 우리는 아이디어의 성질을 살펴보며, 아이디어는 어디선가 뚝 떨어진 듯 새롭기만 한 생각이 아니라 그 생각이 극복한 '한계점'에 대해 사람들의 공감을 이끌어낼 수 있는 것이어야 한다는 점을 알아봤습니다. 이는 역으로 우리의 아이디어가 더 많은 사람들이 공유하고 있는 한계점을 극복한 것일수록 더 큰 공감대를 형성할 수 있다는 의미가 됩니다. 즉, 더 크고 어려워 보이는 한계점이야말로 더 크고 효과적인 아이디어의 기회를 제공한다는 것입니다. 여기에 '고정관념의 가치'가 있습니다.

고정관념은 재해석의 여지도 없고 더 이상 다른 가능성조차 없어 보이는 일종의 '한계점 같은 생각', '생각의 한계점'입니다. 그래서 보편적으로 받아들여지는 고정관념은 그만큼 큰 한계점을 가지고 있다는 것이고, 이때 그 고정관념을 재해석하여 다른 가능성을 보여줄 수만 있다면 상당한 수준의 공감대를 만들어낼 수 있다는 점에 주목해야 합니다. 많은 사람들이 '바나나는 노랗다'라는 더 이상 다른 가능성이 없어 보이는 고정된 생각을 가지고 있었기 때문에, '바나나는 원래 하얗다'는 재해석이 더 큰 공감대를 불러일으킬 수 있었던 것처럼 말입니다. 고정관념을 어떻게 손쓸 방도가 없어 피해 다녀야 하는 질병처럼 생각하는 것은 '고정관념에 관한 고정관념'일 뿐입니다. 오히려 극복하기만 하면 보물로 변하는 '아름다운 한계점'으로 보는 것이 더욱 바람직합니다. 고정관념으로 생각을 다루면 상상력이 멈추지만, 생각으로 고정관념을 다루면 상상력이 폭발할 수도 있습니다. 창의력의 걸림돌이 될 수도 있지만, 빛나는 아이디어의 싱싱한 재료가 될 수도 있는 것입니다.

고정관념에 관해 우리가 걱정해야 할 것은 '있느냐 없느냐'의 문제가 아닙니다. 고

생각하는 늑대 타스케

정관념에 관한 가장 큰 문제는 정작 고정관념을 고정관념으로 알아채는 것 자체가 힘들다는 것입니다. 우리들 인식 속 고정관념은 '내가 바로 고정관념이오!'라고 정체를 드러내고 살지 않습니다. '혈액형이 A형인 사람들은 소심하다'는 말과 같이, 그것이 고정관념인지 이미 널리 알려져 있고 사회적으로 공유되고 있는 통념들을 제외하면, 자신이 개인적으로 어떤 고정관념들을 가지고 있는지 '고정관념의 목록'을 정리할 수 있는 사람은 거의 없을 겁니다. 고정관념은 특정한 정보를 반복적으로 학습하고 경험하게 되면서 자기도 모르는 사이에 사실로 고정되어 인식 속에 자리를 잡은 생각들입니다. 이런 생각들이 별도로 구획된 '고정관념의 방'에 모여 살면서 고정관념이 필요한 순간 따로 호출되어 사용되는 것이라면 어느 정도 구분이 가능할 수도 있을 겁니다. 하지만 실제로는 교과서에서 배운 역사적 사실, 몇 년 전에 병원에 갔을 때 의사가 해준 이야기와 다를 바 없는 일반적인 정보의 얼굴로 저장되어 있다가 필요한 순간 고정관념인지 미처 깨닫지 못하는 사이에 인출되어 사고 과정에 개입하기 때문에 아무런 제약 없이 생각을 통제할 수 있게 되고, 결국 그렇게 고정관념이 상상력의 싹을 밟고 돌아다니는 동안에도 속수무책이 될 수밖에 없는 것입니다.

그러므로 상상력을 보호하기 위해 고정관념을 쓰레기통에 버리든, 상상력을 폭발시키기 위해 고정관념을 재료로 활용을 하든, 아이디어를 찾기 위해 무엇보다 먼저 관심을 가져야 할 일은 다른 많은 정보, 신념들과 자연스럽게 섞여 잘 살고 있는 고정관념을 구분해내고 찾아내는 일이라 하겠습니다.

고정관념 찾기

만약 여러분이 스마트폰을 쓰고 있다면 다음과 같은 상황을 머릿속에 그려보기 바랍니다. 예를 들어 여러분은 가족 모임을 위한 장소로 지인의 추천을 받아 서울시 강남구 논현동에 있는 한 한정식 집에 예약 전화를 걸려고 합니다. 그런데 지인도 그 식당의 전화번호를 알지는 못합니다. 그런 경우 여러분은 전화를 걸기 위해 가장 먼저 무엇을 하시겠습니까? 여러분 중 대부분은 아마도 인터넷 검색 등의 과정을 거쳐 먼저 그 식당의 전화번호를 알아내려 할 겁니다. 그런데 여러분, 이 짧은 과정에서 뭔가 이상한 점을 느끼진 못하셨습니까?

2014년 이동통신회사 SK텔레콤에서 〈t전화〉라는 새로운 통화플랫폼을 선보입니다. 이 프로젝트를 이끈 위의석 상품기획부문장은 스마트폰의 〈폰〉 기능에 질문을 던졌습니다. '스마트폰이라면서 〈폰〉은 왜 전혀 〈스마트〉하지 못한가.' 스마트폰에 이것저것 어플리케이션을 깔고 온갖 기능을 가져다 쓰면서도 유독 아무 불만 없이 옛날 방식 그대로 이어져오고 있는 통화 행태에 의문을 가진 것입니다. 위 부문장은 기술 혁신을 통해 생활의 방식 전반을 변화시키고 있는 스마트폰이 정작 전화를 걸고 받는 방식에는 아무

생각하는 늑대 타스케

런 변화를 못 주고 있다는 사실을 이상하게 생각했습니다. 그는 〈전화〉는 원래 그렇다, 더 이상 달라질 게 없다, 라는 '한계점'을 부정하고 사람들의 통화 행태를 훨씬 편하게, 훨씬 스마트하게 바꿀 수 있는 방법을 찾기로 결심합니다. 그 결과가 〈t전화〉입니다.

〈t전화〉에는 인터넷 포털 등에서 따로 전화번호를 검색하지 않고 통화 기능 안에서 다이얼러를 활성화시킨 상태로도 전화번호를 검색할 수 있는 기능, 등록되지 않았거나 모르는 번호로 전화가 걸려와도 누구의 번호인지 알 수 있는 기능, 고객센터와 통화하면서 화면으로 메뉴를 만질 수 있는 기능, 통화하면서 통화하는 위치를 공유할 수 있게 만드는 기능 등 이전의 전화 사용 행태에 큰 변화를 일으킬 수 있는 스마트한 방식들이 다양하게 채택되었습니다. 위 부문장은 〈전화〉에 갇힌 고정관념을 깨고 싶었다'고 합니다.

이 사례는 우리에게 통찰력 있는 사람이 고정관념을 어떻게 발견하고 어떻게 다루는지 실마리를 제공합니다. 고정관념은 확정되고 고정된다는 그 본연의 성질상 '의심'과 양립하기 어렵습니다. 그래서 고정관념이 발현될 때는 대체로 '원래 그렇다'거나 '당연하다'는 식으로 의심을 차단하며 그 모습을 드러냅니다. 물론 우리가 당연하게 생각하는 모든 것을 고정관념이라 단정지을 수는 없습니다. 하지만 적어도 '바나나는 노랗다'는 생각이나 '영어에는 존댓말이 없다'는 생각처럼 부지불식간에 당연하다고 생각하는 것들을 들춰볼 때 고정관념을 만날 가능성이 높다는 것입니다. 고정관념은 '당연하다'고 하고, 아이디어는 그 당연하게 받아들여졌던 것을 '이상하게' 만듭니다. 고정관념은 '원래 그런 것'이라 하고, 아이디어는 원래 그랬던 것을 '불편했던 것'으로 바꿔버립니다. 바나나가 그렇고, 영어의 존댓말이 그렇고, 스마트폰의 전화가 그렇습니다.

그러므로 어떤 정보를 다루거나 누군가와 이야기를 나눌 때 문득 '당연하다'는 생각이 든다면, 회의 중에 '원래 그렇다'는 취지의 이야기가 오간다면, 혹은 너무 뻔해서 더 이상 다른 가능성이 없어 보이는 무언가를 만난다면, 앞으로는 그런 생각 앞에 멈춰서서 가만히 곱씹어보시기 바랍니다. 정말로 당연한 건지, 정말로 원래 그렇고, 정말로 다른 가능성은 없는지. 당장 결론이 나지 않는다면 일단 메모를 해두고 틈날 때마다 그 생각들을 뒤집어보십시오. 높은 수준의 통찰력을 가진 사람들은 주어진 정보를 다양한 각도로 조망하는 데 능숙하고, 자신의 생각마저도 객관적으로 바라보는 데 익숙하기 때문에 '당연하다'는 생각의 처리를 그다지 어렵게 느끼지 않을 테지만, 통찰력을 그만큼 훈련하지 못한 우리들에겐 아무래도 지금까지 생각해오던 방식 그대로 생각하려는 경향이 많을 수밖에 없습니다.

당연하게 느끼는 부분에서 멈춰 서지 않으면 곧 '습관적인 생각'이 움직이게 되고, 그렇게 고정관념이 생각을 다룰 수 있는 환경이 조성됩니다. 고정관념이 함부로 생각을 지배하지 못하도록 구분해내고 통제하려면, 그러한 능력을 가진 새로운 '생각의 습관'을 부단히 훈련하는 수밖에 없습니다. 우선은 당연하게 느껴지거나 원래 그런 것으로 느껴지는 것 앞에서 멈춰 서는 것, 그것부터 시작하세요.

생각하는 늑대 타스케

고정관념에서 아이디어 찾기

고정관념을 다루는 첫 번째 작업은 '반대로 생각'해보는 것입니다. 흔히 이 과정을 '역逆발상'이라고 표현하기도 합니다. 막연히 역발상이라고 하면 왠지 어렵게 느껴질 수 있는데, 단지 당연하다고 느껴지는 것과 마주쳤을 때 그 당연함을 부정하고 거꾸로 생각해보는 것으로 이해하면 그렇게 어렵지 않을 것입니다. 이 과정은 '영어에는 존댓말이 없는 게 아니고 반말이 없다'처럼 고정관념 상태일 때 차단되었던 다른 가능성을 확 열어버리는 작업입니다. 가능성을 열어두면 자연스럽게 새로운 상상이 작동하기 시작할 겁니다. 그런 상상이 다양한 각도로 전개되면서 아이디어가 발견되는 것입니다. 반대로 생각하기가 쉽지 않다면, 적어도 그 생각을 의심해보시기 바랍니다. '과연 그럴까'라는 생각도 새로운 상상의 계기를 만들 수 있기 때문입니다. '바나나가 과연 노란색일까'라는 느닷없는 의심이 먹는 부분은 하얗다라는 가능성을 찾아냅니다. 반대로 생각해보거나 의심했을 때 얻은 결론이 기존의 생각을 이상하게 만들고, 불편한 것으로 만든다면 아이디어에 상당히 근접한 경우가 됩니다.

셀카selfie는 자기 스스로 카메라를 조작하여 본인의 모습을 직접 찍는 행위를 말합니다. 남이 자신을 찍어주거나 자기가 찍더라도 본인이 아닌 다른 피사체를 찍는 행위는 '셀카질'에 포함되지 않습니다. 여기까지는 '한계점의 생각'이 없습니다. 카메라를 장착한 스마트폰이 널리 보급되고 블로그나 소셜네트워크서비스가 활발해지면서 세계적으로 셀카가 유행하게 되었습니다. 사람들은 얼굴을 작게 보이게 하기 위해, 혹은 여러 친구들을 한꺼번에 담기 위해, 되도록 전신에 가까운 모습을 담기 위해 팔을 최대한 뻗어 힘들게 촬영 버튼을 눌렀습니다. 그리고 그 고난이도의 셀카질을 사람들은 당연하게 생각했습니다. 직접 자신을 찍기 위한, 더 이상의 가능성이 없는 한계점으로 (자신도 모르는 사이에) 받아들이고 있었던 것입니다. 누군가 그 당연함을 부정하고 한계점을 극복한 새로운 아이디어를 제안했습니다. 그리고 셀카봉이 나오자마자 이전의 셀카질은 금세 불편한 것이 되었습니다.

생각하는 늑대 타스케

09

생각하는 노트

———

얼마 만인가. 드디어 윤희로부터 답장이 왔다. 비록 그것이 그 옛날 받았던, 예쁜 편지지에 그보다 좀 더 예쁜 윤희의 손글씨로 가득 채워진 그런 건 아닐지라도, 비록 그것이 열 줄 내외의 간략한 안부만 담긴 차가운 이메일일지라도, 그것은 이전에 받았던 그 어떤 편지들보다 내 마음을 따스하게 만들어주는 것이었다. 물론 이 답장을 받기까지 십여 통의 내 이메일이 아무 대꾸도 없는 그녀의 수신함에 담겨 있어야 했다. 나는 이대로 우리 인연의 끈이 끊길까 두려웠다. 겨우 붙어 있는 끈이라도 붙잡아보는 심정으로 파란만장한 이곳 생활을 가끔씩 담담하게 풀어 전했는데 몇 차례의 묵묵부답 끝에 이제야 답장이 도착한 것이다.

윤희는 영어학원을 다니는 것 외엔 그전과 다를 바 없는 생활을 하고 있다고 했다. 행여 더 이상 메일을 보내지 말라는 이야기가 있으면 어쩌나 걱정했지만 다행

생각하는 늑대 타스케

히 그런 이야기는 없었다. 하지만 그렇다고 섣부르게 우리 관계를 회복시키려고 해서는 안 된다는 것도 잘 알고 있다. 윤희는 어느 날 문득, 갑자기 내가 못 견디게 지루해져서 충동적으로 이별을 결정한 것이 아니다. 적어도 그녀에 의하면, 나의 어떤 면이 그녀를 '오랫동안' 못 견디게 만들었을 것이기 때문에, 나는 그 어떤 면을 먼저 알아내야 하고 어떤 식으로든 그 부분의 문제가 해소되었음을 그녀가 느끼도록 해야 한다. 관건은 내가 그것을 알아내고 나아가 그것에 변화가 생겼다는 사실을 전달하기까지의 시간을 얼마나 단축시킬 수 있느냐 하는 것일 테다. 그녀가 그것까지 '오랫동안' 기다려주지는 않을 테니까.

그녀가 그 시간까지 내게 질려버리지 않도록 내가 보내는 메일을 최대한 가볍게 만들 필요가 있다. 심각한 존재에게서 받는 메일은 내용 자체도 심각하게 느껴지기 마련이다. 반대로 가볍고 유쾌한 내용의 메일들은 내 존재도 좀 더 부담 없이 느끼게 해줄 것이다. 어떤 이야기로 긴장을 풀어볼까 하다가 나는 타스케가 던졌던 질문을 윤희에게 똑같이 던져보았다. 영어학원을 다닌다는데 정말 영어에는 존댓말이 없냐는 식이었다. 밑도 끝도 없이 이런 질문을 받는다면 윤희도 조금은 흥미로워하지 않을까? 다음 메일엔 타스케에게서 들은 답도 전해주겠다고 했다. 이렇게 자연스럽게 메일을 주고받을 수 있겠다는 기대가 생기니 엉뚱하게도 타스케에게 고마운 마음이 들었다. '그래, 서두르지 말자. 이렇게 다시 시작하면 되는 거다.'

오늘은 사무실이 한적했다. 타스케가 이 대리와 박치석을 데리고 출장을 떠난 까닭에 하루 종일 정 차장과 둘이서 사무실을 지켰다. 요즘에는 특별히 진행되는 프로젝트도 없기 때문에 정 차장이나 나나 한가한 시간을 보내게 될 줄 알았는데 정 차장은 그렇지만은 않은 듯했다. 정 차장은 노트 위에 뭔가를 메모하느라 여념이 없었다. 허리를 책상 쪽으로 바짝 당기고 왼손으로 노트를 고정한 모양이 영락없는 학생이었다. 오랜만이었다. 아무래도 요즘은 웬만한 것은 컴퓨터에 기록하는 것이 흔해서 그런지 정 차장의 꽤 낡아 보이는 하얀색 노트가 여간 생경한 게 아니었다.

"뭐 좋은 일 있어요?"

'점심식사 때나 되어야 말을 붙일 수 있겠구나' 할 정도로 열중이던 정 차장이 갑자기 나를 불렀다. 아침에 받은 윤희의 메일 때문에 내 표정이 눈에 띄게 밝아 보였던 모양이다. 아무것도 아니라고 하니 정 차장답게 더 캐묻지 않았다. 그는 그럴 땐 그냥 씩 웃고 마는 편이다. 그런데 그러고 나니 이번엔 내 쪽에서 궁금해졌다.

"그런데 뭘 그리 열심히 정리하세요?"
"아, 이거요? 허허, 그냥 뭐 좀 정리할 게 있어서요."

나도 더 캐묻지 말까, 하다가 나는 나답게 더 물어보기로 했다.

생각하는 늑대 타스케

"뭘 정리하시는 건데요? 그러지 마시고 저한테 시키지 그러세요."

"하하, 아니에요. 개인적인 거라서요."

"아, 네……"

내 목소리에 아쉬움이 묻어 있었는지, 그는 바짝 속도를 내어 메모를 마무리하더니 이내 노트를 덮고 내 쪽으로 의자를 돌려 앉았다.

"별건 아니에요."

이야기를 건네는 그의 얼굴엔 밥풀때기가 붙어 있는 어린아이의 얼굴에서나 볼 수 있을 법한 웃음이 그려져 있었다. 타스케를 꼭 닮았다. 늑대도 사람들에게 말을 걸 때 언제나 눈을 맞추고 목소리를 낮춘다. 콕 꼬집을 수는 없지만 타스케가 이야기할 때나 정 차장이 이야기할 때나 주변을 감싸는 공기에서 같은 냄새가 나는 것만 같다.

"그냥 이 팀 와서 알게 된 것들, 일하면서 느꼈던 점들…… 그런 잡다한
것들을 생각나는 대로 적어두는 거예요. 머리가 안 좋아서 적어놓지 않으
면 금방 잊어버리거든요."

그 얘길 들으니 정 차장이 쓰고 있는 노트가 훨씬 더 궁금해졌다. 언젠가 그가

말했던 식으로 말하자면 그것은 그가 이 팀에 와서 경험한 '생각의 삼투압'들이 고스란히 기록된 노트인 셈이다. 시험이 코앞에 닥치도록 책 한 줄 안 읽은 학생이 공부 잘하는 모범생에게 노트를 빌리는 심정으로 통사정을 해도 그는 한사코 손사래를 쳤다. 말이 좋아 노트지 사실은 일기장에 더 가까운 내용들이기 때문에 보여주기가 곤란하다는 것이다.

"나도 한동안은 별로 쓸 일이 없었어요. 오랜만에 꺼내서 적으니 옛날 생각도 나고 좋네요. 한참 나태해졌는데 초심도 자극되고요, 허허허."

정 차장에게 '나태하다'는 말을 붙여놓으니 억지도 그런 억지가 없다. 둘은 전혀 어울리지 않는다. 워커홀릭이라고 할 순 없지만, 그렇게도 철저하고 바지런한 정 차장을 나태하다고 표현한다면 이 세상에 누구를 나태하지 않다고 이야기할 수 있겠는가.

"타스케 팀장님과 함께 일을 하다 보니 나도 모르게 조금씩 변해가고 있는 걸 느꼈어요. 뭔가 달라지고는 있는데 그것이 뭔지 도무지 감이 안 잡혀서 노트를 쓰기 시작했어요. 아무튼 뭐라도 쓰기 시작하면 무엇이 변하고 있는지 알 수 있을 것 같아서였죠."

자신에게 일어나는 변화인데 자신도 깨닫지 못하는 변화라, 그런 것도 있을까?

하긴 누군가가 좋아지고 있는데 자신도 그 사실을 미처 깨닫지 못할 때가 있다. 실은 나도 그랬다. 하지만 정 차장이 자기도 모르는 사이에 늑대를 사랑하게 되었다는 말을 하고 있는 건 아닐 테고, 나는 어떤 변화였는지 결국 알게 되었느냐고 물었다.

"네, 사고방식이더라고요. 생각하는 방식에 변화가 일어나고 있었던 거죠. 예전과 똑같은 상황과 똑같은 사물을 놓고도 예전과는 전혀 다른 방식으로 생각하고 있는 나를 발견할 수 있었다고나 할까요? 그때 알게 됐죠. 타스케 팀장님이 나에게 알려주고 싶었던 것이 무엇이었는지. 겪어봐서 알겠지만 팀장님은 결코 일을 가르치시진 않아요. 일을 가르치는 건 할 수도 없고 해서도 안 된다고 생각하시죠. 대신 팀장님은 그 일을 바라보는 나의 시각을 좀 더 넓고 깊게 만들어주시려고 했던 것 같아요. 며칠 전 〈레녹스〉 복합기 건을 생각해보면 짐작이 될 거예요."

'〈레녹스〉 복합기?' 곰곰이 생각해보니 과연 그랬다. 그때 우리는 〈레녹스〉의 매출 정체 상황을 어떻게 극복할 수 있을지를 놓고 갑론을박했다. 최초의 논쟁은 B2B제품의 광고 필요성에 관한 이견에서 출발했다. 그때 타스케 팀장은 "B2B제품도 경우에 따라서는 광고가 성공 여부를 좌우하는 역할을 할 수 있다"라는 자신의 의견을 전달하는 데는 크게 신경 쓰지 않는 분위기였다. 그것보다 그는 무엇이든 당연시하는 사고방식을 더 큰 문제로 여기고 "세상에 당연한 것이란 없다"는 자신의 생각을 전하는 데 더 큰 공을 들였던 것이다.

"제가 이번에 적어놓은 게 바로 〈레녹스〉 사례예요. 예전에도 비슷한 일이 있었는데 잊고 있었거든요. 아마 이번에도 팀장님이 조곤조곤 설명해주지 않으셨으면 놓치고 지나쳐버렸을 거예요. 그런 식으로 잘 설명해주지 않으시는데, 무슨 일인지 이번엔 정말 공들여 설명해주시더라고요."

정 차장은 타스케 팀장이 〈레녹스〉 때처럼 사고방식상의 문제를 거론할 때마다 빠짐없이 노트에 기록해왔다고 했다. 4년째 기록하고 있다고 하니 노트가 그만큼 낡아 있는 것도 무리가 아니었다. 그러나 그가 그 노트를 보물단지나 되는 것처럼 여길 정도의 소중함까지 나에게 전해지지는 않았다. 그 노트가 아무리 새로운 사고방식의 보고라 할지라도 사고방식이란 게 무슨 중원을 평정할 만한 엄청난 무공의 비법도 아니고, 그렇다고 사고방식이 엄청난 성과를 보장해주는 것도 아닌 것이다. 대관절 그토록 중요시할 까닭이 무엇인지 나로서는 도무지 이해할 수 없었다.

"김 대리도 쓰게 될 거예요, 아마."

"글쎄요"라고 하려다가 그냥 잠자코 있었다. 〈레녹스〉 건을 가지고 예를 든다면, 정 차장은 '세상에 당연한 건 없다'거나 '고정관념이 바로 아이디어의 보물섬'이라

생각하는 늑대 타스케

는 말을 적었을 것이다. 나 같으면, 'B2B제품도 상황에 따라서는 광고가 필요하다'로 적고, 그 사례로 '엔텔 인사이드'의 경우를 함께 기록할 것이다. 나에겐 그게 훨씬 더 실전적이고 실질적으로 느껴진다. 우리는 철학자가 아니다. 마케팅을 하는 사람이다. 내가 수긍을 하는 것도 아니고 못하는 것도 아닌 어정쩡한 태도를 보이자, 그마저도 이해한다는 표정으로 정 차장은 타스케 팀장 얘기를 꺼냈다.

> "사고방식 따위가 우리들 업무에 얼마나 도움이 되겠느냐는 의문이 들 수
> 도 있어요. 처음엔 나도 그랬으니까. 하지만 우리 팀장님은 사고방식이야
> 말로 일에서 결정적 차이를 만드는 요소라고 생각하세요."
> "왜죠?"

실수였다. 내 목소리에 미심쩍어하는 태도가 너무 노골적으로 담겼다. 하지만 정 차장은 크게 개의치 않고 이야기를 이어갔다.

> "타스케 팀장님이 궁극적으로 추구하시는 건 통찰력이에요."
> "통찰력? 인사이트insight 같은 걸 말씀하시는 건가요?"
> "네. 인사이트라 불러도 좋고 직관이라 해도 괜찮겠죠."

인사이트나 직관 같은 거라니, 나는 점점 수긍하기 힘든 이야기를 듣는 듯했다. 왜냐하면 그것들은 왠지 전적으로 감感에 의존하는 뉘앙스가 강하기 때문이다.

한마디로 비과학적이다. 통찰력 같은 게 전혀 필요 없다는 것은 아니지만, 마케팅을 감에 의존해서 진행한다는 것이 어째 위험하고 무책임한 도박처럼 느껴진다. 과학적으로 검토하고 수치적으로 검증해보는 것이 훨씬 더 안전하고 효과적일 것 같다. 그런데 정 차장은 마치 나의 이런 생각을 읽기라도 한 사람처럼 이야기했다.

"어떤 사람들은 통찰력이란 비과학적인 접근을 합리화해주는 말이라고도 하죠. 아마 타스케 팀장님도 통찰이나 직관이 과학적인 방법이라고 생각하진 않으실 거예요. 그렇다고 그것이 과학적인 접근보다 못한 것이라고 생각하시지도 않으시죠. 아니 오히려 팀장님은 통찰력이 보통의 과학적 접근보다 훨씬 더 고차원적 접근이라고 믿으시는 것 같아요."
"더 고차원적이라고요?"

점점 알 수 없는 소리다.

"그렇죠."

정 차장의 목소리가 그 어느 때보다 단호하게 들렸다.

"팀장님은 제아무리 과학적인 방법이라 하더라도 통찰력 없이는 결코 과학적일 수 없다고 생각하세요. 여러 이유가 있겠지만 대표적으로 '특수성의 한계'를 들 수 있겠네요. 즉, 제아무리 과학적인 분석방법이라고 하더라도 모든 시간과 공간에서 혹은 모든 문화에서 보편적으로 타당한 방법이 될 수는 없다는 거죠. 예컨대 20년 전에 가장 과학적이라고 믿었던 분석방법을 요즘엔 유효하게 적용할 수 없게 되어버린 것처럼, 오늘날 가장 과학적이라고 믿는 분석방법도 20년 후엔 아무짝에도 쓸모없는 방법이 될 수 있다는 겁니다. 시간적인 한계만 있는 게 아니란 건 쉽게 짐작할 수 있을 거예요. 생각해보세요. 기독교 문화권에서 과학적이라고 믿어지는 분석방법이 이슬람 문화권에서 일어나는 일까지 정확하게 분석할 수 있겠어요? 이처럼 분석의 대상 자체가 시간이 흐름에 따라 변하고 공간과 문화에 따라 상당히 다양한 양상을 나타내기 때문에 아무리 과학적인 방법이라 해도 시공간과 문화적 차이를 초월해서까지 보편타당한 방법은 될 수 없다는 거예요."

그럴 것 같긴 하다는 생각이 스쳤다.

"그래서 우리는 어떤 방법을 쓰더라도 시공간적, 문화적 특수성을 감안할 수밖에 없어요. 그런데 문제는 그런 특수성을 감안해야 하는 주체가 바로 우리들 '사람'이란 점이죠. 그래서 제아무리 과학적인 방법이라 해도 '비과학적인 인간'에게 의존할 수밖에 없는 태생적 아이러니를 가지고 있어요. 결국 과학적 방법이란 그 자체로만은 과학성을 획득할 수 없는 것

이고, 과학적 방법을 다루는 사람의 인지적 역량이 무엇보다 중요해진다

는 사실을 알 수 있죠. 결국 깊은 '통찰'이 있어야만 과학적인 방법도 효과

적인 결과를 얻을 수 있다고 할 수 있어요."

과학적인 분석을 위해서는 기본적으로 정보와 지식의 해석이 필요한데, 같은 정보와 지식을 어떤 식으로 해석할 것인지는 전적으로 인간의 사유의 영역인 것 같기는 하다. 정 차장의 이야기도 결국 과학과 통찰력이 서로 적대적인 관계가 아니라 서로를 보완하는 관계라는 것처럼 들린다. 하지만 아무리 그렇다 해도 '사고 방식을 변화시키는 것'과 '통찰력을 키우는 것'이 어떤 상관관계가 있단 말인가.

"결과적으로 정 차장님은, 우리처럼 아이디어를 찾는 일에선 통찰력이 결

정적인 역할을 하는데, 그런 통찰력을 키우기 위해서는 사고방식에 변화

가 있어야 한다는 말씀인가요?"

"네. 통찰력 자체가 사고방식의 문제니까요. 쉽게 얘기하면 통찰을 잘할

수 있는 사고방식이 있고, 통찰을 잘할 수 없는 사고방식이 있다는 거예

요. 같은 정보를 접하더라도 어떤 사람은 그 본질을 꿰뚫어 볼 수도 있고

다른 의미로 재해석도 잘하는데 대개의 사람들은 그렇지 못하잖아요. 그

건 재능의 차이가 아니라 사고방식의 차이가 만든 결과라는 게 타스케 팀

장님의 생각이에요. 정보를 수용하고 처리한다는 건 결국 생각을 한다는

것인데, 이 생각의 방식에 따라 결과가 달라지는 것이니 사고방식을 바꾸

생각하는 늑대 타스케

면 정보의 해석 결과도 달라질 수 있다는 거죠."

정 차장의 이야기 속도가 조금 느려진 느낌이 들었다. 아마도 내가 이해할 수 있도록 템포를 조절하려는 것 같았다. 정 차장답다.

"통찰력은 생각의 능력 문제가 아니라 생각의 각도 문제라는 이야기로 들리네요."

나의 템포를 확인한 정 차장이 다시 속도를 높이는 느낌.

"맞아요, 바로 생각의 각도. 타스케 팀장님은 결국 우리로 하여금 생각의 각도를 더 많이 확보할 수 있는 사고방식을 갖도록 계속 훈련시키시는 거예요. 우리들 모두가 습관적인 생각에서 벗어나면 좋겠다면서."
"습관적인 생각?"
"생각이란 게 참 재미있는 거라서 한 번 어떤 생각을 하기 시작하면 특별한 계기가 없는 한 그대로 고정되려는 습성이 있잖아요. 한 번 고정되면 '습관적인 생각'을 하게 되어 새로운 생각의 각도를 얻기 힘드니까 자꾸 생각을 깨야 한다고 말씀하세요."

의아했다. 안 그래도 복잡하고 생각할 것도 많은 세상에 예전에 했던 생각을 처음부터 다시 해본다는 것은 얼마나 번거로운 일인가. 그런데 그게 무슨 문제가 될까? 사실 어떤 확신이나 신념 따위가 생기려면 어느 정도 줏대 있는 생각을 갖고 있어야 하지 않을까?

"생각이 고정되어 생기는 가장 큰 문제는 새로운 생각의 기회를 막아버린다는 데 있어요. 아이디어란 건 기존의 것을 새로운 눈으로 해석해 뭔가 다른 가능성이 있는 방법을 발견하는 거죠. 그런데 생각이 고정되어 자꾸 '습관적인 생각'만 하게 된다면, 새로운 가능성을 발견하기가 원천적으로 힘들어질 수 있어요. 그것은 우리가 신념이라고 부르는 것의 사고체계와는 좀 달라요. 신념이란 게 갑자기 떠오른 생각이 바로 굳어진 거라고 볼 수는 없잖아요. 그것은 한 번의 생각이 여러 번의 고민을 거쳐서 얻어지는 거라고 봐야 할 거예요. 한 번 생각한 걸 신념화하려는 건 그냥 맹목이라고 봐야겠죠."

나는 한동안 생각에 잠겼다. 전문가를 믿지 말라는 것도, 당연하다고 여겨지는 것을 의심하라는 것도 결국은 내 생각의 각도를 고정시키려는 것들에 도전하라는 이야기였던 것이다. 아이디어를 얻을 수 있느냐 없느냐는 생각의 각도에 따라 결정된다는 것. 희미하게나마 타스케가 보일 듯 말 듯했다.

"습관적인 생각에서 벗어나라는 건 결국 자신의 생각을 고정시키지 말고

　　　　　　　　　　　　　　생각하는 늑대 타스케

사람들 사이에서 이미 고정된 생각에도 의존하지 않으며, 그래서 늘 생각을 신선하게 유지하라는 뜻이겠군요."

"그렇죠. 타스케 팀장은 그런 사고방식이 통찰을 만든다고 생각해요."

"쉽진 않겠네요."

무슨 말인지는 알겠는데 그게 정말 가능한 건지는 모르겠다. 정 차장은 여전히 흐뭇해하는 표정으로 이야기를 이었다.

"쉽지 않죠. 사고방식이라는 게 아무래도 오랜 시간에 걸쳐 만들어져온 건데 몇 번 색다른 생각을 경험했다고 금세 확 바뀔 거라고 생각하진 않아요. 팀장님 밑에서 4년째 훈련 중인 저도 아직 멀었다는 느낌인걸요. 하지만 그래도 4년 전과는 확연히 달라졌다는 걸 느낄 수 있어요. 예전엔 경험하지 못했던 새로운 각도가 조금씩 추가되면서 생각하는 방식도 조금씩 바뀌고 있는 거겠죠. 이러다 보면 언젠가 통찰력 있는 사고방식도 만들어질 것이란 믿음을 가지고 있고요. 적어도 생각의 각도가 계속 30도에 머물러 있는 것보단 90도, 120도 이렇게 계속 넓어지는 게 어쨌든 더 좋은 것 아닐까요? 아이디어를 찾는 일을 하는 한, 통찰력을 포기하고 싶진 않은 거죠."

정 차장은 다소 멋쩍은 듯 아까 넣어둔 노트를 다시 꺼내 별로 중요하지 않은 물건을 다루듯 과장되게 흔들어대며 말했다. 너무 흔들어서 몇 년간 꾹꾹 눌러 담았을 글자들이 다 날아갈 것만 같았다. 낡은 표지 위에 깨알같이 적힌 '생각하는 노트'라는 글자가 정 차장의 얼굴 대신 고개를 끄덕이며 웃고 있었다.

생각하는 늑대 타스케

1 0

아주머니라는 어머니

"어이 김 대리, 회사생활 그런 식으로 하지 말자고."

잔뜩 감정을 실은 목소리의 주인공은 바로 이 부장이었다. 팀을 옮기고 나서 통 연락을 못했더니 상당히 서운한 기색이었다. 목소리가 전화기 줄보다도 더 꼬여 있었다. 그럴 마음은 전혀 아니었는데, 새로운 팀에 너무나 자연스럽게 적응하고 있다 보니 내가 원래는 다른 팀에 있었다는 사실까지 까맣게 잊고 있었다. 내가 점 심을 대접하겠다고 하니 금세 목소리가 풀어진다. 역시 뒤끝 없는 이 부장이다.

"할 만한 거야?"

점심식사를 하는 동안 내내 딸 자랑에 여념이 없던 딸바보 부장이 자판기에서

생각하는 늑대 타스케

커피를 뽑아 들고 왔다. 자리를 옮기고 나서는 생각할 거리가 좀 많아지고 예전에 생각했던 것과는 다른 생각들에 부딪혀 때론 당황하기도 하고 때론 수긍하기도 하며 지내고 있다. 하지만 그걸 굳이 이 부장에게까지 말할 필요는 없어 보이고 마땅히 설명할 방법도 생각이 안 나서 그냥 실실 웃어버렸다.

"타스케 팀장은 안 무서워?"

사실 안 무섭다. 다른 팀 사람들에겐 어떻게 대하는지 알 수 없지만 그는 우리 앞에서 단 한 번도 화를 낸 적이 없다. 그는 대체로 웃는 표정이다. 우리의 작업이 못마땅하거나 성에 안 찰 수도 있었을 텐데 그는 그런 사실 따위는 화낼 일도 아니라고 믿는 듯했다. 그는 가르치기보다 의견을 말하고, 자극을 주기보다 기다리는 스타일이다. 늑대를 잡아야겠다는 마음으로 늑대소굴 찾듯 팀을 옮긴 나로서는 그의 그런 은근함이 답답하게 느껴지는 것도 사실이다.

"나는 타스케 팀장이 참 좋아. 존경한다고 해야 하나?"

처음에는 그냥 지나가는 이야기로 하는 말인 줄 알았다. 하지만 이 부장은 나에게 꼭 해주고 싶은 이야기가 있는 사람처럼 꺼낸 이야기를 도로 집어넣지 않았다.

"내가 이 회사로 와서 첫 번째 프로젝트를 맡았을 때야. 그때도 전략지원실이랑 함께 일을 진행했지. 처음부터 생각이 많이 달라서 서로 애를 많이 먹었던 기억이 나는군. 나 때문이었어. 내 생각에는 당연한 건데 타스케 팀장이 자꾸 왜 그렇게 생각하느냐고 캐묻는 거야. 솔직히 그때는 짜증도 많이 났었어."

〈레녹스〉 일이 생각났다. 그런데 이 부장의 이야기 속에 '세상에 당연한 것은 없다'라거나 '영어의 존댓말' 같은 이야기가 없는 걸 보면, 그땐 특별히 별도의 언급을 하지 않고 지나간 것 같다. 다만 타스케 팀장이 자꾸 왜냐고 묻는 통에 거기에 답하다가 이 부장의 생각이 자기도 모르는 사이에 스르르 달라졌다고만 했다.

"하루는 회의가 안 풀려서 같이 커피나 마시려고 회사 휴게실 쪽으로 가고 있었어. 그러다 복도에서 어떤 아주머니 한 분을 지나치게 됐지. 나야 잘 모르는 분이니까 그냥 지나치려는데 타스케 팀장이 아주 정중하게 인사를 하더라고. 그래서 아시는 분이냐고 물어봤지. 당연히 잘 안다는 거야. 그래서 자세히 보니 회사 빌딩의 우리 층 담당 청소부 아주머니시더라고. 청소를 마치고 퇴근하는 길이라 사복을 입고 계셔서 첫눈에 못 알아본 거였지. 한 직장에서 오래 본 사이일 테니까 으레 그러려니 했어. 마침 아주머니도 휴게실을 지나는 길이었는지 함께 걸어가면서 이 얘기 저 얘기 나누는데 생각보다 친한 사이인 것 같은 거야. 휴게실 앞에서 헤어지기 전에 타스케 팀장이 아주머니를 잡더니 율무차를 뽑아주더라고. 아주머니가 아침에만 커피를 드신다는 것도 이미 알고 있었던 거지. 처음엔 '그 양반 참 오지랖도 넓네' 하는 생각이 절로 들더라니까."

이 부장의 이야기를 들으면서 나는 정 차장을 떠올렸다. 정 차장도 회사에서 만나는 모든 사람에게 친절하고 상냥하다. 그냥 스쳐갈 뿐인 택배 기사들에게도 상냥하게 대하는 모습을 볼 때 나도 그가 오지랖이 넓다고 생각했다. 그런 그를 닮아 치석이나 이지원 대리도 누구에게나 편안한 느낌을 준다. 원래 타스케 팀장부터 그렇다고 하니 정 차장의 친절이나 아래 직원들의 상냥함이 어쩌면 타스케 팀장으로부터 전해진 건지도 모르겠다는 생각이 들었다. 그러고 보면 내가 이 팀에 새로 합류했을 때 느꼈던 편안함도 다 이유가 있었을지 모른다.

"아주머니가 떠나시고 둘이 휴게실에 남았을 때 물어보았지. '두 분이 상당히 친하신 거 같다'고 말이야. 그랬더니 타스케 팀장이 그러더군. '어머니 같은 분이니까요.' 나는 두 사람 사이에 무슨 사연이나 있는 줄 알았어. 근데 그런 건 또 아니더라고."
"그냥 어머니 연배라는 뜻이었겠죠, 뭐."
"단순히 그런 뜻도 아니었어. 타스케 팀장이 나에게 어머니가 계시냐고 되묻더군. 김 대리도 알잖아. 우리 어머니가 어떤 분이신지, 나 때문에 얼마나 고생을 하셨는지, 내가 얼마나 빚진 마음으로 살아가고 있는지, 허허. 하마터면 타스케 팀장 앞에서 주책없이 눈물까지 흘릴 뻔했다니까.

10_아주머니라는 어머니

그랬더니 타스케 팀장이 이런 이야기를 하더군. '그런데 이 부장님의 어머니도 저에겐 아까 그 청소부 아주머니와 다를 게 없어요. 저에겐 두 분 다 똑같은 그냥 아주머니일 뿐이죠. 사실 따지고 보면 두 분 다 저와는 아무 상관없는 분들이잖아요. 하지만 그게 또 그렇지만은 않은 게 제 어머니도 다른 사람들에겐 그냥 상관없는 아주머니에 불과할 수 있다는 거예요. 이 부장님껜 소중하기 그지없는 어머니가 저에겐 별 상관없는 아주머니일 뿐이듯 제게는 하나밖에 없는 어머니가 이 부장님껜 그냥 복도에서 스쳐 지나갈 만한 아주머니일 뿐이란 거죠. 문제는 청소부 아주머니를 그냥 아주머니로 보는가 아니면 누군가의 어머니로 보는가 하는 건데……'"

"타스케 팀장은 그분을 그냥 청소부 아주머니가 아닌 '누군가의 어머니'로 봤다는 말이군요."

예의까지 바른 늑대인가. 어쩐지 나는 이 부장의 이야기가 가슴에 와 닿지 않았다. 물론 나의 어머니가 어디선가 낯선 아줌마 취급을 받고 있다고 생각하면 무뚝뚝한 나조차도 지나치는 아주머니들께 좀 더 친절해야겠다는 마음이 들긴 한다. 하지만 타스케 팀장의 친절이 정말 가슴에서 우러난 건지 아니면 고도로 훈련된 가식의 산물인지 한눈에 구분하기가 쉽지 않았다. 아무리 그래도 늑대 아닌가.

"처음엔 좀 그렇더라고. '너무 착한 척하는 거 아냐?' 이런 식이었지. 그런데 착한 척 같은 게 아니었어. 아니, 착하고 말고를 떠나서 타스케 팀장은

워낙에 사고방식 자체가 그런 거였어. 사고방식이 그러니까 행동이 자연
스레 그렇게 되는 거라고나 할까."

'사고방식?' 얼마 전 정 차장과의 대화에서도 사고방식에 관한 이야기가 있었다.
타스케 팀장이 특히 사고방식을 중시한다는 것을 그때 알았다. '통찰력', '생각의
각도' 같은 말들이 기억 저편에서 튀어나왔다. 잠깐 그때 나눴던 이야기들에 관한
기억을 더듬으려는데 이 부장이 훨씬 더 예전의 기억을 먼저 꺼냈다.

"무슨 프로젝트 때문이었는지는 기억이 안 나는데, 어느 회의에서 타스케
팀장이 했던 얘기가 아직도 기억 나."

내 기억을 더듬는 일은 일단 접어두기로 했다. 타스케의 이야기가 더 궁금했다.

"회의가 진전 없이 계속 지지부진한 상황이었지. 계속 듣고만 있던 타스
케 팀장이 갑자기 회의실에 모인 사람들에게 이상한 요청을 하는 거야.
자기 자리 앞에 놓인 컵을 앞으로 쓰윽 내밀더니 각자 그걸 그려보라고
하더라고."
"컵을 그려보라고요?"
"응, 그냥 단순한 컵이었어. 왜 그냥 이런 종이컵 같은 모양으로 된 단순한
컵 있잖아, 사다리꼴 거꾸로 세워둔 모양……"

이 부장은 다 식은 종이컵을 들어 보이며 허공에 컵을 그렸다. 처음 그린 게 약간 삐뚤어졌다고 느꼈는지 보이지도 않는 허공에 다시 고쳐 그리는 모습에 왠지 귀여운 느낌까지 들었다.

"뭐 어려운 것도 아니고 또 타스케 팀장의 요청이니까, 다들 별말 없이 그렸지. 근데 재미난 건 말이야, 다들 그린 컵의 모양이 똑같았다는 거야. 모두 사다리꼴 거꾸로 세워둔 모양으로 그렸던 거지. 워낙 단순한 컵이기도 했고 아무튼 다들 거의 비슷하게 그렸더라고."

"그게 뭐 잘못되었나요? 저라도 그랬을 거 같은데요."

내 반응을 예상한 걸까. 이 부장이 반가운 표정을 지으며 '바로 그거야'는 식으로 나를 가리켰다.

"그게, 타스케 팀장은 완전 다르게 그렸거든."

"어떻게요?"

"원圓. 원을 하나 그려놓고 타스케 팀장 자신도 자기 컵을 그린 거라고 하더라고. 그러면서 이런 이야길 했어. '저도 컵을 그렸습니다. 그런데 제 그림과 여러분의 그림 사이엔 많은 차이가 있습니다. 왜 그럴까요? 아마도 보는 각도가 달랐기 때문일 겁니다. 여러분은 실제로 여러분 눈에 보이는 대로 이렇게 사다리꼴을 뒤집어놓은 모양으로 그리신 반면에, 저는 제 컵

생각하는 늑대 타스케

을 위에서 본 탓에 원으로 그렸습니다. 짐작하시겠지만, 우리 중에 그 누구도 틀린 사람은 없습니다."

당연하지. 보는 각도에 따라 다르게 보여서 다르게 그렸을 뿐인데 틀리고 말고 할 게 있나. 그런 건 틀린 게 아니라 그냥 다른 것일 뿐. 그리 대단한 얘기는 아니라는 생각이 들었다.

"그러니까 타스케 팀장은 보는 각도에 따라 보이는 진실이 달라질 수 있다는 얘기를 하고 싶었던 건가요?"
"아니. 타스케 팀장이 하고 싶었던 얘기는 거기서 한 걸음 더 가야 돼."
"네?"
"타스케 팀장은 사고방식에 관한 이야기를 하고 싶었던 거야. 우리가 보는 각도에 따라 컵이 원이 될 수도 있고 사다리꼴 모양이 될 수도 있다는 사실은 모두 잘 알고 있으면서도, 실제로 어떤 정보를 다루면서 생각을 할 때 사람들은 그 사실을 잘 잊어버린다는 거지. 그때 타스케 팀장이 이런 말도 했어. '우리 눈앞에 펼쳐진 모든 사물과 사건, 그리고 모든 현상들 중에 단면적인 것은 없습니다. 그것들은 모두 입체적이죠. 입체적인 것은 입체적으로 볼 때 제대로 볼 수 있습니다. 그런데도 우리는 종종 그 사실을 잊는 것 같습니다. 지금 회의도 마찬가지예요. 우리는 지금 현상의 한 단면만 다루고 있어요. 우리 눈에 사다리꼴로 보인다고 원처럼 생긴 부분은 생각조차 하지 않고 있다는 말씀입니다.'"

'생각의 각도'라는 말이 다시 떠올라 망치처럼 머리를 쳤다. 컵을 정면으로 보면서 사다리꼴을 정보의 전부라고 생각하는 각도로는 원을 볼 수 없다는 뜻인가. 그러니까 타스케 팀장은 모든 것을 입체적으로 보고 입체적으로 해석하려는 사고방식을 가졌다는 것인가. 그래서 우리들에게 사다리꼴을 보면서도 원을 상상할 수 있는 사고방식을 심어주고 싶은 것일까. 생각들이 꼬리를 물었다. 그런 사고방식 때문에 타스케 팀장의 눈에는 청소부 아주머니도 그냥 청소부 아주머니로만 보이는 게 아니라 자연스럽게 누군가의 어머니로도 보인다는 말이 된다. 하나의 정보에 연결된 또 다른 의미를 다양한 생각의 각도로 읽어내는 사고방식인 셈이다.

이 부장은 그날 이후로 타스케 팀장을 단 한 번도 늑대로 생각하지 않았다고 했다. 난 아직 그 정도는 아니지만 이 부장의 뜻을 짐작할 수 있었다. 인간보다 더 인간적인 늑대를 늑대로만 보기도 쉽지 않을 것 같다.

"타스케 팀장은 결국 단면적인 사고에 빠지지 말라고 주문해. 입체적으로 생각하는 버릇을 가지려면 먼저 단면적인 사고를 하지 않으려는 노력이 필요하다는 뜻이야."
"단면적인 사고요?"

생각하는 늑대 타스케

갑자기 생각났는지 이 부장은 시계를 꺼내 보고선 이야기의 속도를 높였다. 오후에 광고주 미팅이 있다고 했는데 준비할 게 있었던 모양이다. 대수롭지 않은 이야기였으면 다음에 하자고 일어섰을 그였지만, 왠지 나에게 꼭 전해주고 싶은 이야기를 꺼내듯 그는 멈추지 않고 말을 계속 이어갔다. 그의 이야기에 탄력이 더해진 느낌.

"사람들은 새로운 정보를 접하게 되면 그 정보를 기억창고에 집어넣게 되는데 아무렇게나 막 집어넣는 게 아니고 자기가 가지고 있는 기존의 분류 체계를 적용하여 저장하게 된대. 예를 들어, 맨날 마차만 보던 사람들이 자동차를 처음 보게 되면 그걸 자동차 그 자체로 받아들이는 게 아니라 '말 없는 마차'라는 식으로 자기가 알고 있는 정보를 활용해서 기억에 저장하게 된다는 거야. 이런 과정을 '범주화'라고도 하는데 언뜻 듣기엔 큰 문제가 없어 보이고 오히려 기억에 도움도 많이 될 것 같잖아. 그런데 실은 이런 과정이 창조적인 상상력을 차단할 수도 있다는 문제가 생긴다는 거지. 생각해봐. 새로운 정보를 기존에 있던 그릇에만 담으려 한다면 새로운 상상을 펼칠 수 있는 기회가 그만큼 줄어들지 않겠어?"

왠지 수긍할 수 있었다. 완전히 새로운 정보를 접했을 때 그것을 기존 정보에 빗대어 이해하려는 경향이 나에게도 있다. 이 부장의 말 없는 마차가 조금 더 강하게 액셀러레이터를 밟은 듯했다.

"범주화는 주로 'A는 B' 이런 식으로 정의를 내리면서 이루어지는데 그것 자체로는 문제라고 할 수 없어. 새로운 정의를 위해 생각을 풍부하게 할 수만 있다면 오히려 하나의 상상력 활동이 될 수도 있겠지. 문제는 이렇게 정의를 내리는 과정에 A가 가진 다른 가능성들을 제거해버리는 경향이 많다는 거야. A는 B일 수도 있지만, 마찬가지로 C일 수도 있고, D일 수도 있거든. A를 B로 단정하고 그 정의를 고정시키는 순간 A에 관한 다른 입체적인 가능성들은 사라지고 오직 'A는 B'라는 단면화된 편견만 남게 되는 거지. 아까 청소부 아줌마의 경우처럼 우리에게 주어지는 정보는 단면적인 사실 하나로만 존재하는 것이 아니고 어떤 식으로든 이면의 가능성을 갖기 마련이니까, 눈에 보이는 하나의 정보에만 집착해서 성급하게 단정짓고 분류하지 말라는 이야기야."

어떤 정보를 처리할 때는 눈에 보이는 것을 전체라고 단정짓지 말고 눈에 보이지 않는 입체적인 것의 일부분으로 생각하는 것이 중요하다는 뜻이다. 그런 사고방식을 통해 눈에 보이지 않는 맥락을 추구하다 보면 뭔가 다른 가능성을 상상할 수 있는 기회가 생길 것 같기는 하다. 더 이상 시간을 끌 수 없었는지 이 부장이 바지를 털며 일어섰다.

"질문은 타스케 팀장한테 해라. 다 그 양반한테 주워들은 얘기니까. 나 간다. 그리고 연락 좀 자주해라, 이놈아."

　　　　　　　　　　　　　　　　생각하는 늑대 타스케

이 부장은 다시 허공에 꿀밤 먹이는 시늉을 한차례 하더니 빈 종이컵을 나에게 건네주고는 정말 급한 사람처럼 뛰어갔다. 나는 돌아갈 생각도 잊은 채 점점 작아지는 그의 뒷모습을 한참 동안 멍하니 바라보고 서 있어야 했다. 미처 생각하지 못했다. 보는 각도에 따라 다른 진실이 보인다는 것은 당연하다고 생각할 만큼 잘 알고 있었지만, 그렇게 생각하는 가운데도 지금 내 눈앞에 보이는 진실 말고도 다른 각도의 진실이 있을 수 있다는 생각은 해본 적이 없다. 아마도 나는 '보는 각도에 따라 다른 진실이 보인다'는 생각마저 단면화하여 기억하고 있었던 모양이다.

문득 손에 들고 있던 종이컵을 내려다보니 두 개의 원이 있었다. 예전의 나라면 종이컵을 위에서 보고 컵을 그린다 해도 역시 사다리꼴을 뒤집어놓은 모양으로 그려냈을 것 같다. 나의 단면적인 사고방식 속에 컵은 그렇게 정의되어 있었기 때문이다. 아까 이 부장이 허공에 날리고 간 꿀밤이 이제야 머리에 닿는 느낌. 다시 내려다본 종이컵의 두 개의 원이 타스케의 눈처럼 나를 빤히 쳐다보고 있었다.

입체적으로
생각합니다

다음은 한때 인터넷에서 유행했던 퀴즈입니다.
처음 보시는 분들은 이번에 같이 풀어보시기 바랍니다.
입체적으로 생각하는 습관이 있는 분들이라면 금세 풀 수 있는 퀴즈입니다.
그럼, 아래의 그림을 유심히 봐주세요.

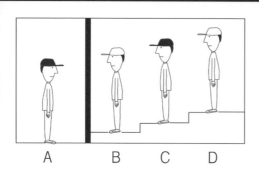

네 명의 어린이가 한 방에 그림처럼 서 있습니다.
아이들에겐 다음의 조건을 알려줍니다.

(1) 방 안에 총 4명이 있다는 사실을 알려줍니다.
(2) 검은 모자를 쓴 아이가 두 명, 흰 모자를 쓴 아이도 두 명이라는 사실을 알려줍니다.
(3) 아이들에게 각자 쓰고 있는 모자의 색깔을 알려주지 않았고
    아이들은 자기 모자를 벗어서 확인할 수도 없습니다.
(4) A와 B,C,D 사이에는 건너편을 볼 수 없는 벽이 하나 있습니다.
(5) 누구도 뒤를 돌아볼 수 없습니다.

[문제]
이 모든 조건들을 알려주고 나서 자신의 모자 색깔을 알 수 있는 사람은
손을 들어 대답하라고 말해줬습니다. 잠시 후 한 아이가 손을 들고
자신의 모자 색깔을 맞혔습니다. 그 아이는 누구였을까요?
(답은 이 장 끝 페이지에 있습니다)

통찰력이 뛰어난 사람들의 가장 두드러진 특징은 직관적 판단이 빠르다는 것입니다. 다른 사람들은 한참 생각해도 떠올리지 못하는 것을 그들은 순간적으로 떠올려 제시합니다. 그리고 그렇게 순간적으로 떠올린 생각의 질質 또한 예사롭지 않습니다. 생각에서 말에 이르는 시간이 길지 않기 때문에 종종 '근거 없는 감感'으로 치부되기도 하지만, 이것은 몹시 복잡하게 얽힌 사실들로부터 본질을 간파해 핵심을 정리하는 능력이 탁월한 탓입니다. 그리고 이 능력은 온전히 그들 고유의 사고방식의 특성, 즉 '입체적 사고방식'에 기인한 것입니다. 여기서는 입체적인 사고방식이 일반적인 사고방식과 어떻게 다르고, 그러한 사고방식은 어떠한 훈련을 통해 얻을 수 있는지 살펴보겠습니다.

단면적 사고와 단정적 사고

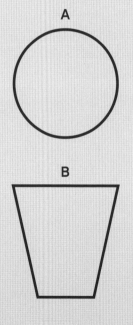

A

B

사람들에게 A와 같이 원 그림을 보여주며 이것이 무엇을 단순화하여 묘사한 것 같냐고 물어보면 대개의 경우 동전, 바퀴, 보름달 등 주로 정면으로 봤을 때 동그란 모양으로 보이는 물체들을 떠올립니다. 이 그림을 보고 컵을 묘사한 것으로 생각하는 사람은 좀처럼 만나기 어렵습니다. 반면 같은 사람들에게 B의 그림을 보여주면, 상당히 많은 사람들이 어렵지 않게 컵을 떠올립니다. 이는 사람들에게 컵이 A의 모양보다는 주로 B의 모양으로 기억되어 있다는 의미일 것입니다. 이처럼 사람들에겐 어떤 정보를 처리할 때 기억하기에 효과적이고 효율적인 모습으로 단순화하려는 경향이 있습니다. 다른 정보와 구분할 수 있는 특징적인 부분에 집중하여 나머지 부분은 생략해버리는 것입니다.

생각하는 늑대 타스케

정보처리의 이러한 성향은 우리를 '단면적 사고방식'에 익숙해지도록 유도합니다. B라는 정보를 받아들이며 A라는 가능성이 존재할 수 있음을 잘 떠올리지 못하고 그냥 B 자체를 '전체적 정보'로 처리해버리는 것입니다. 이는 B를 사진으로 찍듯 단면화하여 기억 속에 컵이라고 저장하는 것과 크게 다르지 않습니다. 눈에 보이는 단면을 그 정보의 전체로 받아들이면, 기억 속에 저장하기도 편하고 추후에 신속하게 인출할 수 있다는 장점이 있는 것도 사실입니다. 하지만, 그러다 보니 습관적으로 보이는 부분에만 집중하게 만들고, 그 기억을 다시 인출할 때도 생략했던 부분을 복구하여 입체적인 모습으로 재구성하지 못하게 막는다는 치명적인 단점이 있습니다.

보이는 부분을 전체적 정보로 받아들이는 단면적 사고방식의 헛점을 쉽게 느낄 수 있는 경험 중 하나가 드라마나 영화의 '반전反轉'입니다. 반전이 생뚱맞고 느닷없는 결말이 아닌 그럴듯한 반전으로 성립되기 위해선 반전이 이루어지기 전까지 관객들로 하여금 그러한 결론을 전혀 예측할 수 없도록 이야기 구조상의 개연성이 빈틈없이 설계되어 있어야 할 뿐 아니라 반전을 경험한 관객들이 그 이야기를 재구성했을 때 자신들이 놓쳤던 은밀한 복선들에 대해 탄성을 자아낼 만큼의 공감이 있어야만 합니다. 보통은 극의 전개를 따라가기도 바쁘기 때문에 영화가 전해주는 이야기를 단면적으로 받아들이느라 이야기 이면에 숨겨진 단서들을 놓치고 있다가 반전의 국면에서야 비로소 자신이 놓쳤던 맥락을 이해하게 됩니다.

이러한 반전으로 대단한 성공을 거뒀던 영화 중에 〈식스센스The Sixth Sense,1999〉라는 영화가 있습니다. 한 아동심리학자가 죽은 사람을 볼 수 있고 그들과 소통할 수 있는 능력을 가졌다고 말하는 여덟 살짜리 아이의 정신상담을 하는 과정을 그린 영화입니다. 관객의 대다수가 결말의 반전에 깜짝 놀랐고, 그 반전을 상징하는 한마디가 유머의 소재로 공공연히 사람들의 입에 오르내렸습니다. 그러나 그 수준 높은 반전이 통찰력을 가진 사람들에게까지 통하지는 못했습니다. 자신의 옛 환자로부터 총격을 받은 아동심리학자가 다음 해에 뭔가 우울한 기운으로 가득 찬 한 아이를 환자로 맞이하는 상황을 보며 '휴, 그럼 그렇지. 주인공인데 처음부터 죽을 리는 없지'라며 단정하고 지나친 대다수의 관객들과는 다르게, 주어지는 정보를 주어지는 그대로 받아들이지 않고 그 정보가 담고 있는 이면의 가능성을 계속 생각해보는 사람들은 이때부터 스토리의 이질감을 감각하기 시작하여, 이후 영화 내용 곳곳에 놓여 있는 실마리들을 보며 점점 확신하게 되다가 극의 중반 정도에 이르러 다가올 반전을 이미 예상할 수 있게 되었기 때문입니다.

객관적 사실을 다루는 뉴스 형태의 정보를 처리할 때 단면적 사고방식의 특징은 더욱 잘 나타납니다. 미디어에 의한 의도적 여론 조작에 대한 경고는 이미 널리 알려져 있습니다. 실제로 특정 미디어가 자신들의 정치적, 사회적 지향을 관철하기 위해 사실을 고의적으로 조작하거나 어떤 사안의 의미를 의도적으로 축소, 확대한 일이 밝혀지면서 대중의 공분을 불러일으키고 사회적 지탄의 대상이 되는 일이 심심치 않게 일어나기도 합니다. 미디어의 부정적 영향력에 대한 비판은 분명 합당한 것입니다. 하지만 그런 미디어의 그릇된 행태를 비판하는 동시에 우리가 잊지 말아야 할 것은, 그들이 전달하는 정보를 '보여주는 그대로 단면적으로' 믿어버리고 마는 우리 자신의 정보수용 습관에도 문제가 있다는 사실입니다. 정보는 입체적인 것입니다. 모든 종류의 정보에는 보이지 않는 이면이 존재할 가능성이 있습니다. 소문은 말할 것도 없고, 객관적인 입장을 견지하고 있는 뉴스 역시 그러한 가능성으로부터 자유로울 수 없습니다. 뉴스의 앵글에 잡히지 않은 진실이 있을 수 있고, 전달자의 시각에 의해 이미 생략된 사실이 있을 수 있습니다. 우리가 가진 단면적 사고방식 덕분에 영화에서는 반전의 재미를 느낄 수 있지만, 뉴스에서는 사정이 다릅니다. 뉴스에 반전이 있다면, 그것은 최초에 그 뉴스를 접했던 순간에도 엄연히 존재했으나 우리가 놓치고 말았던 그 사건의 진실일 겁니다.

생각하는 늑대 타스케

입체적인 사고

입체적 사고란 주어지는 정보를 있는 그대로의 단면으로 받아들이지 않고, 각도에 따라 보이는 진실은 얼마든지 달라질 수 있다는 점을 항상 염두에 두고 생각의 각도를 펼쳐 입체적으로 정보를 다루는 습관을 말합니다. 그러므로 입체적 사고는 주어지는 정보를 그 자체로 독립된 완결체로 인식하지 않습니다. 눈에 보이지 않는 맥락을 구성하는 하나의 부분으로 인식합니다. 단면적 사고가 하나의 정보를 한 장의 사진처럼 단면화하여 기억에 저장하는 반면, 입체적 사고는 그 정보를 하나의 '퍼즐조각'처럼 부분화하여 기억에 저장합니다. 그래서 입체적 사고는 필연적으로 주어지는 정보 이면의 또다른 가능성을 열어둡니다. 통찰력이 뛰어난 사람들의 직관적 판단이 빠른 이유도 입체적 사고가 이미 습관처럼 체화되어 있기 때문입니다. 그래서 그들은 어떤 정보가 주어지더라도 그 속에 내재된 가능성을 다각도로 조망하는 데 익숙할 뿐 아니라 새로운 정보와 기존의 정보를 퍼즐처럼 자유자재로 조합하는 능력이 남다른 것입니다.

첫 부분에서 컵을 묘사한 모양으로 인용되었던 원(A)과 사다리꼴(B) 이야기로 돌아가보겠습니다. 만약 세상의 모든 사람들이 컵을 사다리꼴로 인식하고 있다면, (앞서 살펴본 바와 같이) 우리는 그것을 고정관념이라 부를 수 있습니다. 사다리꼴 이상의 다른 가능성을 차단한 '한계점의 생각'이기 때문입니다. 사다리꼴이 고정관념이라면, 원은 누구나 공감할 수 있는 컵에 대한 새로운 발견이라는 차원에서 아이디어라고 표현할 수 있겠습니다. 단면적으로 생각하는 데 익숙한 사람들에게 컵에 대한 정보는 사다리꼴로 단면화되어 있고, 그 결과 원이라는 새로운 아이디어는 좀처럼 떠올리기 어려운 것이 됩니다. 하지만 입체적으로 생각하는 사람들에게는 원의 발견도 그렇게 어려운 일만은 아닙니다. 애초부터 그들은 '각도에 의해 진실이 바뀌는 점'을 상기하고 생각의 새로운 각도를 끊임없이 추구하기 때문입니다. 그들은 한 그루 나무 같은 정보 속에서 숲 전체를 조망할 수 있는 앵글을 확보하려고 합니다.

입체적 사고를 위한 생각 습관

단면적 사고에 익숙한 사람들이 몇 번의 연습으로 금세 입체적 사고를 익힐 수는 없습니다. 어린 시절 얼마든지 자유분방할 수 있었던 생각의 각도가 그동안 기억력 위주의 교육을 반복적으로 받는 과정에서 경직되어버렸기 때문입니다. 사다리꼴 모양의 컵에서 원 모양의 컵이라는 새로운 가능성을 발견하기 위해선 90도만큼의 앵글 변화만 있으면 됩니다. 하지만 하나의 정보에서 보이지 않는 부분의 가능성을 상상해본 경험이 부족한 사람들에겐 단 1도의 앵글 변화도 쉬운 일이 아닙니다. 앵글의 변화는 곧 내게 주어지는 정보 이면에 그 정보와 연결되거나 정보에 영향을 주는 다른 정보가 존재할 가능성을 염두에 두고 '이면을 함께 보는 심정으로' 끊임없이 생각해본 횟수와 크게 다르지 않습니다. 당장 가시적 성과가 없더라도 꾸준하게 시도해야 함은 더 이야기할 필요가 없습니다.

우리의 일상 생활 속에 입체적 사고를 기르기 위한 좋은 훈련이 있습니다. 바로 역지사지易地思之, 즉 '입장 바꿔 생각하기'입니다. 보통은 타인과의 조화로운 삶을 영위하기 위한 배려의 품성 차원에서 자주 거론되는 덕목이지만, 입체적으로 생각하는 습관을 형성하는 데도 상당히 유효한 지적 훈련이 됩니다. 어떤 정보에 대해 누군가와 다른 의견을 가지고 있다는 것은 같은 정보를 서로 다른 앵글에서 처리하고 있다는 것을 의미합니다. 단면적 사고는 내 생각의 특정한 각도로 정보를 처리하게 만들기 때문에 입장 바꿔 생각할 틈을 잘 주지 않습니다. 그러므로 내가 아닌 다른 사람의 각도로 정보를 다루게 되면, 자신의 단면적 사고가 이전에는 닿지 못했던 새로운 가능성을 검토해볼 기회를 가지게 되는 것입니다. 입장을 바꿔 생각을 해볼 땐 무엇보다 그 사람의 입장을 충분히 이해하는 것이 중요합니다. 입장을 바꿔본다는 게 단면적 사고에 익숙한 우리에게 말처럼 쉬운 일이 아닐뿐더러, 충분한 이해가 없는 상태에서 타인이 가진 생각의 앵글을 경험한다는 건 거의 불가능하기 때문입니다.

입체적 사고를 훈련하는 또 하나의 좋은 방법은 '정의하거나 단정짓지 않기'입니다. 여러분 중에 왼쪽의 글자를 '씽킹'이라고 읽으신 분이 많을 겁니다. 한글의 이응은 모든 면이 닫혀 있는 폐곡선 형태임을 감안했을 때 엄밀하게 따지면 왼쪽의 글자를 '씽킹'으로 읽어서는 안 됩니다. 그럼에도 불구하고 우리가 아무런 주저함 없이 '씽킹'으로 읽은 것은 기존에 가지고 있던 '이응'에 대한 정보를 부지불식간에 활용하여 이응의 단절된 부분을 우리 스스로 채워서 처리했기 때문입니다. 이렇듯 사람들은 특히 처음 접하는 정보일수록 그것의 신속한 소화와 흡수를 위해 기존에 가지고 있는 지식 정보와 경험 정보를 적극적으로 활용하려는 경향이 있습니다. 문제는 이 과정에 정보가 전달하고자 하는 더 많은 가능성을 포착하지 못하고 우리 스스로 생략해버리는 오류들이 발생할 수 있다는 것입니다. 이응을 이응으로 표현하지 않고 제시된 글자와 같이 표현한 것에는 반짝반짝 빛나는 느낌이나 바퀴가 돌아가는 의미를 나타내려는 의도가 있었을 수도 있습니다. 물론 그런 의도를 포착하지 못했다고 당장 큰 손해를 입는 것은 아닙니다.

생각하는 늑대 타스케

하지만 새로운 정보를 기존 정보로 섣불리 정의하고 단정짓는 습관이 새로운 정보가 가지고 있는 무수히 많은 가능성을 사전에 차단할 수 있다는 점은 부정하기 어렵습니다. 그러므로 새로운 정보를 접할 때 신속하게 정의하고 단정지으려 하지 않는 것이 바람직합니다. 단정이 빠르면 빠를수록 누락하는 부분도 많아지기 마련입니다. 그것은 피사체가 보이자마자 사진을 찍어 폴더 속에 집어넣고는 좀처럼 꺼낼 일이 없어지는 것과 다르지 않습니다. 단면으로 저장된 정보는 나중에 꺼내져 쓰일 일이 있을 때도 단면으로 쓰인다는 점에 유의하세요. 통찰력은 속도의 문제가 아니라 각도의 문제입니다. 결론적으로 정보를 다룰 땐 되도록 찬찬히 관찰하는 습관을 가지는 게 좋습니다. 보이는 정보 이면에 있을지도 모르는 새로운 가능성을 계속 찾아가는 동안 생각의 각도가 열리기 때문입니다.

퀴즈 해설

주어진 그림을 단면으로 봐서는 해답을 금세 찾기가 쉽지 않습니다. 이 문제를 쉽게 풀려면 신속하게 각각의 어린이의 입장이 되어야 하고, 그 어린이 입장에서 다른 어린이의 시각을 상상할 수 있어야 합니다.

A와 B는 벽밖에 볼 수 없으므로 가능성이 있는 아이는 C와 D입니다. C가 생각하기에 D는 두 아이의 모자를 볼 수 있어서 B와 C가 같은 색깔이라면 금세 답을 할 수 있을 겁니다. 즉 D가 답을 하지 못한다는 것은 B와 C가 서로 다른 색이라는 의미가 되므로 C는 자신의 모자가 검은색인 줄 알 수 있게 됩니다.

생각하는 늑대 타스케

11

쓰 레 기 처 리 장 처 리 하 기

〈윤주영, 28세, 미술관 큐레이터, 성격 좋고 미모 출중〉

　새 프로젝트 때문에 신문기사 검색에 여념이 없어서 처음엔 그게 뭔지 잘 몰랐다. 이지원 대리의 이상한 헛기침 소리를 듣고서야 이 대리가 내 자리에 쪽지 한 장을 올려놓고 갔음을 알게 되었다.

　"이게 뭐예요?"

　"잘되면 핸드백 하나 사주시는 센스, 아시죠?"

　"네?"

　"그 친구, 제 친구 중에 제일 예쁜 애예요. 거짓말 안 보태고 우리 학교에서 제일 유명한 애였고요. 남자들이 졸졸 따라 다녔다니까요. 애가 워낙에 남자한테 관심이 없어서 그렇지, 한번 사귀면 엄청 잘해줄 스타일이에요. 제가 김 대리님 여자친구 없다는 소리를 듣고 그 친구 꼬드기고 꼬드겨서 소개해드리는 거니까 잘되면 핸드백 하나 사주셔야 해요, 아셨죠? 히히, 명품 아니라도 상관없음!"

이지원 대리의 말꼬리가 장난스럽게 올라갔다. 자기 친구와 내가 벌써 만나기나 한 듯이 재미있어했다. 그렇지만 내 마음은 어쩐지 유쾌해지지 않았다. 그녀의 친구라면 윤희 또래일 것이다. '윤희에게도 간혹 이런 소개가 들어오고 있을까' 하는 생각에 들고 있는 쪽지가 한없이 무겁게 느껴졌던 것이다. 그럴 수도 있을 거다. 윤희처럼 한눈에 호감을 심어주는 사람이 어디 흔하던가. 간혹 주고받는 이메일에 누군가를 만난다는 이야기는 없었지만, 그런 일들까지 나에게 말해줄 필요는 없었을 테니 그녀가 어떤 남자를 소개받고 있는지 아닌지 내가 알 수 있는 방법은 전혀 없는 것이다. 어쩌면 오늘 저녁에도 누군가를 만날 수 있겠다는 우울한 상상까지 곁들여져 마음은 걷잡을 수 없이 쓸쓸해지고 일도 손에 안 잡힐 것만 같았다.

"고맙지만 지금은 못할 거 같아요. 이번 프로젝트가 유난히 어렵네요."

거절하는 게 옳다고 생각했다. 이지원 대리가 그토록 칭찬하는 친구라면 의심의 여지 없이 좋은 여자일 것이다. 그래도 내 마음이 전혀 준비되지 못한 지금 누

11_쓰레기처리장 처리하기

군가를 만난다는 건 그 사람에게도 나에게도 그다지 좋지 않은 시간들만 남겨줄 뿐이다. 게다가 사실 이번에 새로 맡은 쓰레기처리장 관련 프로젝트가 여간 만만한 게 아니라서, 이 대리도 내 사정을 충분히 납득해줄 수 있으리라는 기대가 있었다. 그래서 예상했던 것보다는 조금 더 심각하게 뾰로통해진 이지원 대리의 얼굴에 괜스레 미안한 마음이 들었다. 큰맘 먹고 꺼낸 회심의 카드가 무위로 돌아간 듯한 표정.

"그런데 김 대리님, 쓰레기처리장 말이에요, 그거 좀 쉽게 생각하면 안 될까요?"

어색해질 뻔한 분위기에서 나를 꺼내준 건 치석이었다. 쓰레기처리장 프로젝트 의뢰가 들어온 건 이틀 전의 일이다. 나로서는 특정 제품의 광고 프로젝트가 아닌 일종의 공익성 캠페인은 처음이었다. 어느 지방정부가 그 지방의 음식물쓰레기를 한데 모아 처리할 수 있는 쓰레기처리장 사업을 추진하려고 하는데, 사업 부지로 선정한 지역들마다 인근 주민들이 격렬하게 반대하는 통에 3~4년째 사업이 시작조차 못하고 표류 중이라는 것이다. 급기야 지방정부는 거액의 예산을 쓰레기처리장 유치 지역에 투자하여 도로와 교량을 정비하고 공공시설도 획기적으로 확충하며 부족한 생활 편의시설도 대량으로 건설하겠다고 약속하기에 이르렀다. 그러나 유치 신청 지역이 늘어나기는커녕 유치 신청이 예상되는 지역 주민들의 조직적 반발만 강화되고 있는 실정이라 한다. 주민들의 인식 자체가 개선되지 않으면 사업

생각하는 늑대 타스케

추진이 악화일로를 걷게 될 것을 우려한 지방정부가 결국 우리 민간광고회사를 찾게 된 것이다.

"쉽게? 어떻게?"

이지원 대리의 눈치를 살피던 나는 치석이 던져준 동아줄을 얼른 잡았다. 결코 쉬운 문제가 아닌데 쉽게 생각해보자고 하니 치석의 의견에 호기심이 생긴 건 물론이었다.

"음, 그러니까요, 음식물쓰레기처리장이 뭔가 혐오스러워 보이는 게 문제잖아요. 혐오시설은 누가 봐도 혐오시설이고요. 근데 그게 쓰레기처리장이라는 이름부터 혐오스럽게 만드는 것 같아서요. 제 생각에는 쓰레기처리장 대신 다른 말로 부르게 만들면 혐오감이 좀 줄어들 거 같은데요. 쓰레기를 처리해서 결국 환경에 도움을 주는 것이니까, 가령 '환경을 위한 병원' 같은 말로 바꿔주면 어떨까요? 혐오스러운 느낌만 줄어도 주민들 마음이 편해질 것 같아서요."

치석의 말이 끝나기가 무섭게 나도 모르게 내 입에서 피식 웃음이 흘러나왔다. 혹시 치석이 보고 기분 상하지 않았을지 걱정될 정도로 또렷한 웃음이었다. 지금은 각자 나름대로의 가설을 가지고 자유롭게 생각을 발전시키고 있는 프로젝트

초기 단계라 충분히 그럴 수 있다. 하지만 아무리 그래도 '환경을 위한 병원'이라니 이건 지나치게 발랄한 생각이 아닌가. 음식물쓰레기처리장이 혐오시설인 것은 맞다. 그래서 주민들의 반발이 심한 것도 사실이다. 하지만 그들이 반발하는 이유가 단지 혐오시설이기 때문만은 아니라는 데 이 프로젝트의 어려움이 있는 것이다. 기본적으로 쓰레기처리장은 악취에 대한 걱정과 연결되어 있다. 이 걱정은 단지 주거환경에 대한 걱정으로 끝나지 않는다. 즉 악취는 그 자체의 불편함과 함께 경제적 불안을 자극할 수밖에 없다. 물론 일부 투자 목적으로 집을 구매한 사람들도 있겠지만, 평생 뼈빠지게 모아 집을 마련한 사람들에게 집값 걱정은 전혀 사치스러운 것이 아닌 것이다. 그런 사람들에게 '환경을 위한 병원'이라는 말이 먹혀들겠는가. 오히려 지역주민들을 우롱하는 처사라고 좀 더 심각한 반발만 불러일으키지 않을까.

'쓰레기처리장 생각을 하다가 쓰레기 같은 생각을 했구나.' 치석의 사뭇 진지한 표정이 오히려 익살스러워 보일 정도였지만 나는 적어도 겉으로는 평온을 유지하려고 애썼다. 치기 어리긴 하지만 아직 여물지 않은 생각이니만큼 나름대로 열심히 고민해온 결과를 무 자르듯 싹둑 잘라버리면 그 상처가 훨씬 깊을 수 있기 때문이다.

내가 신입이었을 때도 그랬다. 물론 얼마 가지 않아 많은 프로젝트에서 주목할 만한 성과를 일궈내면서 곧 입장이 바뀌긴 했지만, 처음엔 나도 회의실을 지키는

생각하는 늑대 타스케

꿔다 놓은 보릿자루 신세였다. 생각이 없어서 아무 말도 못한 건 아니었다. 윗사람들이 나에게 말할 기회를 주지 않은 것도 아니었다. 다만 내가 무슨 얘기를 꺼낼 때마다 동네 개 짖는 소리처럼 듣는 사람들의 태도가 싫어서 그냥 입을 다물고 있었을 뿐이다. 그들의 빈정거림이 나에겐 큰 상처가 되었다. 그래서 그때마다 나는 칼을 갈았다. 언젠가 그들 앞에서 내 생각이 얼마나 가치 있는 것인지 증명해내겠다고 결심했고 뼈를 깎는 노력으로 집중하여 결국 그렇게 만들었던 것이다.

나도 모르게 잠시 지난 감상에 빠질 무렵, 옆에서 한참 듣고 있던 정 차장이 한발 더 나가 치석에게 왜 그런 생각을 가지게 되었는지 캐묻는 모습이 보였다. 정 차장은 빈틈없이 훌륭한 리더라는 생각이 들었다. 그는 아마도 질문에 질문을 거듭하면서 치석의 생각을 교정시켜주거나, 그렇게 동등하게 의견을 나누는 듯한 과정을 통해서 어린 치석의 수고를 격려하려는 것일 테다. 무엇을 캐묻는지까지는 구체적으로 신경 쓰지 못했지만, 어쨌든 그런 면에서도 나는 아직 정 차장에게 배울 점이 많다는 사실을 인정할 수밖에 없었다.

그나저나 나라고 치석의 쉬운 생각에 웃고만 있을 처지는 아니었다. 사실 그렇다고 나에게 뭔가 다른 무게감 있는 의견이 있는 것도 아니었기 때문이다. 솔직하게 말하자면 우리 팀의 다른 사람들은 회의 시간 따위엔 그 누구도 스트레스를 받지 않는 것처럼 보이지만, 나는 아직 그 정도까지 동화된 것은 아니어서 회의 시간 자체가 여간 신경 쓰이는 게 아니다. 적어도 광고회사 6년차 대리의 입에서 나가는 말인데 말도 안 되는 소리로만 들린다면 곤란한 것이다. 항상 맞는 말만 해야 한다는 압박감까지는 아니더라도 대체로 누구나 수긍할 수 있는 수준까지는 되어야 한다. 내가 치석의 의견에 준 점수와 똑같은 점수를 타스케로부터 받고 싶지는 않다.

어쨌든 나는 음식물쓰레기처리장을 둘러싼 갈등의 본질이 결국 인근 주민들의 집값 걱정에 있다고 생각했다. 물론 악취로 인해 발생할 수 있는 주거환경의 질적 하락도 무시할 수 없는 문제가 되겠지만 그것이 조직적 반발의 직접적인 계기는 아니라고 봤다. 저명한 과학자들이나 전문가들의 도움을 받아 이번 처리장 시설이 갖출 최첨단 악취 예방 시스템에 대해 사업 후보지 주민들에게 충분히 알리고 설명했음에도 불구하고 집단적 반발이 조금도 수그러들지 않은 것만 봐도 잘 알 수 있다. 그들은 악취에 반발하고 있다기보다는 혐오시설이 들어선다는 사실이 만들어낼 부정적인 경제적 효과, 즉 집값 하락을 우려하고 있는 것이다.

그러므로 나는 일찌감치 이 프로젝트의 핵심이 사업 후보지 주민들 마음속에 있는 집값에 대한 불안감을 어떤 식으로든 해소해주는 것에 있다고 생각했다. 예를 들어 쓰레기처리장 덕분에 집값이 오를 거라고 말하기는 어렵겠지만, 적어도 쓰레기처리장 덕분에 파생되는 다른 경제적 효과가 결국은 집값을 상승시키는 요인으로 작용할 것이라는 점을 부각시켜보는 것이다. 지금 주민들은 쓰레기처리장의 부정적 효과에 몰두한 나머지 그것의 긍정적 효과를 차분하게 검토하지 못하는 상황이다. 사람들에겐 일반적으로 손실회피성향loss aversion이라고 하는 심리적 경향성이 있어서, 새로운 이익을 얻는 것보다 원래 갖고 있던 것을 잃어버리는 것을 더 민감하게 생각한다. 즉 3을 얻을 수 있는 가능성보다 1을 잃을 수 있는 가능성을 더 크게 생각하는 성향이 있는 것이다. 나는 사업 후보지의 주민들이 쓰레기처리장의 긍정적 효과에 대해 방어적 태도를 보이는 것도 같은 이유라고 봤다. 이것을 뒤집어 주민들로 하여금 쓰레기처리장이 가져올 개인적 손실은 사실상 없으며 오히려 쓰레기처리장을 받아들이는 대가로 얻게 되는 각종 공공 인프라의 확충이 결과적으로 개인적 이익으로 환원될 것이라는 믿음만 심어줄 수 있다면 주민들을 설득할 가능성은 분명 높아질 것이다.

현재 사업 후보지로 거론되는 곳들은 어쨌든 기반 시설 면에서 주변 지역들에 비해 어느 정도 낙후된 것이 사실이다. 도로 정비가 잘되어 있지 못한 것은 물론이고, 그럴듯한 공원이나 대규모 상가 같은 근린시설도 찾아보기 힘들며, 무엇보다 학교나 병원 등 필수적인 공공시설마저도 턱없이 부족하다. 한마디로 여러 가지로 살기가 불편한 지역이고 그러다 보니 집값도 이미 충분히 낮은 가격대를 형성하고 있다. 쓰레기처리장 이슈가 불거지면서 주민들이 집값에 특히 예민해져 있어서 그렇지, 사실 쓰레기처리장이 생긴다고 해서 큰 영향을 받을 만한 집값의 수준도 아니라는 것이다. 즉 쓰레기처리장에 의해 예상되는 손실은 그리 크지 않다. 반면 쓰레기처리장을 받아들여서 얻게 될 공공의 이익이 상당히 높을 뿐 아니라 결국에는 주민 개개인의 경제적 이익으로 환원될 가능성 또한 높은 것이다. 쓰레기처리장 하나 덕분에 도로시설 개선, 교량 정비, 학교와 병원의 확충, 근린편의시설 개발 등이 줄줄이 이루어진다면 그동안의 생활 불편이 일거에 해소될 수 있을 뿐 아니라 타 지역 사람들의 전입이 활발해지고 상가들이 활성화되면서 그리 머지않은 미래에 그 지역 전반의 부동산 가치도 크게 오를 수 있기 때문이다.

문제는 그러한 장밋빛 전망에 대한 확신을 심어주기가 쉬운 일이 아니란 점이다. 우선 손실이 이익보다 먼저 발생할 수밖에 없는 상황에서, 손실이 발생했다가 이후 개인의 이익이 실현될 때까지 도대체 얼마나 많은 시간이 걸릴지 아무도 장담할 수 없다. 그리고 무엇보다 개인의 이익으로 환원될 것이라는 기대를 갖게 된다 하더라도 어쨌든 주변에 혐오시설이 있다는 핸디캡 속에서 집값이 올라봐야 얼마나 오르겠느냐는 의구심까지 희석시키기란 여간 어려운 일이 아닌 것이다. 즉 손실은 뚜렷하고 즉각적인 데 반해 이익은 모호하고 기약 없다는 것.

사업 지역 인근에 거주하는 각각의 세대에 지방정부가 일일이 금전적 보상을 해준다면 이야기는 또 달라질 수도 있을 것이다. 쓰레기처리장을 유치하는 결과가 즉각적이고 개별적인 금전적 이득으로 환산되기 때문이다. 그러나 보상에 대한 법률적 기준을 마련하기도 쉽지 않고 설령 보상을 한다 해도 어느 정도의 금액을 책정해야 하는지, 어느 지역까지를 포함할 것인지, 지역별 차등 수준은 어떻게 해야 하는지 무엇 하나 정하기도 쉽지 않은 일이다. 그래서 지방정부는 애초부터 세대 단위의 보상 대신 지역 단위의 보상을 선택했을 것이고 공공시설에 대한 대규모

생각하는 늑대 타스케

투자를 약속하게 되었을 것이다.

'아, 어렵다.' 한숨이 절로 나왔다. 사방이 꽉 막힌 느낌이 들었다. 하긴 공공시설에 대한 투자를 개인적 이익으로 인식하게 만들기가 쉬웠다면 세상의 모든 혐오시설들이 오히려 경쟁적으로 유치되었을지도 모를 일이다. 게다가 최근에 여론의 관심이 '과연 피해를 입게 될 지역이 어디인가'에 쏠리면서 한층 격렬해진 쓰레기처리장 반대 분위기가 사람들의 손실회피성향을 더욱 부채질하고 있는 것처럼 보인다. 긍정적이고 건설적인 논의가 비집고 들어갈 공간이 너무 협소해졌다. 내 생각은 여기에서 계속 맴돌다가 더 이상 전진하지 못하고 멈췄다. 방향은 알겠는데 방법은 모르겠다.

"생각 좀 해보셨나, 박 박사?"

이번에도 타스케 팀장은 치석의 의견을 물어보는 것으로 회의를 시작했다. 치석은 좀 전에 했던 이야기를 반복하는 것 같았다. 자세히 듣지는 못했다. 나는 잠시후에 나를 빤히 쳐다볼 타스케를 떠올렸다. 그러자 내 얼굴에 뜨거운 무언가가 느껴지는 것 같았다. 치석의 이야기를 듣는 대신 내가 할 이야기들을 급하게 정리해야 했다. 아무래도 갑자기 새로운 아이디어가 떠오르진 않을 것 같았고 그냥 지금까지 생각한 것만 꺼내기로 했다.

치석의 이야기를 듣고 난 타스케는 조금 전에 정 차장이 그랬던 것처럼 치석의 의견에 관심을 보이며 꼬치꼬치 캐묻기 시작했고, 거기에 힘이 났는지 치석은 좀 더 씩씩하게 답했다. 역시나 타스케와 정 차장은 비슷한 점이 많다. 4년 넘게 밑에서 일했다 하니 정 차장이 타스케를 닮아온 것도 무리는 아닐 테다. 아시다시피 타스케는 그다지 살가운 스타일이 아니어서 함께 지낸 지 3개월이 다 되도록 제대로 파악하기조차 힘든 난해한 늑대인 것은 사실이지만, 그의 영향을 가장 많이 받은 정 차장을 통해 짐작해보면 타스케도 어쨌든 기본적으로는 친절한 성품일 것이라는 생각이 들었다.

그럴듯한 방향과 그에 대한 논리만 있고 정작 문제를 해결할 결정적 아이디어는 가지고 있지 못해서 걱정했던 내 순서는 의외로 무난히 지나갔다. 타스케는 내가 생각한 방향성을 가만히 경청했다. 가끔 수긍하는 듯 고개를 끄덕였을 뿐 질문다운 질문도 하지 않았다. 다른 팀원들의 의견에도 마찬가지의 반응이었다. 치석을 제외한 세 명의 방향성이 크게 다르지 않았고, 정준 차장과 이지원 대리 역시 이렇다 할 뾰족한 해결책을 제시하지는 못했다. 내 생각이 걸어온 길이 정 차장과 비슷한 지점에서 맴돌고 있다는 사실에 묘한 안도감이 들었다. 치석처럼 터무니 없는 소리로 느껴지지만 않으면 좋겠다고 생각하면서 움츠러들었다가 비슷한 보폭의 정 차장을 보고 나니 나에게만 어려운 프로젝트는 아니란 생각이 들면서 알 수 없는 위로를 받았던 것이다.

생각하는 늑대 타스케

타스케 팀장은 대리급 이상의 세 명 누구에게서도 뚜렷한 해결책이 나오지 못한 점에 그다지 실망한 것 같지는 않았다. 오히려 세 명 모두가 음식물쓰레기처리장의 문제를 악취 자체의 문제로 보지 않고 악취에 대한 우려에서 파생된 경제적인 문제로 재해석하여 접근한 부분에 대해 만족하는 인상까지 주었다. 그러고는 자신에게도 결정적인 한 방이 잘 떠오르지 않는다며 세 명을 거들었다. 그 세 명속에 포함되지 못한 치석의 얼굴도 걱정할 만큼 어둡진 않았다. 그저 팀장이 수긍한 세 명의 전략적 방향성을 따라오기 위해 열심히 머리를 굴리는 느낌이었다.

"어때, 박 박사, 말이 되는 것 같아?"

생각에 몰두하는 치석의 얼굴에 흐뭇해졌는지 타스케 팀장은 마치 격려라도 하듯 왠지 작아지고 있던 치석을 불러일으켰다. 다른 팀에서의 회의였다면 논리적 사고에서 저만치 떨어져 혼자만 느닷없이 말도 안 되는 이야기를 쏟아낸 치석에게 면박을 주는 것처럼 들렸을지도 모를 일이지만 이 팀의 회의에 그런 건 없다. 타스케가 그렇게 물은 건 정말로 말이 되는 것 같은지, 그에 대한 치석의 생각은 어떤지를 물어본 것이다. 예상대로 회의실의 온화한 분위기도 전혀 흐트러지지 않았다. 이 팀의 회의는 늘 그렇다. 일리가 있다는 둥, 터무니없다는 둥 생각에 대한 평가는 하지 않는다. 그래서 그에 따른 빈정거림도 없다. 물론 자기 의견에 자신이 없을 땐 목소리가 작아진다거나 모니터로 얼굴을 가리기도 하지만, 그것도 생각을 말하는 사람의 몫일 뿐 다른 사람의 의견을 듣는 태도는 변함없이 열려 있다. 이 팀의 회의엔 생각과 생각이 있고 의견과 의견이 있을 뿐이다. 다른 건 없다.

"말이 되는 것 같다는 생각이 전두엽을 강타했습니다."

치석의 유쾌한 대답으로 회의 분위기가 더 밝아졌다. 큰 골격에 대한 공감대는 형성되었으니 구체적인 해결 방안을 함께 고민하면 된다는 분위기. 나 역시 왠지 심기일전하는 기분이 되어 의자를 바짝 당겨 앉았다. 전략기획실 방이 다시 신선한 공기로 꽉꽉 채워진 듯한 분위기 속에서 쓰레기처리장 회의 2차 라운드가 시작되었다. 정 차장이 나섰다.

"자, 그럼 이제부터 좀 더 입체적으로 접근해보는 게 어떨까요?"

그리고 이어진 회의는, 나에게는 앞으로도 오랫동안 웬만해선 잊히지 않을 회의가 되었다. 두 번째 라운드는 정 차장이 주도하는 분위기였다. 그때부터 타스케 팀장은 주로 지켜볼 뿐 적극적으로 개입하지는 않았다. 그렇다고 정 차장 혼자 떠든 것도 아니다. 우리는 늘 그랬던 것처럼 자신의 의견을 자유롭게 개진했다. 다만 그동안 타스케가 했던 것처럼 의견을 듣고 간간이 질문을 던지는 역할을 정 차장이 맡았을 뿐이다. 그렇게 의견을 모아가다 우리는 드디어 하나의 실마리를 만날 수 있었고, 결국 그 실마리를 통해 문제를 해결했다. 그리고 그 실마리는 바로 '환경을 위한 병원', 내가 듣자마자 쓰레기통에 던져 넣었던 치석의 아이디어였다.

12

코페르니쿠스의 진주

"김 대리님, 점심 먹고 저랑 백화점 안 가실래요?"

정 차장의 생일선물을 사러 가는 길이었다. 안 그래도 아침부터 무엇이 좋을지 나와 치석의 의견을 계속 물어봤었다. 치석과 나는 돈만 보태고 이 대리가 알아서 사기로 했는데 혼자 가긴 조금 심심했던 모양. 딱히 내키지는 않았지만 둘만의 시간을 가질 수 있다는 건 좋았다. 물어볼 게 있었기 때문이다.

"돌아오는 길에 커피 사주신다고 하면 따라가지요."

그날 쓰레기처리장 회의가 끝난 직후였다. 내가 듣고 바로 비웃었던 치석의 의견이 정 차장에 의해 다시 살아나고 그의 손질을 거쳐 문제 해결의 실마리가 되었으

생각하는 늑대 타스케

며 결국 나를 포함한 팀원 모두의 동의를 얻어 우리 팀의 아이디어로 채택된 직후, 뭔가에 한 방 맞은 듯 어리둥절해하던 나를 보며 이 대리가 지나가며 했던 말이 있었다.

"정 차장님이 원래 저런 걸 좋아해요."

저런 거라니 뭘? 회의를 주도하는 것을 좋아한다는 뜻이 아닌 건 이미 알고 있다. 그렇다면 회의 중에 버려진 생각을 다시 건져내는 것을 좋아한다는 뜻인가. 정말 그런 의미라면 정 차장이 원래 그런 걸 좋아하는 이유는 뭘까? 계속 궁금해하던 참이었다. 정 차장이나 치석이 함께 있는 자리에서는 묻기가 애매했는데 마침 좋은 기회.

회사들이 밀집한 지역에 자리 잡은 백화점이라 그런지 점심시간을 이용해 쇼핑을 하려는 사람들로 몹시 북적였다. 이 대리는 나를 이끌고 남성복 코너를 능숙하게 비집고 다녔다. 그러다 마음에 드는 넥타이가 보이면 나를 마네킹 삼아 이것저것 대보곤 했다. 조금 불편해졌다. 윤희 생각이 났기 때문이다. 윤희와도 이런 적이 있다. 노란색의 화사한 넥타이를 고르더니 그 자리에서 직접 매주던 모습이 불쑥 떠올랐다. 지금처럼 아주 가끔 이메일만 주고 받는 사이가 되리란 걸 그땐 예상조차 못했다.

"자 이제 커피 사드릴게요."

결정을 했나 보다. 생각보다 빠른 결정이었다. 알아서 잘 골랐을 테지. 근처 커피 전문점으로 자리를 옮기면서 나는 그날 쓰레기처리장 회의를 또다시 떠올려보았다. 입체적으로 접근해보자던 정 차장의 말에 따라 우리가 처음 시작했던 작업은 본격적으로 쓰레기처리장 사업 후보지 주민의 입장이 되어보는 것이었다. 어차피 가설을 전제로 진행된 회의였기 때문에 주민의 입장에 대한 심층적인 자료도 없는 상태라 비교적 자유롭게, 그리고 최대한 상세하게 그들의 생각을 시뮬레이션해보았다. 우리는 쓰레기처리장으로 인한 손실은 실제보다 크게 예상하면서 공공시설의 확충으로 얻을 수 있는 이익은 실제보다 작게 생각하는 까닭을 추적하고 있었다. 그러다 그전까지 제3자의 입장일 때는 미처 생각해보지 못했던 가능성 하나를 찾게 되었다. 그 계기도 정 차장의 질문에서 비롯됐다.

"우리가 주민들이라면 그렇게 불편한 곳에 살면서 공공시설로 창출될 이익에 정말로 관심이 없을까요?"

관심이 없을 것 같지는 않았다. 내가 그 입장이라면 어차피 낮은 집값 더 떨어질까 걱정되기보다는 어떤 시설들이 얼마나 생길지, 그래서 내 생활은 얼마나 더 편해질지 그게 제일 먼저 궁금할 것 같다.

생각하는 늑대 타스케

"자식이라도 있으면 학교나 병원은 정말 매력적일 텐데요. 악취가 안 나
는 것만 확실하다면, 집값이 안 올라가도 좋으니 저는 학교랑 병원이 생
기는 편이 훨씬 더 좋을 거 같아요."

이 대리는 '훨씬'이란 말에 특히 힘을 주었다. 자녀가 있다면 학교와 병원의 매력
은 거부하기 힘들다. 그런데도 당장 집값 때문에 반대한다는 건 확실히 뭔가 이상
하다. 내가 했던 생각에 구멍이 드러났다. 가만히 듣고 있던 치석도 거들었다.

"제가 주민의 입장이라면, 사실은 사업이 추진되는 게 더 좋으니까 악취
가 나지 않을 것이라는 과학자의 말을 오히려 더 믿고 싶어 할 것 같아요."

나는 그제야 처음으로 과학자의 말을 누구보다 믿고 싶어 하는 주민의 입장이
있을 수 있다는 가능성을 감지했다. 그전까지는 반대하는 입장을 중심으로 생각
하다 보니 그런 가능성까지 생각이 닿지 못했다. 그러고 보니 주민들이 과학자나
전문가의 말을 믿지 못했다는 이야기는 없었다. 그들의 이야기에는 별다른 반응
없이 혐오시설에 반대한다는 모습만 보였던 것이다. 그때부터 우리는 반대의 경
우, 즉 주민들이 사실은 공공시설의 확충을 원하는 입장이고 누구보다 악취가 없
기를 바라는 입장임을 가정해두고 가능성을 더 찾아가보았다. 반대의 가정을 하
자 모든 것이 뒤바뀌기 시작했다. 정 차장의 질문이 다시 이어졌다.

"그렇다면 공공시설의 확충을 원하면서도 쓰레기처리장을 그렇게 격렬하게 반대하는 까닭은 무엇일까요?"

우리는 한동안 이 모순된 상황을 설명할 수 있는 그럴듯한 이유를 찾지 못했다. 공공시설을 정말로 원하는데 악취 문제까지 없다면 주민들이 쓰레기처리장을 거부할 이유가 없다. 우리의 새로운 가정이 사실이라면 쓰레기처리장을 거부하기에 앞서 악취 문제의 해결 여부에 좀 더 적극적인 관심을 기울이는 게 맞는 것 같은데, 실제 주민들은 악취 문제에 대해 면밀히 검토한다거나 객관적으로 접근하는 모습을 보이기보다는 무조건 쓰레기처리장에 반대하는 모습을 보인 것이다.

'역시 공공시설의 확충을 원하고 있다는 가정은 틀린 것일까?' 나는 새로운 가정이 한계를 만났다고 생각했으나 정 차장은 그렇지 않은 듯했다. 정 차장이 치석에게 물었다.

"아까 '환경을 위한 병원'이 좋겠다고 생각한 이유가 뭐라고 그랬지?"

나는 정 차장의 느닷없는 질문이 의아했다. 왜 이 이야기를 다시 꺼내는지 그때는 눈치채지 못한 것이다. 치석은 쓰레기처리장이 갖고 있는 혐오스러운 느낌만 줄어들어도 주민들의 마음이 편해질 것 같다고 했다. 나한테도 그런 말을 했던 것 같긴 하다. 그때 정 차장이 거기서 한 발 더 들어갔다. 치석의 말 중에 '주민들의 마음이 편해진다'는 것에 관심을 가지고 무슨 뜻인지 한 번 더 물어본 것이다.

"저는 주민들이 쓰레기처리장이 싫은 게 아니라 모든 사람이 꺼리는 시설을 받아들이기가 싫은 거라고 생각했습니다. 그게 비록 쓰레기처리장이라 하더라도 다른 사람들이 혐오시설로 생각하지만 않는다면 그렇게 신경 쓰지 않고 받아들일 수도 있을 것 같다고 생각한 거죠."

무슨 말인지 처음엔 잘 이해하지 못했다. 이어지는 정 차장의 이야기를 듣고서야 치석의 말을 이해할 수 있었다.

"치석의 생각대로라면 아까의 모순이 해결되지 않을까요? 그러니까 주민들은 공공시설이 가져다 줄 변화에 기대감을 가지고 있다, 그런데 그 공공시설을 얻으려면 쓰레기처리장을 받아들여야만 한다, 쓰레기처리장도 최첨단 시설이라 악취 걱정은 안 해도 좋다고 한다, 하지만 쓰레기처리장을 받아들이기는 쉽지 않다, 모두가 혐오시설이라고 생각하는 시설을 받아들이는 자신들을 보고 다른 사람들은 뭐라고 생각할까? 공공시설 짓겠다고 쓰레기더미를 받아들이는 것처럼 보이지는 않을까?"

정 차장의 가설은 그랬다. 어쩌면 주민들에게 쓰레기처리장 자체는 중요하지 않을 수 있다. 공공시설의 확충이 만들어낼 여러 가지 효과를 생각했을 때 찬성하고 싶은 마음이 있을 수도 있을 것이다. 그러나 현재 여론의 쟁점이 '어느 지역이 혐오시설의 피해를 입게 될 것인가'로 형성되어 있는 마당에 어쨌든 쓰레기처리장을 찬성하기는 어렵다. 찬성은 곧 공공시설에 대한 욕심 때문에 혐오시설이 주는 피해를 감수하겠다는 뜻이 되는 것이다. 정 차장은 그래서, 그들은 혐오시설이 싫은 게 아니라 혐오시설을 다른 대가와의 거래를 통해 받아들인다는 인식이 싫은 것일 수 있지 않겠느냐는 가능성을 제기했다.

나로서는 전혀 생각해보지 못했던 그림이었다. 가능하다는 생각도 들었지만 그래도 실제 있었던 사실들과 견주어볼 필요를 느꼈다. 그래서 나는 다른 사실들을 이 그림 속에 넣어보았다. 이 가설은 주민들이 과학자의 이야기에 귀 기울이지 않은 이유를 설명해준다. 주민들은 과학자의 말을 못 믿은 게 아니라 과학자의 말을 중요하게 생각하지 않았던 것이다. 주민들이 정작 악취 문제에 대해 적극적으로 알아보려 하지 않았던 사실도 납득이 된다. 타인들 눈에 이익과 혐오시설을 맞바꾸는 것처럼 보이는 게 문제인데 악취가 나오느냐 안 나오느냐에 신경 쓸 겨를이 없는 것이다. 그들은 사실 악취나 집값 같은 실제적인 부분을 걱정하는 것이 아니고, 사람들 사이에 나쁜 것으로 여겨지는 시설을 굳이 받아들이는 동기 같은 사회적이고 인식적인 부분을 걱정하는 것으로 볼 수 있다. 적어도 그들은 장밋빛 전망에 대한 확신이 없어서 반대하는 것이 아니라 장밋빛 전망에 대한 욕심 때문에 혐오시설까지 받아들인다는 인식이 싫은 것이다.

생각하는 늑대 타스케

이 가능성에 대한 확신은 없었다. 가설은 가설일 뿐. 그래도 우리는 이 가능성에서 출발한 해결 방안까지 마무리를 지었다. 만약 앞선 가설이 사실이라면 주민들에게 쓰레기처리장의 대가를 강조하는 것은 오히려 역효과만 낼 뿐이다. 그들에게 더 필요한 것은 자신들이 허용한 것은 쓰레기더미 가득한 혐오시설이 아니라 뭔가 긍정적인 느낌을 주는 좋은 시설이라는 이미지로 재해석해주는 일일 것이다. 그래서 우리는 애초에 치석이 제기했던 '환경을 위한 병원'이라는 의견을 다시 검토했다. 이 가설에선 충분히 타당한 의견이었기 때문이다. 치석의 아이디어는 적어도 주민들에게 이익 때문에 혐오시설을 받아들였다는 굴복감 대신 뭔가 사회적으로 필요한 시설을 받아들였다는 명분을 제공할 수 있는 것이다. 다만 환경을 위한 병원이라는 의미가 음식물쓰레기처리장 본연의 의미와는 조금 거리가 있고 그 이름을 대체하기에도 적절하지 않아서 잠정적으로나마 다른 이름을 검토해보기로 했다. 음식물쓰레기처리장은 '무엇을 처리하는지'에 초점이 맞춰져 있어서 필연적으로 음식물쓰레기를 연상시킬 수밖에 없다. 대신 '처리하여 무엇을 만들어내는지'에 초점을 맞추면 쓰레기더미에 대한 부정적 연상을 완화할 수 있을 것으로 생각했다. 그래서 우리는 음식물쓰레기처리장 대신 그것이 주로 사료나 비료로 만들어지는 점에 착안하여 '식품자원화센터'라는 이름을 써보자고 의견을 모았다.

아직 결론이 확정된 것은 아니다. 우리는 이어진 회의에서 몇 가지의 또 다른 가능성에 기반을 둔 또 다른 결론들도 검토했다. 앞으로 세밀한 검증을 남겨두고 있고 그에 따라 전혀 다른 결론이 도출될 수 있는 상황이다. 하지만 나에게 이 프로

12_코페르니쿠스의 진주

젝트의 결론은 이미 큰 의미가 없어져버렸다. 무엇보다 나는 그 회의 때 겪었던 당혹감에서 아직 벗어나지 못하고 있는 것이다. 말도 안 된다고 생각했던 치석의 의견이 결과적으로 우리가 찾은 결론의 실마리가 됐다. 애초에 생각했던 방향과 전혀 다른 방향에서 가능성을 모색하다가 치석이 처음에 냈던 의견을 만났고, 그리고 처음 들었을 땐 너무나 터무니없다고 생각했던 그 의견이 새로운 가능성 안에서는 매우 그럴듯한 얼굴을 하고 있었다.

"무슨 생각을 그리 골똘히 하세요?"

이지원 대리가 커피를 가져오고 있었다. 지난번 소개해주려 했던 그 친구에 대해 이야기하려는 눈치. 내가 별다른 관심을 보이지 않자 이 대리와의 대화에 공백이 생겼다. 혹시 다른 이야기로 다시 채워질까 봐 서둘러 물어보았다.

"지난번에 회의 끝나고서 '정 차장님이 원래 그런 거 좋아한다'고 저한테
   말씀하셨잖아요? 대리님, 그게 무슨 뜻이었어요?"

이 대리가 기억을 찾는 데까지 설명이 더 필요했다. 하지만 그리 오래 걸리지는 않았다.

"정 차장님은 회의 시간에 엉뚱한 소리가 나오는 걸 좋아하세요. 그러면

오히려 더 다가와서 왜 그런 생각을 했는지 캐물으시고요. 지난번 회의 때 치석이한테도 그러셨잖아요. 치석이한테 딱 붙어서 이야기하시길래 '아, 또 시작이구나' 했어요. 뭔가 진심으로 열심히 듣는 거 못 느끼셨어요?"

나는 정 차장이 그때 아직 생각이 어린 치석에게 상처를 주지 않기 위해 황당한 의견에도 억지로 참는 것이라고 생각했었다. 하지만 그런 게 아니었다. 정 차장은 오히려 치석의 생각을 즐겁게 탐험했던 것이다. '원래 좋아한다'니 그럼 예전부터 자주 그랬느냐고 물었더니 그런 일이 있으면 빠짐이 없단다.

"왜 그러시는 거래요?"

그럴 의도는 전혀 없었는데 듣기에 따라서는 빈정거리는 투로 들렸을 수도 있었다. 어쩌면 나로서는 도저히 따라잡을 수 없을 것 같은 정 차장의 성품에 한숨이 섞여 나오면서 정말로 살짝 빈정거렸을지도 모를 일. 사실 아무리 성격이 좋은 사람이라도 회의 시간에까지 그러기는 어려운 것이다. 같은 이슈를 다루는 사람들끼리 모여 함께 해결 방안을 찾아 높은 집중력으로 생각을 좁혀가야 하는 자리에서 엉뚱한 소리가 튀어나오면 괜히 힘도 빠지고 그 한 사람 때문에 중요한 논의가 쓸데없이 길을 돌아가야 할 수도 있기 때문이다. 그래서 나는 회의에 대한 나의 집중력을 지키기 위해 말도 안 되는 소리는 되도록 빨리 기각해버리는 편이다. 물론 바로 전 회의에선 그렇게 버려진 생각이 다시 살아나 최종적인 결론으로 채택되는 다소 놀라운 경험을 하긴 했지만, 그래도 그런 경우가 늘상 있는 것도 아니고 회의의 효율과 효과 면에서도 바람직하지 않다는 게 변함없는 내 입장이다.

"정 차장님은 그게 회의에 임하는 가장 기본적인 자세라고 말씀하세요."

'응?' 무슨 소리인지, 내가 황당하다는 표정을 미처 짓기도 전에 이지원 대리는 더 이상한 이야기를 이어갔다.

"실은 제가 타스케팀에 오게 된 것도 정 차장님의 그런 면 때문이었어요. 제가 원래 다른 팀이었다는 건 아시죠? 정 차장님과 몇 번 회의를 하고선 저도 이 팀에 합류하고 싶단 생각을 하게 됐고, 김 대리님처럼 먼저 요청을 해서 팀을 옮기게 된 거예요."
"정 차장님과 회의하는 게 좋아서 팀을 옮기신 거라고요?"
"말하자면 그렇지만, 꼭 그것만은 아니고요."

백화점 길을 따라나선 지 꽤 시간이 흘렀다. 그런데 왠지 이런 기회가 아니면 다시 듣기도 어려울 것 같아 자세를 바꾸지 않고 이 대리를 계속 바라봤다. 더 얘기해달라는 뜻.

"저 원래는 미운오리새끼였어요. 헤헤, 뭐 그렇다고 지금은 백조란 뜻은
아니고요."

멋쩍게 웃는 이 대리. 역시 귀여운 표정이다.

"전에 있던 팀에선 썩 잘 지내지 못했어요. 사람들이 저를 괴롭히거나 못
살게 군 건 아니었는데, 그냥 저를 같은 팀원으로 대접해주는 것 같지 않
은 느낌 있잖아요. 밥도 같이 먹고, 회식에도 같이 가고…… 근데 아시잖
아요. 회사생활이 그런 게 다가 아니잖아요. 밥 먹으러 회사 오나요?"
"음, 무슨 문제라도 있었나요?"

도무지 이해할 수 없다는 식으로 물었는데 그녀는 내 질문이 무색하리만치 천
연덕스럽게 고개를 끄덕였다.

"다들 저를 '사차원 소녀' 취급했죠. 물론 처음부터 그런 건 아니고 언젠
가부터 회의 시간이면 아무도 제 이야기를 귀담아듣지 않는 거예요. 그래
도 제 딴엔 꽤 고민하고 얘기한 건데 피식피식 웃기나 하고."

민망했다. 치석이 떠올랐던 것이다.

"그러다가 정 차장님을 만나면서 인생이 역전."

그녀의 목소리가 다시 경쾌해졌다.

"재작년 말쯤 핸드폰 경쟁PT가 있었어요. NG전자 스마트폰. 워낙 중요한 프로젝트라 당연히 전략지원실이 함께 참여했죠. 전략지원실이라 해봤자 그땐 팀장님이랑 정 차장님이랑 이렇게 둘밖에 없었어요. 팀장님이야 아시다시피 워낙 유명하니까 이전부터 알고 있었지만 정 차장님은 그때 처음 뵈었죠. 아무튼 그땐 팀장님은 좀 물러나 계시고 정 차장님이 회의에 자주 참석하셨어요. 언젠가 정 차장님도 참석한 회의였는데 누구 하나 뾰족한 아이디어를 내지 못하고 회의 시간만 잡아먹고 있었거든요. 저는 뭐 말해봤자 무시당할 게 뻔하니까 별말 안 하고 있었죠. 그랬더니 정 차장님이 불쑥 저보고도 이야기를 해보라는 거예요. 팀 사람들 얼굴이 갑자기 불편해지고…… 제발 팀 망신이나 시키지 말아달라는 느낌 있잖아요. 정말 기분 나빴어요. 그래서 오기가 나서 더 씩씩하게 제 아이디어를 이야기했죠. 결과는 짐작하실 수 있죠? 여기저기에서 피식피식."
"어떤 아이디어였는데요?"

정말 궁금했다. 모두가 황당해했다는 그녀의 아이디어. 그녀는 다 식어가는 커피의 온기가 아쉬운 듯 머그잔을 두 손으로 꼭 감쌌다. 그녀의 얼굴이 잠깐 어두

생각하는 늑대 타스케

워졌다. 피식피식하던 소리가 다시 들렸던 모양. 하지만 이내 웃는 얼굴로 답했다.

"다른 사람들 보기엔 황당했을 거예요. 보통은 핸드폰은 주로 얼리어댑터들이 주도하는 시장이고 당시 주된 경쟁 논리도 누가 기술적인 우위인가에 초점이 맞춰져 있어서, 그때 NG전자의 신제품에서도 당연히 경쟁력을 갖춘 기술적 특성을 어떻게 포장하느냐에 관건이 달려 있다는 식으로 이야기하고들 있었거든요. 근데 전 그냥 그런 게 싫더라고요. 널린 게 핸드폰인 데다 모든 핸드폰이 이미 기능 자랑을 하고 있는 마당에 기능을 강조하는 것만으론 다른 핸드폰과 달라 보이는 게 하나도 없잖아요. 그래서 저는 좀 다른 식으로, 그러니까 핸드폰 이름도 좀 감성적으로 바꾸면 안 되겠느냐는 의견을 냈거든요. 논리적 근거가 없긴 했지만 그냥 막연하게나마 그러면 좋을 것 같더라고요. 그래서 그때 새로 나올 신제품이 온통 하얀색이길래 '스노snow폰'이라고 하면 좋겠다고 했어요."

순간 숨이 턱 막히고 소름이 끼쳤다. 화들짝 놀랐다는 표현이 가장 정확하다. 스노폰이라면 '순수한 사랑의 약속'이라는 콘셉트로 시장에 출시되자마자 우리나라 여성 고객들의 폭발적인 인기를 끌었던 핸드폰이었다. 핸드폰에는 전혀 관심이 없었던 윤희까지 스노폰으로 바꾸고 싶어 했을 정도였다. 그런데 그런 히트상품의 이름이 이 대리의 작품이었다니.

"그럼 결과적으로 아이디어가 채택된 거네요!"

내 목소리에 묻은 놀라움이 아직 가시지 않은 상태였다.

"결과적으로야 채택됐죠. 하지만 그때 정 차장님이 없었으면 그건 아마 아이디어 대접도 못 받고 바로 버려졌을 거예요. 그 이야기를 처음 꺼냈을 때 반응, 말씀드렸잖아요. 피식거리고 킥킥대고 어떤 사람은 한숨까지. 한마디로 쓰레기통으로 휙 던져진 거죠. 그런데 그때 정 차장님이 제 생각을 캐묻기 시작했어요. 얼마 전에 치석이한테 그런 것처럼. 그러더니 조금 있다가 그걸 다시 근사한 아이디어로 포장해주셨던 거예요."

"어떻게요?"

"제 의견을 다른 각도에서 잘 생각해보면 오히려 지금까지 생각하지 못한 기회를 찾을 수도 있을 것 같다고 하셨어요. 핸드폰 시장에서는 상대적으로 경쟁력이 약한 NG전자의 지위와, 극복하기엔 너무나 까다로운 이미지 차원의 기술 격차, 비슷비슷한 제품이 시장에 도배되는 상황들을 종합적으로 고려해보자면서요. 이 핸드폰을 기술적인 제품이 아니라 감성적인 제품으로 포장해서 경쟁한다면 경쟁자가 차지하지 못한 독자적인 영역을 구축할 수 있을 것 같다고 말씀하시는 거예요. 저야 뭐 그런 건 전혀 생각 못했고 그냥 비슷한 게 너무 많으니까 좀 새로운 방식으로 하자는 거였는데 정 차장님이 그렇게 해석해주시니까 뭔가 말이 되는 것 같더

생각하는 늑대 타스케

라고요. 물론 반대 의견도 있었지만 차장님께서 하나하나 논리정연하게 설득해서 결국 스노폰이 세상에 나올 수 있게 된 거죠."

정 차장은 정말로 원래부터 그렇게 남들이 버린 생각을 다시 캐묻는 걸 좋아했던 것 같다. 모두가 이 대리의 아이디어를 황당하게 받아들였을 때 정 차장은 귀 담아듣고 오히려 더 묻기까지 하면서 이 대리의 생각을 탐험했다. 나라면 어땠을까? 솔직하게 말하면 피식거리지 않았을 것이라고 장담하기 어렵다. '환경을 위한 병원' 때와 똑같다. 이쯤 되면 그저 친절한 성품에서 온 특징만은 아닌 듯했다. 그가 회의하는 방식인가. 그러고 보니 아까 이 대리가 스치듯 했던 말이 걸렸다.

"근데 아까 정 차장님이 '회의에 임하는 기본적인 자세'라고 말한 게 자세히 어떤 건가요?"

이 대리는 어떻게 설명하는 게 좋을지 잠시 고민하는 눈치였다. 입술을 모아 빼고 눈을 굴리더니 다시 귀여운 표정.

"아! 대리 승진 교육 때 해준 이야기가 있네요."

이 회사에는 사원에서 대리, 대리에서 차장으로 승진하는 직원들을 대상으로 며칠간 합숙교육을 받게 하는 제도가 있다는 소리를 들은 적이 있다. 이지원 대리는 올해 대리가 되었으니 올 초의 일인 듯했다. 그녀는 마치 눈으로 이야기하듯 나와 맞춘 눈을 깜박거렸다.

"정 차장님이 〈고급광고기획론〉 강의를 맡으셨을 때 해주신 이야기인데 '말도 안 되는 소리에 귀를 기울이라'고 하셨어요."

"네?"

"정 차장님은 이렇게 말씀하시더라고요. '말도 안 되는 소리라는 건 달리 말하면 상식적으로 납득하기 힘든 소리라는 말이겠죠. 여기서 우리가 조심할 게 있습니다. 상식은 상식에 불과하다는 겁니다. 상식은 진리가 아니에요. 단지 과거로부터 지금까지 축적되어온 경험의 산물일 뿐입니다. 즉 상식은 그 자체로는 전혀 미래지향적이지 못합니다. 상식은 미래에 어떤 일이 일어날지, 어떤 가치가 더 각광받을지 예측할 수 없습니다. 자, 그런데 여기서 우리가 회의를 하는 목적을 생각해볼까요? 우리가 길게는 몇 시간씩이나 모여 앉아 회의를 하는 까닭은 과거부터 차곡차곡 축적되어온 상식이나 재확인하자는 게 아니겠죠? 우리는 좀 더 새롭고 좀 더 좋은 아이디어를 찾기 위해 회의를 하는 겁니다. 아이디어란 어때요, 과거지향적입니까? 아닙니다. 아이디어는 태생적으로 미래지향적입니다. 여러분 생각해보세요. 미래지향적인 아이디어를 찾기 위해 여러 가지 의견을 나누는 것인데, 그것을 전혀 미래지향적이지 못한 상식 따위로 말이 되는지 안 되는지를 평가하는 게 과연 옳은 일일까요?'"

생각하는 늑대 타스케

나는 잠자코 있었다. 마치 정 차장이 말하는 것처럼 들렸다.

"정 차장님은 회의를 하다가 혹시 말도 안 되는 소리가 들려온다면 그것을 흘려듣지 말고 오히려 그 이야기에 더욱 귀를 기울이라고 말씀하셨어요. 말도 안 되는 소리는 이미 상식의 굴레를 벗어난 이야기이기 때문에 오히려 훨씬 미래지향적일 가능성이 높다면서요. 정 차장님은, '코페르니쿠스가 지구가 돈다고 했을 때 상식은 그것을 말도 안 되는 소리라고 했습니다. 그때의 상식은 죽고 그때의 말도 안 되는 소리는 지금 진리가 되었음을 잊지 마십시오. 지금의 상식은 지금까지의 환경에서 생산된, 제한된 상상력의 산물일 뿐입니다. 그런 상식을 잣대로, 우리는 종종 미래에 보석처럼 빛날 아이디어를 쓰레기 버리듯 폐기처분하곤 합니다. 그러므로 여러분, 회의실에서 말이 안 된다는 이유로 버려지는 쓰레기 같은 의견이 있다면 그냥 지나치지 말고 반드시 주워 담기 바랍니다. 그러고 나서 그 몰상식한 이야기 속에 숨겨진 가능성에 대해 여러분이 다시 한 번 꼼꼼하게 검토해보세요. 새로운 아이디어는 만들어지는 것이 아닙니다. 그것은 발견되는 것입니다. 여러분, 쓰레기 속에 숨은 진주를 찾으십시오. 그것이 바로 여러분이 지금부터 해야 할 일입니다'라고 강조했었는데, 아무튼 너무 멋지게 강의를 하셔서 그때 제 동기들 중에 정 차장님한테 반한 친구가 정말 많았잖아요."

정 차장의 말투를 흉내 내며 이야기하던 이 대리의 얼굴이 어느새 발그레해져 있었다.

사무실로 돌아가는 길은 아주 먼 길을 돌아가는 듯했다. 생각의 각도, 쓰레기, 코페르니쿠스, 입체적인 생각, 환경을 위한 병원, 스노폰 같은 말들이 길바닥에 아무렇게나 널려 있었기 때문이다. 그것들을 하나하나 바스락바스락 밟으며 걷다가 생각에 부딪혀 자꾸 넘어졌다. 내가 생각의 쓰레기처리장에서 진주일지도 모르는 생각들을 마구 버리는 동안 정 차장과 타스케는 쓰레기로 처리된 생각을 소중하게 다시 자원화하고 있었던 것이다. 정 차장에게 줄 생일선물을 들고 내 앞을 경쾌하게 걸어가는 이지원 대리의 구두가 나를 보고 피식피식 웃었다.

생각하는 늑대 타스케

말도 안 되는 소리에
귀를 기울입니다

여러분은 지금 교통사고를 줄이기 위한
주민공청회에 참석해 있습니다.
신호등과 도로표지판 등이 잘되어 있는데도
크고 작은 교통사고가 끊이지 않는
마을 번화가 문제를 다루는 자리입니다.

[문제1]
여러분 나름대로의 아이디어를 생각해보세요.

[문제2]
어떤 사람이 신호등과 도로표지판을 없애자고 주장하는데
여러분의 생각은 어떻습니까?

상식의 한계

　　회의 시간. 어김없이 한두 명씩 말도 안 되는 소리를 하는 사람들이 있습니다. 특히 직무와 관련된 지식과 경험이 상대적으로 부족할 수밖에 없는 아래직원들이 주로 비아냥의 대상이 되곤 하고, 운 좋게 관대한 상사들을 만나면 으레 그럴 수도 있다는 식으로 이해받기도 합니다. 사실 말도 안 되는 소리를 즐거운 마음으로 듣고 있기는 쉽지 않은 일입니다. 가뜩이나 바쁜 시간을 쪼개어 머리를 맞대고 앉았는데 엉뚱한 소리나 하고 있는 사람을 보면 한 배를 탄 동료 같은 느낌마저 흔들리고, 어떨 땐 그 시간낭비 같은 이야기를 견뎌내며 마인드 컨트롤을 해야 하는 경우도 생기기 때문입니다. 그러나 말도 안 되는 소리를 인내심으로 승화하려는 노력이 조직원으로서의 예의나 팀워크 관리의 관점에서는 권장될지 몰라도 적어도 통찰력의 관점에서는 그리 바람직한 것은 아닙니다.

　　누군가의 이야기를 듣고 '터무니없다'거나 '말도 안 된다'는 생각이 든다는 것은 자신이 가진 상식적 판단으로는 도저히 받아들이기 힘든 이야기란 뜻입니다. 일상적인 농담의 경우라면 문제될 것 없겠지만, 아이디어에 관한 이야기라면 좀 더 주의를 기울일 필요가 있습니다. 아이디어의 질적인 가치를 평가하는 데 '상식적 판단'이라는 잣대는 한참 모자란 것이기 때문입니다. '상식이 통하는 사회'라는 말에서처럼, 사회적 규범의 최소한의 기준점이 된다는 측면에서 상식에는 분명 긍정적인 측면이 많습니다. 하지만 상식은 과거에 생산되어 축적되고 학습되어온 제한된 믿음이라는 점에서 태생적으로 과거지향적일 수밖에 없고 그 자체로는 한 발자국도 미래를 향해 걷지 못한다는 점에 유의해야 합니다. 아이디어는 지금 당면한 문제를 해결하기 위한 일종의 솔루션입니다. 과거로부터 학습된 것일 수도 있지만 지금까지는 전혀 시도되지 않았던 새로운 방법일 수도 있습니다. 그래서 아이디어는 목표지향적이며 (과거에서 실마리를 찾든 전혀 새로운 것에서 실마리를 찾든) 본질적으로 미래지향적인 것입니다. 미래지향적인 아이디어를 다루며 과거지향적인 상식을 기준 삼는다는 것 자체가 난센스입니다.

천동설이 상식이었던 시대에 지동설은 말도 안 되는 소리였습니다. 컴퓨터는 복잡한 연산작업을 위해 기업들이 사용하는 집채만 한 크기의 전자계산기라는 생각이 상식이었던 시절에, 개인이 집에서 쓸 수 있는 컴퓨터를 만들겠다는 스티브 잡스와 스티브 워즈니악의 생각은 터무니없는 것이었습니다. 하지만 오늘날 무엇이 없어지고 무엇이 살아남았는지 생각해보세요. 인류에게 스마트폰을 선물하고 인류의 생활방식을 혁명적으로 변화시킨 스티브 잡스는 "세상을 바꾼 그 어떤 아이디어라도 처음엔 모두 황당했다"고 말했습니다. 아이디어로 인정받기 전의 기발한 발상, 즉 고정관념을 급격하게 파괴하는 아이디어는 (그것이 극복한 한계점에 대한 공감대가 형성되기 전까진) 대다수의 사람들에게 황당하게 보일 수밖에 없습니다. 앞서 논의한 〈입체적 사고〉에서 살펴봤듯이 모든 사람이 30도로 생각하고 있는데, 누군가 갑자기 120도 생각에서 나온 아이디어를 말한다면, 그 누구라도 금방 공감하기가 쉽지 않기 때문입니다.

네덜란드 북부 3개 주의 교통안전 책임자였던 한스 몬더만Hans Monderman이라는 사람이 어느 날 도로 위에서 발생하는 갖가지 문제를 해결하기 위해 "도로의 교통신호와 표시들을 철거하자"는 아이디어를 냈습니다. 사람들은 어처구니없다고 생각했습니

생각하는 늑대 타스케

다. 교통신호와 표시가 없어지면 그나마 안전을 지켜주던 질서가 무너질 것이고, 도로
는 무법천지가 될 것이 뻔해 보였기 때문입니다. 사람들에게 교통신호가 질서의 파수
꾼이자 안전의 조건임은 상식과도 같았습니다. 하지만 몬더만은 자신의 아이디어를 더
욱 구체화해 변두리 작은 마을에서부터 이 프로젝트를 실험하기 시작했습니다. 그 결과
는 찬란했습니다. 차선과 신호를 없앤 모든 도로에서 오히려 사고율이 줄어들었고, 도로
자체가 광장처럼 변하면서 보행자가 늘고 카페와 상점들이 들어서면서 상가가 번성하는
효과까지 거둔 것입니다. 대다수의 사람들이 상식적으로 판단했을 땐 보이지 않던 몬더
만의 각도가 실험 끝에 드러난 셈입니다. 몬더만은 신호와 차선, 각종 표시들이 운전자
로 하여금 타성에 젖게 만들고 보행자를 신경 쓰지 않게 만들지만, 그런 안전장치를 제
거하면 오히려 운전자와 보행자가 서로에게 시선을 맞추려 하기 때문에 사고방지의 효
과를 가져올 수 있을 것으로 생각했던 것입니다. 몬더만이 했던 말도 안 되는 소리가 지
금은 〈공유공간Share Space〉이라는 개념으로 전 세계로 확산되고 있다고 합니다.

인내심보다 호기심

물론 회의 시간에 흘러나오는 모든 터무니없는 이야기가 언젠가 우리의 상식을 깨고 세상을 바꿀 아이디어라고 보긴 어렵습니다. 아마도 그 이야기 중 상당수가 정말 터무니없기만 한 생각으로 끝날 가능성이 많을 겁니다. 그러나 설령 그렇다 하더라도, 누군가의 입을 통해 말도 안 되는 소리가 나온다면 그냥 흘려보내지 말고 오히려 귀를 기울여야 합니다. 말도 안 되는 소리에는 인내심이 필요한 게 아니고 호기심이 필요합니다. 그 이야기들은 이미 '상식의 틀'을 과감히 벗어난 것들이고, 그 이유만으로도 가치 있는 것들입니다. 우리가 상식의 굴레 안에서 좀처럼 생각하기 힘들었던 각도가 적용되었을 가능성이 크기 때문입니다.

내 상식으로는 도저히 납득할 수 없는 이야기와 마주친다면, 호기심의 귀를 최대한으로 세워 그가 '왜 그런 생각에 이르렀는지' 따라가보는 것이 통찰력을 기르는 데는 훨씬 유익한 선택입니다. 그 사람의 입장이 되어 그 말도 안 되는 상상의 궤적을 좇아보세요. 이 경우 일단 그의 생각이 옳다고 믿는 마음가짐이 더욱 유효합니다. 미심쩍은 것을 의심하며 이야기를 들으면 그의 생각을 온전히 이해하기 어렵습니다. 그보다는 옳은

생각하는 늑대 타스케

이야기 같은데 이해가 잘 안 되니 그의 생각을 하나하나 따라가는 느낌이어야 합니다. 주의 깊게 듣고 자신의 생각을 얹어 질문을 반복해보세요. 그러면서 그의 생각을 재해석해보고 그 생각의 가능성을 계속 재검토해보세요. 아이디어를 얻기 바란다면 발명가가 아닌 탐험가가 되어야 합니다. 무無에서 유有를 창조해내는 사람이 아니고, 아무 데나 버려져 있는 돌멩이 중에서 원석을 골라내 그것을 보석으로 다듬어내는 사람이라는 것입니다. 결국 쓸 만한 생각을 건지지 못해도 상관없습니다. 적어도 우리는 예전에는 미처 도달하지 못했던 생각의 각도를 확보하는 것이기 때문입니다. 이 각도가 나중에 원석을 찾는 시력을 제공할 것입니다.

전 세계 IT업계의 지배적 사업자 구글Google. 인터넷 검색 서비스로 시작한 이 회사는 지금은 놀라운 상상력을 기반으로 다양한 제품과 서비스를 선보이며 최고의 아이디어 기업으로 인정받고 있습니다. 그들은 사람 없이 저절로 굴러가는 무인자동차를 만들고, 고공의 빠른 기류를 전력 생산에 이용하기 위해 풍력발전기를 하늘에 띄우기도 하며, 공상과학영화에서나 볼 수 있었던 정보를 보여주는 안경을 개발하기도 합니다. 이러한 프로젝트들을 지휘하고 있는 구글 내 특수 연구개발조직 담당 부사장이 2014년 국내 한 일간지와의 인터뷰에서 '황당한 아이디어'에 관한 이야기를 꺼낸 적이 있습니다. "우리 연구소에서는 크고 황당한 아이디어일수록 더 환영받습니다." "황당하고 미친 것 같은 아이디어 중에도 잘 살펴보면 반짝이는 보석으로 다듬을 만한 것이 얼마든지 있습니다."

12_코페르니쿠스의 진주

통찰력을 향상시키는 회의 습관

아마도 회의 시간을 즐거워하는 사람은 그다지 많지 않을 것입니다. 특히 아이디어의 갈피를 못 잡고 이리저리 방황하느라 시간만 한없이 늘어지는 회의만큼 따분한 일도 없습니다. 하지만 그 회의의 능률이 다소 떨어진다고 느껴지더라도 생각하기에 따라서는 개인의 통찰력을 키울 수 있는 좋은 기회가 되기도 합니다. 각자의 생각이 자꾸 부딪히고 겉도는 상황을 유심히 살펴보면, 평소에는 잘 감각하지 못했던 우리의 생각 속 고정관념을 발견할 수도 있고, 많은 이견들 속에서 나의 생각이 평소에는 잘 활용하지 못하는 생각의 각도를 접할 수 있기 때문입니다. 물론 그렇다고 회의 시간이 마냥 길어지는 것은 바람직하지 않습니다. 아이디어는 회의 시간의 길이에 비례하지 않습니다. 생각이 빈곤한 회의는 멈추고 각자의 생각을 환기시킨 다음 다시 모이는 것이 훨씬 생산적입니다. 회의 시간이 쓸데없이 길어지는 것을 막으면서 각자의 통찰력을 높일 수 있는 기회로 활용하는 몇 가지 팁을 나눠보겠습니다.

생각하는 늑대 타스케

회의 주재자를 위한 팁

별도의 진행자를 두지 않는 회의의 경우, 대개 참석자들 중 최선임자가 회의를 주재하는 경우가 많습니다. 이 경우의 회의 주재자는 의사결정자로서의 입장과 회의 진행자로서의 입장을 적절히 섞어가면서 그 회의가 지향하고 있는 목표에 천착해 모든 참석자들이 능동적으로 '공동의 아이디어 창출'에 집중할 수 있도록 기다리고 개입하는 완급조절에 능숙해야 합니다.

1. 오리엔테이션은 짧게

프로젝트를 시작할 때 그 개요와 관련 정보를 전달하는 데 너무 많은 시간을 소요하는 경향이 있습니다. 그러나 이 시간은 결코 길 필요가 없습니다. 객관적인 사실들만 전달하고 끝내는 게 좋습니다. 어떤 경우는 윗사람이 아이디어 발상의 전체적인 방향이나 한계, 틀 등을 '가이드라인'이라는 이름으로 설정해주는 경우도 있는데, 프로젝트 자체에서 요구하는 사항이 아니라면 되도록 삼가야 됩니다. 객관적인 사실과 주관적인 판단이 부지불식간에 뒤섞여 프로젝트 참여자들의 상상의 각도를 처음부터 제한할 수 있기 때문입니다. 생각을 좁혀갈 필요가 있을 때 가이드라인을 주는 겁니다. 오리엔테이션은 생각을 펼치기 위해 필요한 자리입니다.

2. 따로 또 같이

회의를 자주 한다고 좋은 것이 아닙니다. 지나치게 빈번한 회의는 생각할 시간을 빼앗습니다. 개별적으로 생각하는 것보다 모여서 함께 생각하는 것이 더 낫다고 믿는 사람들도 많은데, 아이디어를 찾아야 하는 경우라면 그런 회의는 득보다 실이 큽니다. 회의라는 방식으로 아이디어를 찾아가는 까닭은 (혼자서는 해볼 수 없는) 다양한 각도의 생각을 각자 발전시켜보고 모여서 그 가능성을 함께 따져보기 위해서입니다. 모여서 생각을 하는 게 아니라 생각들이 모여야 하는 겁니다. 생각할 시간을 충분히 주고 나서 만나야 합니다. 회의하느라 생각할 시간이 줄어든다면 회의를 위한 회의가 될 수밖에 없습니다.

3. 자료보다 의견

과거 미국의 컴퓨터기업 IBM의 CEO 루이스 거스너라는 사람은 부임 초기에 현란한 프레젠테이션과 그것을 넋 놓고 바라보고 있는 참석자를 '오페라의 관중'이라 비판하며 회의실의 프로젝터를 치우도록 지시했다고 합니다. 회의 시간에 자료의 발표를 배제함으로써 불필요한 시간을 단축하고 참석자 간의 자유로운 의견 교환을 유도하여 회의의 질을 높인 사례라 할 수 있습니다. 자료는 의견의 근거가 되기 때문에 회의 시간에 자주 등장할 수밖에 없지만, 자료가 의견의 유통보다 중요해지는 회의는 문제가 있습니다. 자료는 회의 전에 각자의 '생각의 각도'로 충분히 검토하고 숙지한 상태여야 합니다. 회의 시간은 자료를 검토하는 시간이 아니라 생각들이 오가는 자리입니다.

4. 회의민주주의

회의 주재자는 어떠한 수준의 의견에 대해서도 평등한 시선을 가지고 있어야 합니다. 그리고 회의에 참석한 사람들이 주재자의 그러한 관점을 느낄 수 있어야 합니다. 회의 주재자는 모든 참석자들이 편하게 의견을 제시할 수 있는 분위기를 조성해주어야 합니다. 어떤 참석자의 발언이 지나치게 길거나 잦은 경우 적절하게 통제할 줄도 알아야 합니다. 소수에 의해 회의가 끌려가면 또 다른 가능성을 검토할 기회를 놓칠 수 있기 때문입니다. 물론 의사결정자의 관점에서 의견들의 경중을 따져야 하는 순간도 있을 테고 여러 의견들 중에도 특히 진전시킬 가치가 있는 생각이 있을 수 있습니다. 하지만 그럴 때도 전체 참석자가 공동의 의견으로 함께 검토할 수 있도록 유도할 줄 알아야 합니다.

회의 주재자가 가장 많이 떠든다거나, 참석자들을 가르치고 훈계한다거나, 참석자 간의 이견에 직접 개입하여 특정 의견을 옹호하거나 반박하는 식의 회의는 그 순간에 이미 실패라고 봐야 합니다. 회의는 공동의 목표를 향해 다 함께 해결 방안을 찾아가는 팀플레이입니다. 회의 주재자가 개인플레이를 하는 회의가 잘될 리 없습니다.

생각하는 늑대 타스케

회의 참석자를 위한 팁

회의의 생산성은 그 회의를 주재하는 사람의 역량에 크게 좌우됩니다. 그래서 주재자를 고를 수 있는 입장이 아닌 참석자들에겐 노련한 회의 주재자를 만나는 것이 행운처럼 느껴질 수도 있습니다. 그러나 그렇지 못하다 해서 실망할 필요는 없습니다. 회의 자체의 생산성은 회의 주재자의 영향에서 벗어나기 힘들지만, 회의를 통한 개인의 생산성은 별개의 문제이기 때문입니다.

1. 자기 의견

회의에 참석하기 전에 반드시 자기의 의견을 가지고 있어야 합니다. 어떤 사람들은 현업이 바쁘다는 핑계로 회의 시간이 다 돼서야 수박 겉핥듯 생각하고 회의에 참석하기도 합니다. 말이 생각이지 실은 시늉에 가깝습니다. 아예 아무런 생각도 하지 않다가 회의가 시작되고 나서야 생각을 시작하는 사람들보다야 건전하지만 어쨌든 생각은 회의 전에 충분히 하는 것이 바람직합니다. 굳이 회의의 생산성을 고려하지 않더라도 충분한 생각으로 자신의 의견을 가지고 있어야 '생각의 삼투압'이 이루어질 가능성이 생기기 때문입니다. 타인의 생각이 있어야 내 생각이 섞일 수 있듯 내 의견이 있어야 타인의 생각도 자랄 수 있습니다. 회의 참석자들에게 아무런 생각거리를 던져주지 못하는 것은 아무런 재료도 주지 않고 음식을 만들라는 것과 다르지 않을 뿐 아니라, 자신의 생각이 다른 각도를 만나 조정되고 발전될 기회도 상실하는 것입니다. 자신의 생각이 없는 상태로 참석한 회의에서 자신이 얻을 수 있는 것은 거의 없습니다. 회의는 회의대로 성과를 거둔다 해도 의견 없이 참석한 사람에겐 시간 낭비일 뿐입니다.

2. 입은 짧게, 귀는 길게

회의 시간은 토론 시간이 아닙니다. 회의를 시작하기 전에 이 사실을 다시 한 번 새겨두세요. 회의 시간은 자신의 신념과 의견을 상대방에게 설득하고 관철하는 시간이 아니라 목표 달성 방안, 문제 해결 방안 등 공동의 목적을 달성하기 위해 각자 검토하고 발전시켜온 생각의 성과를 '공유'하는 시간입니다. 회의에 참석하는 모든 사람들의 생각들이 모여 가장 가능성이 높은 아이디어를 골라내기도 하고, 마땅한 것이 없을 땐 서로의 생각을 섞고 버무려 좀 더 가능성 높은 생각으로 발전시키려는 자리인 것입니다. 자신의 의견을 관철하는 데 공을 들이다 보면 타인의 의견이 가진 각도의 차이를 간과하기 쉽습니다. 설득하는 데 초점을 맞추지 말고, 되도록 간명하게 '이해시키는 데' 초점을 맞춰야 합니다.

말하는 것보다는 듣는 편이 더 중요합니다. 자신의 의견에 대한 타인의 반응은 어떤지 차분히 들으며 서로의 공감대와 차이점을 확인하는 것입니다. 자신의 의견에 대한 공감이 즉각적으로 나온다고 좋은 일도 아니고 자신의 의견이 이견들에 부딪힌다고 나쁜 일도 아닙니다. 자신의 의견이 타인들의 각도에 너무 익숙한 나머지 쉽게 공감받을 수도 있고, 반대로 좋은 생각도 익숙하지 않은 각도에서는 얼마든지 이견을 만들 수 있기 때문입니다. 중요한 것은 타인이 어떤 생각의 궤적으로 그런 의견에 도달했는지에 관심을 가지고 그 각도의 차이를 소화해내는 일입니다. 타인의 생각과 보폭을 맞추는 일은 내 생각으로 달리는 것보다 어려운 일입니다. 그러나 통찰력을 기르기 위해 훨씬 가치 있는 일입니다. 타인의 생각과 다른 부분이 있으면 질문을 해보세요. 단, 따지는 건 곤란합니다. 질문의 목적은 언제나 차이를 이해하는 데 있습니다.

3. 메모보다는 메모리
회의 시간에 메모를 하는 것이 반드시 나쁜 것은 아닙니다. 그러나 회의록을 작성해야 하는 경우가 아니라면 메모를 하면서 상대방의 생각을 '단면화'하는 것보다 그 생각을 더 깊이 있게 이해하는 데 시간을 쓰는 것이 좋습니다. 질문을 하면서 그 생각의 궤적을 좇으며, 나의 의견과 생각이 갈라지는 부분을 찾으면 그때 그 지점을 기억해두세요. 그러기 위해 필요하다면 메모를 하셔도 좋습니다. 그렇지 않고 회의의 시작과 함께 당연하다는 듯 메모를 시작하면, 상대방의 생각들이 어느새 글자로 박제될 가능성이 있습니다. 메모를 하느라 자신의 생각을 발전시킬 기회도 잃게 된다는 점에 유의하세요.

생각하는 늑대 타스케

겨울의 시작

나는 원래 겨울을 좋아한다. 난방도 시원찮은 차가운 자취방에서 그다지 두껍지도 않은 이불을 둘둘 말고 억지로 잠을 청해야 했던 대학 시절에도 나는 겨울이 좋았다. 겨울을 좋아한다고 하면 괜히 하얀 눈이 소복이 쌓인 풍경을 떠올리겠지만 그건 아니다. 나는 눈은 싫어한다. 내릴 때의 찬란함이 그토록 구차하게 마무리되는 모양이 특히 싫다. 내가 겨울을 좋아하는 이유는 그냥 춥기 때문이다. 추우면 긴장감이 좀처럼 흐트러지지 않는다. 그래서 나는 새해가 늘 겨울에 시작할 수밖에 없는 달력에 감사한다. 매해 여름마다 그 페이스가 주춤해지긴 하지만, 어쨌든 바람도 매서운 1월에 한 해를 설계할 수 있다는 사실은 그만큼 긴장감 넘치고 집중도 높은 계획을 가능하게 한다는 점에서 무척 다행스러운 일이다.

그런데 올해 겨울의 시작은 어쩐지 달갑지 않다. 그동안의 나의 겨울이 주로 윤

생각하는 늑대 타스케

희로 포장되어 있었던 탓일 테다. 오늘 꺼내 입은 코트도 윤희가 몇 달 동안 따로 모은 돈으로 선물해준 것이다. 이 코트를 처음 입던 날, 주머니에서 윤희가 미리 적어놓은 편지를 발견했을 때의 따스함은 죽어도 잊을 수 없을 것이다. 윤희는 그렇게 내 생활 곳곳에 편지를 숨겨두곤 했다. 버스를 타고 가다 좌석에 앉은 윤희에게 잠깐 맡겼던 가방 속에서, 대형 할인마트에서 윤희가 골라준 레토르트 식품 포장지 속에서, 내가 미처 생각지 못했던 곳곳에서 불쑥불쑥 튀어나와 부드럽게 어깨를 토닥여주던 그 편지들을 이제는 더 이상 만날 수 없을지도 모른다.

지난달까지는 그나마 간간이 주고받던 몇 줄 안 되는 이메일도 이번 달 들어서면서부터는 아예 감감 무소식이다. 답장 없는 메일을 다섯 번 정도 보내다 보니 나중엔 꼭 편지를 쓰는 게 아니라 일기를 쓰는 것만 같았다. 불안한 생각이 들기도 했지만 대답이 있을 때까지는 그런 생각을 하지 않기로 마음먹고 있다. 물론 그런다고 윤희의 메일이 없는 메일함을 들여다보는 일에까지 이력이 생긴 것은 아니다. 아무리 많은 메일이 있어도 윤희의 메일이 없으면 메일함 전체가 텅 빈 것 같다. 그때마다 가슴 한구석이 서늘해진다.

그러나 오늘 아침엔 텅 빈 메일함을 들여다보며 서늘해질 틈이 없었다. 사무실 공기가 이미 너무 차가워져 있었기 때문이다. 이지원 대리의 표정이 웬일인지 얼음장 같아서 사무실 전체를 꽁꽁 얼리고 있었다. 그녀의 얼굴은 평소의 얼굴과도 달랐지만, 며칠 전 정 차장의 생일 파티 때 보았던 표정과는 완전히 딴판이었다. 그렇다고 딱히 몸이 안 좋아 보이는 것도 아니었다. 이 대리는 자신의 몸이 좀 안 좋다고 다른 사람이 한기를 느낄 수 있을 만큼 티를 내는 사람이 아니다. 나는 물론이고 누구 하나 말 한 마디 붙여볼 엄두를 못 내고 있을 만큼 그녀의 표정은 심각했다.

"뭐야, 누가 창문 열어났나?"

타스케 팀장은 사장실에 들렀다가 출근한 관계로 뒤늦게 이 얼음장에 합류했다. 평소 같으면 고등학교 쉬는 시간처럼 시끌벅적한 분위기가 연출되어 있어야 할 사무실이 침묵에 잠겨 날카로운 바람으로 가득 차 있는 것을 보고, 사무실 분위기 따위엔 별로 신경을 쓰지 않는 팀장도 살짝 당황스러워하는 듯했다. 뭔가 가벼운 농담이라도 던지려는 듯하다가 팀장은 이내 입을 다물었다. 성난 것처럼 잔뜩 찌푸린 얼굴로 모니터만 뚫어지게 바라보고 있던 이지원 대리가 갑자기 엎드려 흐느끼기 시작했기 때문이다. 일제히 놀랐다. 놀라는 표정들이 모두 이런 모습 처음 본다는 느낌이었다. 치석이 휘둥그레진 눈으로 우리들을 번갈아 보면서 '왜 이래요?'라는 입 모양을 했다. 타스케가 정준 차장을 슬쩍 쳐다보니 정 차장도 어깨를 끌어올리고 자기도 모르겠단 표정을 지었다.

타스케 팀장은 고개를 파묻고 있는 이 대리를 한동안 말없이 지켜보았다. 이 대리가 어느 정도 진정하길 기다리는 듯했다. 얼마나 지났을까. 이 대리가 휴지를 쑥

쑥 뽑아 붉어진 눈 주변을 정리하기 시작해서야 팀장이 입을 열었다.

"여러분에게 반가운 뉴스가 하나 있어. 좀 이따가 알려주려고 했는데 우리 이 대리가 너무 기쁜 나머지 눈물까지 흘리고 있는 마당에 더 이상 발표를 늦출 수가 없게 돼버렸네."

'반가운 뉴스?' 그래, 무슨 일이 있긴 있다. 이 대리가 어디선가 그 소식을 먼저 듣고 온 것이다. 그런데 왜 울고 있는걸까, 라는 생각이 들 무렵 이 대리가 잔뜩 심술 난 눈으로 타스케 팀장을 흘겨보았다. 팀장은 잠시 머쓱해했으나 이내 이야기를 이어갔다.

"다름이 아니라, 우리 정준 차장이 이번 주로 회사를 그만두게 되었네."

사무실에는 일순 당혹스러움이 어지럽게 펼쳐진 정체불명의 고요가 밀려들었다. 잘못 들은 줄로만 알았다. 팀장의 이야기를 듣고서 다시 고개를 떨어뜨리는 이 대리를 보고 나서야 그 말이 사실이란 걸 알았다.
'그랬구나. 그래서 이 대리가 울었구나.'
정 차장 때문에 팀까지 옮긴 이 대리였기에 그런 반응이 나올 수밖에 없었을 것이다. 나에게도 무언가 복잡한 생각들이 한꺼번에 가슴을 쓸고 지나갔지만 뭐 하나 뚜렷한 것 없이 그저 어리둥절해하고 있을 뿐이었다.

"다음 달 출범하는 신생 광고회사 큐브크리에이티브로 옮기기로 했는데 준비할 게 많다고 서둘러 가야 한다는군. 거기 전략플래닝팀 팀장으로 가는 거니까 모두들 축하해주자고. 그나저나 이 사람 벌써 나와 같은 팀장이 돼버렸구먼그래. 허허허."

나는 봤다. 타스케 팀장은 아무렇지도 않은 듯 웃으며 말했지만, 그의 말 속에는 말로는 다 표현될 수 없는 허전함이 담겨 있었다. 만나고 헤어지는 것에 큰 의미를 두지 않는다는 타스케에게도 정 차장과의 작별의 정은 각별할 수밖에 없을 것이다. '같은 팀장'이란 말에 정 차장이 황급히 손사래를 쳤다.

"아이고 팀장님, 그런 말씀 마세요. 같은 팀장이라뇨. 거기 팀장이 어디 진짜 팀장입니까? 그냥 무늬만 그렇다는 걸 세상이 다 알 텐데요."

정 차장은 갑작스럽게 떠나게 된 점을 미안해했다. 사실은 오래전부터 고민해오다가 최근에야 결론을 내렸다고 했다. 새로 출범하는 작은 회사에서 새로운 각오로 일해보고 싶어졌다는 것이다. 특별히 환송회를 해줄 필요는 없고, 함께할 시간이 아직 일주일이나 남았으니 천천히 작별하자는 말로 이야기를 마무리했다. 그러고는 타스케 팀장에게 눈짓을 살짝 보내더니 이지원 대리를 데리고 밖으로 나갔다. 아마도 이 대리를 진정시킬 수 있는 사람은 정 차장뿐일 테니 그 편이 나았을 것이다. 두 사람이 나가자 타스케 팀장은 아무 일도 없었다는 듯 무심히 책을 꺼내 읽기 시작했다. 그는 정말 평화롭게 책장을 넘겼지만 오늘따라 그의 어깨가 더 좁아 보였다.

어색하긴 해도 사무실 분위기는 조금씩 평온을 찾아가고 있었다. 그런데 이상하게도 잠잠하던 내 마음은 그때부터 일렁이기 시작했다. 정준 차장을 처음 봤을 때, 그러니까 내가 사장으로부터 필립교도의 낙인을 선사받던 날 나의 의견을 정중하면서도 단호하게 비판하던 모습과 갑작스레 팀을 옮겨온 나를 진심으로 반갑게 맞아주던 모습, 프로젝트들이 있을 때마다 내가 놓치는 점을 친절하게 설명해주던 모습들이 어지럽게 얽히기 시작한 것이다.

정 차장은 늑대를 잡겠다고 찾아온 나에게 반드시 필요한 조력자였다. 정 차장이 없었다면 나는 타스케 팀장을 제대로 느낄 수 없었을 것이기 때문이다. 타스케는 누구를 앉혀두고 조곤조곤 가르치는 스타일도 아니고, 그렇다고 업무에 대한 관여가 높은 것도 아니다. 게다가 말까지 적은 편이어서 그가 무엇을 중요하게 생각하고 무엇에 관심이 많은지, 그리고 일은 어떤 식으로 진행하는지 파악하기가 여간 어려운 게 아니다. 돌이켜보면 타스케 팀장이 아이디어를 찾는 데 있어 가장 중요하게 생각하는 것이 통찰력을 가지는 것이고, 자신의 팀이나 함께 일하는 사람들이 그런 통찰력으로 무장할 수 있도록 사고방식 자체의 변화를 추구하는 데 관심이 많다는 사실을 알게 된 것도 결국 정 차장이 있었기 때문에 가능했던 게 아닌가.

정 차장의 이직에 대하여 당사자와 직접 이야기를 나누게 된 건 정 차장이 이지원 대리를 진정시키고 돌아와서도 한참이 지나고 난 후였다. 좀처럼 녹지 않고 한동안 사무실에 깔려 있던 침묵의 얼음판 위에서 미래에 대한 잡다한 생각들로 이리저리 미끄러지고 있던 퇴근시간 무렵이었다. 아까부터 말을 걸고 싶다는 생각만 하고 있다가, 정 차장이 "약속 없으면 저녁이나 같이 먹자"고 해서 마치 기다린 사람처럼 고개를 끄덕였던 것이다.

"그런데 왜 굳이 옮기려고 하시는 건가요?"

일단 멍석이 깔리니 궁금하던 게 지체 없이 입 밖으로 튀어나왔다. 무엇보다 나는 정 차장이 회사를 옮길 결심을 했다는 자체를 이해할 수 없었다. 이런 식으로 표현하고 싶진 않지만, 그는 우리 회사에서 최고의 브레인으로 인정받는 사람 중 하나다. 게다가 사장을 비롯한 모든 임직원들에게 상당한 영향력을 행사할 수 있는 타스케 팀장의 최측근이자 오른팔이고 수제자다. 한마디로 그가 이 회사에 머문다는 것은 성공의 탄탄대로를 전력으로 질주한다는 것과 크게 다르지 않은 것이다. 성공의 크기가 작은 것도 아니다. 그것은 부동의 1위, 업계 최고의 회사에서의 성공이다. 그런데도 그 모든 걸 마다하고 비교도 안 될 만큼 작은 신생회사를 제 발로 찾아가서, 끝내 실패할지도 모를 도전을 처음부터 다시 시작하겠다는 결심이 도대체 어떻게 가능하단 말인가. 엄청난 금액의 연봉을 약속받았다고 해도 쉽게 납득하기 힘든 결정인데 그는 그런 부분의 차이는 거의 없다고 했다.

생각하는 늑대 타스케

"타스케 팀장님께 보답할 때도 됐죠."

"보답요?"

"네, 지난 4년 동안 팀장님께 받기만 했는데 이제 나도 뭔가 갚는 게 있어야죠."

더욱 이해하기 힘든 말이었다. 정말 보답을 해야겠다면 더 가까이 있으려고 해야 하는 것 아닌가. 떠나는 게 보답이라니.

"김 대리에게도 언젠가 문득 이런 생각이 드는 날이 올 거예요."

"팀장님과 지내는 데 무슨 문제라도 있는 건가요? 비켜드려야 팀장님이 편해지신다거나."

그런 경우라도 아니라면 나로서는 이해가 불가한 상황.

"하하하, 그럴 리가요. 할 수만 있다면 팀장님을 함께 모시고 가고 싶은걸요. 오늘은 내가 술 약속이 있어서 그만 일어나야 하는데, 괜찮으면 가기 전에 따로 술 한잔 해요."

정 차장의 이야기를 들을수록 더욱 깊은 미궁 속으로 빠져드는 것만 같았다. 하지만 그 이후로 나는 아무것도 물어볼 수 없었다. 약속이 있다는 정 차장에게 설명의 부담을 주기도 싫었지만, 무엇보다 '보답'이라는 단어에 '연봉'이나 '성공' 따위의 단어가 구차하게 느껴졌기 때문이다. 더구나 그는 나도 당연히 그와 같은 길을 걷게 될 거라고 믿고 있었다. 그렇다면 언젠가 나 역시 타스케 팀장에게 보답하고 싶은 욕구가 생겨 어쩔 수 없이 여기를 떠나게 될 것이란 이야기. 글쎄, 늘대의 실력을 직접 부대껴서 겪어보고 필요한 걸 취함으로써 마침내 늘대를 잡고 말겠다는 생각으로 찾아온 나에게 그런 큰 변화가 가능할까. 백보 양보해도 미지수다.

식사를 마치고 정 차장과 지하철역까지 걸어가기로 했다. 찬바람이 아침하곤 또 달랐다. 나란히 걷고 있는 우리의 입에서는 증기기관차의 연기 같은 입김이 퍼져 나오고 있었다.

"김 대리도 겨울 좋아하죠?"
"네, 좋아합니다."
"그것도 나와 비슷하네요."

'그것도?' 그 말이 귀에 걸려 맴돌았다. 다른 것도 비슷한 게 있었나. 잘 생각나지 않았다. 그렇다면 내가 나와는 너무나 다른 정 차장을 발견하고 있을 동안 정 차장은 자신과 닮은 구석이 많은 나를 발견하고 있었단 말인가? 지하철역에서 헤어지면서 정 차장이 내 어깨에 손을 올렸다. 처음이었다. 하고 싶은 이야기가 있어 보였지만 그는 그냥 미소를 지으며 잠시 토닥이더니 속삭이듯 또다시 알 수 없는

생각하는 늘대 타스케

말을 꺼냈다.

"세상에는 좀 더 많은 늑대가 필요해요."

그러고는 인파 속으로 바삐 걸어 들어갔다. 내 어깨 위에 잠시 머물렀던 정 차장의 온기가 흩어져 날아갈 때쯤, 문득 본격적인 겨울은 아직 시작되지 않았다는 생각이 들었다. 이제 나는 어떠한 통역자의 도움도 없이 늑대의 말을 스스로 해석해야 한다. 정 차장의 컴퓨터가 우리의 테이블에서 치워질 다음 주 월요일, 나에겐 그때부터가 진짜 겨울의 시작이 될 것이다. 여민 옷깃 사이를 비집고 차가운 바람 한 줄기가 덤벼들었다.

14

프로세스 디자인

─

오늘 아침은 엉망진창이었다. 10시를 훌쩍 넘겨 일어났고 너무 요란하게 서두르다 지갑까지 집에 두고 나왔다. 그 사실도 지하철역에 도착해서야 깨달았다. 주머니에 지하철을 탈 수 있을 만큼의 잔돈푼이 꼬깃하게 남겨져 있었기에 망정이지 하마터면 꼼짝없이 집으로 되돌아가야 할 뻔했다. 내 인생 첫 번째 지각. 이미 그 사실에 짜증이 날 대로 나 있던 나는 주머니에서 지폐가 나왔다는 사실이 다행스럽기는커녕 오히려 못마땅해 죽을 지경이었다. 나에게는 귀가와 동시에 주머니에 있는 모든 것을 책상 위 바구니에 꺼내놓는 습관이 있다. 별건 아니지만 그 과정을 거쳐야만 비로소 일과가 온전하게 마무리되는 느낌이 들기 때문에 웬만해서는 어김이 없다. 그런데 주머니에서 꼬깃거리는 지폐가 기어 나온 것이다. 왠지 요즘의 내 모든 일상이 그렇게 구겨져 있는 것만 같았다.

생각하는 늑대 타스케

어제 술을 너무 많이 마신 탓이다. 마시지도 못하는 술을 혼자서 세 병이나 들이켠 것이다. 억지로 잠을 청할 수도 있었을 텐데 나는 기어이 동네 편의점까지 가서 소주를 사왔다. 처음엔 한 병만 사왔다가 순식간에 다 마시고 다시 두 병을 더 사와서 마셨다. 나를 아는 사람이라면 결코 믿지 않을 일이다. 하지만 다시 어젯밤으로 돌아간다 하더라도 나는 소주를 마실 것 같다. 태어나서 처음으로 술 때문에, 그것도 왕창 지각을 해야 했지만 그래도 어제는 술이 없었으면 견디기 힘들 것만 같았기 때문이다.

윤희의 지난 편지들을 꺼내본 것이 화근이었다. 윤희로부터 아무런 이메일을 받지 못한 게 한 달이 넘었다. 답도 없는 메일을 계속 보내고는 있지만 언제 답이 올지 기대하긴 어렵다. 그녀에게 특별히 부담될 만한 내용을 보낸 것도 아닌데 무슨 일이 생긴 것은 아닌지, 아니라면 이젠 정말 나에 대한 감정이 완전히 식은 건지, 어쩌면 정말 그사이에 다른 남자가 생기기나 한 건지, 궁금하고 답답하고 불안한 마음에 얌전히 누워 잠을 청할 수가 없었던 것이다. 그러다 그녀에게 받은 편지들에 손이 가고 말았다. 원치 않는 이별을 겪은 사람에게 지나간 편지는 독毒과도 같다. 그것들은 시간을 구체적으로 되돌렸다. 평소에는 잘 생각나지도 않던 기억들까지 흔들어 깨워 혈관 속에서 스멀스멀 기어 다니게 했다. 받았을 때와 변함없는 편지들일 뿐인데 상황이 달라진 후에 읽는 편지들은 훨씬 애틋하게 느껴졌다. 내가 그렇게 감상의 바다에서 허우적거리고 있을 때 낯선 기억이 하나 튀어나왔다.

'오빠는 오빠의 삶을 꼼꼼하게 디자인하고 그 디자인에 맞춰 엄격하게 사는 사람인 것 같아. 처음엔 그 모습이 참 멋있어 보였는데 지금은 조금 걱정되기도 해. 내가 오빠의 디자인에 적합한 사람이 못 될까 봐.'

언제 무슨 일 때문에 이런 이야기를 했는지는 잘 기억나지 않는다. 그땐 마냥 좋기만 해서 이 이야기에 담긴 마음을 대수롭지 않게 생각하고 지나쳤던 것 같다. 윤희는 나에게 정말 잘 맞는 여자라고 생각했는데 그것이 어쩌면 윤희가 나에게 맞추기 위해 의도적으로 노력한 결과일 수도 있겠다는 생각이 들었다. 그러다 지쳐서 더 이상 나에게 맞춰주기를 포기한 건지도 모른다.

나에게 맞춰주길 바랐던 것은 아닌데, 만약 그렇게 생각해왔던 거라면 그것은 오해일 뿐이고 우리는 아무렇지도 않게 다시 시작할 수도 있을 거란 생각이 파도처럼 일렁거렸다. 마음의 파도가 방파제를 넘어서 나는 그만 그녀에게 전화를 걸고 싶어졌다. 윤희와 이야기를 나누면 뭔가 해결의 실마리를 찾을 수 있을 것 같았다. 한참을 망설이다가 전화를 걸었다. 그리고 잠시 후, 그녀가 전화번호를 바꾼 사실을 알게 되었다.

"오늘은 좀 사람 같구먼."

사무실로 들어서니 막 외출하려던 타스케 팀장이 나를 보며 한 마디 던졌다. 오

생각하는 늑대 타스케

늘이 이 회사에서 마지막 날인 정준 차장은 잔뜩 걱정스러운 표정이었다.

"무슨 일 있었어요? 전화도 안 되던데."

나답지 않은 지각에 모두들 걱정했던 눈치였다. 전화를 했다는 말에 휴대전화를 꺼내보니 배터리가 이미 방전되어 있었다. 없어진 전화번호에 수백 번도 넘게 전화를 걸었던 기억이 희미하게 떠올랐다.

며칠 새 기운을 많이 회복한 이지원 대리가 정준 차장의 송별회를 준비했다. 아무 일 없는 듯 밝은 모습을 보이는 것이 꼭 정 차장이 마음 편하게 떠날 수 있도록 배려하는 것처럼 보였다. 우아한 송별회를 준비했다더니 이 대리는 칵테일바를 예약해두었다. 조금 긴장됐다. 술을 즐기지 않는 나는 칵테일바가 처음이었기 때문이다. 칵테일에 대해 아는 게 없다. 어떤 종류가 있는지도 모르고, 마실 때 지켜야 할 에티켓이라도 따로 있는데 미처 모르고 마시다가 괜히 사람들 앞에서 우스운 꼴이나 당하지 않을까 싶었다. 그런데 막상 칵테일바에 자리를 잡고 앉자 이 대리도 정 차장도 마시는 법 따위엔 관심도 없다는 듯 그냥 기분 내키는 대로 마시는 것 같았다.

"오빠, 달려!"

우아하게 마시고 싶다던 이 대리가 가장 먼저 취했다. 평소 같으면 집이 멀다는 핑계로 벌써 일어섰어야 할 이 대리가 작심하고 온 사람처럼 마시더니 자정이 다 되어가도록 자리를 지키고 있었다. 더 취하면 안 될 것 같아서 치석에게 데려다줄 것을 부탁했다. 그러고 나니 내가 이 팀으로 옮겨왔을 때 가졌던 환영회 때처럼 어느새 정 차장과 나, 둘만의 송별회가 되어 있었다.

"이 대리가 차장님 떠나는 걸 정말 많이 아쉬워하네요."
"잘 부탁합니다, 김 대리."
"아, 제가 뭐……"

갑작스러운 부탁에 괜히 머쓱해졌다.

"아니에요. 김 대리가 잘해줄 것이라 믿기 때문에 내가 떠날 수 있는 거예요. 김 대리가 없었다면 떠나고 싶어도 못 떠났어요. 우리 팀장님도 잘 받쳐주시고, 이 대리하고 치석이도 잘 이끌어주세요."

그럴 수 있을까? 내가 타스케 팀장을 잘 보좌하면서 이 대리와 치석을 이끌 수 있을까? 정 차장만큼? 좀처럼 자신할 수 없는 문제다. 지금으로선 그러고 싶은 생각도 별로 없지만 내가 정 차장처럼 타스케 팀장을 닮을 수 있을지도 모르겠고, 무엇보다 아직 나는 타스케 팀장이 업무를 진행하는 방식, 예컨대 프로세스대로

생각하는 늑대 타스케

착착 진행하는 것이 아니라 생각나는 대로 진행하는 그런 방식에 적응조차 덜 된 상황인 것이다. 게다가 나는 타스케 팀장이 그때그때 내놓는 말의 의도도 제대로 파악하지 못하고 있다.

"전 아직 팀장님을 잘 모르겠어요. 무슨 생각으로 그러는 건지 헷갈리는 경우도 많고 업무 스타일도 감이 안 잡힐 때가 많아요."

내 자조 섞인 말에 정 차장은 예의 그 흐뭇해하는 미소를 보였다.

"업무 프로세스가 일반적이진 않죠?"

마침 정 차장이 시켜준 마티니martini, 칵테일의 한 종류 한 모금이 입안에 있던 참이라 눈을 맞추고 고개만 살짝 끄덕였다.

"그럴 거예요. 나도 처음엔 그게 제일 적응이 안 되더라고요. 하지만 간단해요."

정 차장은 또다시 자신과 비슷한 나를 찾은 듯했다. 그가 칵테일잔을 들어 건배를 청했다. 마티니가 조금 위태로워 보이는 잔에서 혹시라도 넘칠까 봐 조심스럽게 갖다 대는 시늉만 하려 했는데 정 차장의 잔이 거침없이 부딪치고 돌아갔다.

"지금 김 대리가 마시고 있는 마티니는 칵테일의 왕이라 불릴 만큼 대표적인 칵테일이에요. '마티니로 배워서 마티니로 끝난다'는 말이 있을 정도니까요. 특히 영국에서는 마티니 마시는 법을 매우 엄격하게 따졌다고 해요. 드라이 진gin, 토닉워터나 과일주스를 섞어 마시는 독주을 베이스로 베르무트ver-mouth, 포도주와 브랜디를 원료로 만든 리큐어를 섞어 만드는 비교적 간단한 칵테일이지만 만드는 과정이 좀 까다로웠던 거죠. 베르무트의 비율을 정확히 지켜야 하는 것은 물론이고, 얼음을 잔에 채울 때도 절대 녹지 않도록 무조건 전용 글라스에 담아야 한다거나 완성 후에 저을 때도 얼음의 진로를 건드려 얼음을 녹게 만들면 안 된다거나, 하여튼 '마티니스러움'을 지키기 위한 복잡한 과정이 필요했다고 하더라고요."

처음에 예상했던 대로 칵테일은 소주처럼 막 마실 수 있는 게 아닌 느낌이 들었다. 작은 잔인데 왠지 무거운 기분.

"그런데 그런 마티니스러움에 대한 영국 사람들의 규범이 좀 엉뚱한 이유로 깨지게 돼요. 영화 007시리즈 아시죠? 거기에 제임스 본드라는 주인공이 있잖아요. 터프하면서도 완벽한 영국 신사. 영화에서 제임스 본드가 '보드카 마티니. 젓지 말고 흔들어서Vodka martini. Shaken, not stirred'라는 명대사를 남기게 되는데 그 모습에 멋을 느낀 수많은 남성들이 실제로도 그런 식의 마티니를 주문하게 됐다고 해요. 드라이 진이 아닌 러시아 술 보

생각하는 늑대 타스케

드카를 베이스로, 오리지널처럼 조심조심 젓지 않고 오히려 터프하게 흔드는 방식의 '본드 마티니'가 등장하게 된 거죠."

정 차장은 자신의 마티니는 '정준 마티니'라며 한 잔을 마셨다. 뭐가 다른지 물어보려다 말았다. 그보다는 정 차장이 갑작스럽게 칵테일 이야기를 꺼낸 까닭이 더 궁금했다.

"타스케 팀장님에게 프로세스란 마티니를 만들어 마시는 방법과 같아요. 정형화된 방법으로만 만들어 마시면 다른 맛을 알 수 없듯이, 정해진 프로세스로만 일을 하게 되면 다른 사항을 놓칠 가능성이 높아지기 때문이에요. 물론 정해진 프로세스가 일의 효율을 높여주기는 하죠. 단계별로 어떤 일이 필요한지 순차적으로 정렬해놓다 보니 업무에 있어서의 과오를 줄여주는 장점도 분명히 있어요. 하지만 아이디어를 찾는 과정을 정해진 하나의 프로세스에 맞추는 것은 좋지 않아요. 프로세스의 장점이 단점으로 변하거든요."

"단점요?"

"프로세스는 대개 단계별로 해야 할 일들의 형식을 규정하잖아요. 문제는 이것이 그때그때 해야 할 생각의 틀로 작용한다는 거예요. 프로세스대로 일하다 보면 프로세스가 요구하지 않는 다른 생각은 해볼 기회가 없게되는 거죠. 한마디로 프로세스는 일의 과정인 동시에 상상력을 죽이는 과정이 될 수도 있다는 거예요. 우리의 머리는 자판기의 시스템과는 달라서 동전을 넣고 버튼을 누르면 컵이 내려와 쪼르르 커피가 담기는 프로세스처럼 아이디어가 자동으로 튀어나올 수 있는 게 아니잖아요. 그런데도 사람들은 프로세스가 시키는 대로 시장을 분석하고 소비자를 조사하죠. 그러고는 나중에 그 프로세스의 결과만 놓고 아이디어를 짜내려고 해요. 프로세스가 시키는 생각만 했는데 좋은 아이디어가 나올 리 없죠."

송별회 자리라는 기분 탓이었는지는 모르겠지만 왠지 정 차장의 한마디 한마디에 좀 더 각별한 정성이 담기고 있다는 느낌이 들었다.

"김 대리, 프로세스로부터 자유로워지세요. 프로세스대로 생각하지 말고 생각대로 프로세스를 진행하세요. 프로세스는 최대한 단순하게 만들고 그 안에 담기는 생각을 최대한 풍부하게 만드는 겁니다."

단순하게 만들려면 어떻게 해야 하는지 물으려다 정 차장의 경우는 어떻게 했는지를 묻는 걸로 바꿨다.

"가령, 우리가 하는 일처럼 아이디어를 찾는 일의 경우라면 궁극적인 목표인 아이디어를 중심으로 프로세스를 단순화할 수 있겠죠. 내 경우엔 아이디어를 찾기 위해 반드시 생각해봐야 할 요소를 정하고 그 요소들에

생각하는 늑대 타스케

대한 생각에만 집중했어요. 내가 생각한 아이디어의 필수요소들에는 '과업의 목표, 목표 달성의 장애물인 문제, 그리고 그 문제를 극복하고 목표에 도달할 수 있는 방법', 이렇게 세 가지가 있죠. 그러니까 나는 아이디어를 찾기 위해 목표를 명확하게 하고, 문제를 찾아서, 해결 방법을 제시하는 것으로 나의 일을 단순하게 만드는 거예요. 그러고는 생각을 풍부하게 하는 거죠. 조사할 단계니까 조사하고 분석할 단계니까 분석하면 생각이 컨베이어 벨트 위로 올라가게 돼요. 조사하고 분석하기 전에 자유롭고 풍부하게 가설을 세워보는 거예요. 관건은 문제를 찾기 위해 무슨 일을 해야 하느냐가 아니라, 문제를 찾기 위해 얼마나 많은 생각을 얼마나 다양하게 해보느냐는 것이니까요."

결국 정 차장의 이야기는 프로세스에 조사라는 항목이 있으니까 무턱대고 조사를 시작하는 게 아니라, 그전에 문제에 대한 생각을 다각적으로 충분히 해보고 나중에 그것을 확인해보는 데 반드시 필요하다면 그때 조사를 할 수도 있다는 말이다. 프로세스 중심의 생각이 아니라 생각 중심의 프로세스. 그동안 우리 팀에 있었던 일들을 떠올려보니 어렴풋하게나마 타스케 팀장의 방식이 이해가 되는 듯했다.

"타스케 팀장님이 일을 하는 원리는 대단히 간단해요. 팀장님은 '더 깊은 생각', '뭔가 다른 생각'을 방해하는 모든 것과 타협하지 말라고 말씀하세

14_프로세스 디자인

요. 그것들이야말로 통찰력에 이르는 데 가장 끔찍한 걸림돌이기 때문이에요. 편견, 상식, 각종 쓸데없는 법칙, 우리가 당연하다고 믿는 고정관념이 그런 것들이죠. 당연하다고 생각하게 되면 더 이상의 생각을 하지 않게 되고, 더 이상 생각하지 않게 되면 다른 생각을 해볼 수 있는 기회를 잃게 되니까요. 프로세스도 마찬가지죠. 제아무리 정교하게 디자인된 프로세스라 하더라도 그 프로세스에서 요구하는 생각만 하게 된다면, 프로세스가 미처 생각지 못한 다른 식의 가능성을 검토해볼 기회가 사라지고 말겠죠. 그렇기 때문에 그 역시 우리의 통찰에는 도움이 되지 못한다는 거예요."

'디자인된 프로세스'라는 말이 귀에 걸렸다. 어제 읽었던 윤희의 편지가 떠올랐다. 정 차장도 왠지 나에게 '당신은 디자인된 프로세스대로만 생각하려는 사람'이라고 말하는 것 같았다.

"아차, 이거 내일부터 적이 될 사람에게 너무 많은 이야기를 하고 있었네요. 하하하."

그렇구나. 내일부터는 정 차장의 소탈한 웃음소리를 들을 수 없을 뿐만 아니라 이제 경쟁의 장에서 경쟁 상대로 만나야 할지도 모른다. 이길 수 있겠는가. 지금으로선 비관적인 정도를 넘어 절망적이라는 생각이 들었다. 그는 무엇 하나 나보다

생각하는 늑대 타스케

모자람이 없다. 마케팅 지식의 수준은 말할 것도 없거니와 타스케와의 생활로 얻었다는 통찰력도 나와는 비교가 안 된다. 물론 통찰이라는 게 점수를 매기고 높낮이를 잴 수 있는 게 아니라지만 그의 풍부한 경험과 거기서 축적된 생각의 질 자체가 이미 나와는 수준이 다른 것이다.

정준 마티니. 문득 정 차장의 마티니를 마셔보고 싶어졌다. 마셔보면 알겠는가, 마티니를 모르는데. '김지학 마티니'가 요원하다. 그러나 어쩐지 물러서고 싶지는 않다는 마음이 술기운처럼 확 올라왔다. 남은 잔을 비우며 생각했다.
'언젠가는!'

새벽 두 시가 넘어서야 우리의 자리도 마감되었다. 이틀 연속 술인데 정신은 맑았다. 밖에서는 어제부터 쌓인 술기운을 한꺼번에 날려 보내려는 듯 바람이 거셌다. 지갑을 두고 왔다는 사실을 기억하고 있던 정 차장이 택시비를 건네지 않았다면 아침보다 더 큰 낭패를 볼 뻔했다. 지하철이 끊겼으리라는 것은 까맣게 잊고 있었던 것이다. 정 차장은 나중에 경쟁에서 자신을 이기는 것이 택시비를 갚는 것이라면서 악수를 청했다. 그의 손은 처음 악수를 나누었을 때처럼 따스하기만 했다.

집으로 돌아와서는 여느 때처럼 바지 주머니부터 정리했다. 주머니엔 택시에서 받은 거스름돈뿐이었다. 책상 위에 놓인 바구니로 던져 넣으려다가 도로 주머니 속에 집어넣었다. 오늘은 그냥 그러고 싶었다.

14_프로세스 디자인

프로세스에
연연하지 않습니다

프로세스가 만드는 생각

몇 해 전 어느 대기업의 교육 담당자로부터 '기획력 향상'이라는 주제로 강의 요청을 받은 적 있습니다. 그러면서 그는 교육의 성과가 최대한 실무에 반영될 수 있도록 '기획 프로세스' 형태로 다루어달라는 요청도 덧붙였습니다. 덕분에 그 요청을 정중하게 거절해야만 했습니다. 그들이 교육의 성과대로 프로세스에 따라 기획하게 된다면 기획 업무는 착착 진행하게 될지는 몰라도, 본질적 문제 해결 능력으로서의 기획력은 그다지 향상되기 어렵다고 생각했기 때문입니다.

고도로 체계화된 조직일수록 주어진 목표를 달성하기 위한 과정, 즉 업무프로세스가 잘 정비되어 있습니다. 뿐만 아니라 조직원들이 그 업무프로세스를 잘 준수할 수 있도록 교육과 학습에 아낌없는 투자를 하기도 합니다. 그만큼 체계화된 프로세스가 비용의 낭비를 줄이고 생산성을 향상시키는 데 중요한 역할을 하는 것도 사실입니다. 그러나 아무리 업무프로세스가 중요하다 해도 생각까지 그 프로세스를 따라가는 것은 권장할 만하지 못합니다. 업무프로세스가 제시하고 있는 '해야 할 일들'의 형식이 그 안에 담겨야 할 생각의 내용을 어떤 식으로든 제한할 수 있기 때문입니다. 다시 말해서 '해야 할

생각하는 늑대 타스케

일들'에 부합하도록 '해야 할 생각'이 결정된다는 것입니다.

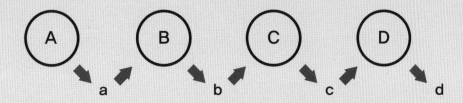

예컨대, A-B-C-D의 단계를 거쳐 d라는 목표를 달성하는 프로세스가 있다고 합시다. 프로세스는 d라는 성과를 도출하기 위해 A, B, C, D 각 단계마다 해야 할 일들을 규정합니다. 실행자는 A단계에서 요구하는 작업을 통해 A단계의 성과(a)를 도출하고 그 성과를 바탕으로 B단계의 과업을 수행합니다. 이런 식으로 각 단계를 밟아 d를 도출하게 되는 것입니다. 이 프로세스 자체로는 외형상 아무런 문제도 없습니다. 특히 통조림 같은 공산품이라면 이론의 여지도 없을 것입니다. 하지만 이것이 '생각의 프로세스'라면 사정은 조금 달라집니다.

우리는 d라는 아이디어를 찾기 위해 A단계에서 요구하는 생각을 시작하게 됩니다. A단계의 결론으로 a를 도출하고 나면 그것을 바탕으로 B작업을 시작합니다. 이 과정에 a를 의심할 기회는 많지 않습니다. d를 향해야 하는 우리는 a를 기초로 B를 수행하는 데 집중하게 됩니다. 즉 중요한 것은 d를 도출하는 것이고, a-b-c는 d라는 최종 결론에 논리적으로 종속되어 있기 때문에, 각각을 개별적으로 의심하거나 각각에 대해 새로운 가능성을 모색하기 어려워진다는 것입니다.

그 결과 논리적인 일관성만 갖추면 d는 더 이상 의심의 여지가 없어져버립니다. 이처럼 프로세스대로 생각하면 의심의 기회를 잘 찾을 수 없게 됩니다. 프로세스가 시키

는 생각만 하면 문제가 없으니 새롭고 창조적인 상상력이 움직일 공간도 없어집니다. ▬▬▬
프로세스가 만든 아이디어니 그 프로세스 자체의 문제를 인식하기 어렵고 프로세스 자
체를 파괴하는 혁신적 아이디어는 더더욱 얻기 어려워집니다.

생각하는 늑대 타스케

프로세스를 깨는 생각

선수 번호 272번. 1968년 멕시코 올림픽 육상 높이뛰기 부문에 미국 대표로 출전한 21세의 깡마른 청년은 긴장한 듯 손을 움켜쥐고 자신이 넘어야 할 바Bar를 응시하고 있었습니다. 잠시 후 이 청년이 세계 높이뛰기 역사에 새로운 이정표를 세우게 되리라고 기대하는 사람은 아무도 없었습니다. 그는 2m 24cm라는 기록으로 금메달을 획득합니다. 사람들이 환호한 것은 그가 세운 기록 때문이 아니었습니다(그의 기록은 당시 세계기록에는 못 미치는 기록이었습니다). 그가 선보인 새로운 기술 때문이었습니다. 그는 종전까지 주류를 이루던 기술들, 즉 정면에서 다리를 차례로 차올려 바를 넘는 정면도약scissors jump이나 배 쪽으로 바를 넘는 복면도약Belly Roll Jump 대신, 세계 최초로 가

정면도약 scissors jump

포스베리 플롭 Fosbury Flop

14_프로세스 디자인

습을 하늘 쪽으로 향하는 배면도약 방식으로 바를 넘은 것입니다. 그 어린 청년의 이름은 딕 포스베리Dick Fosbury, 그가 처음으로 선보인 배면도약 기술에는 선수의 이름을 딴 '포스베리 플롭Fosbury Flop'이라는 새로운 이름이 붙여졌습니다.

이 이야기는 기존의 고정관념을 의심하고 이에 도전하여 혁신을 이룬 사례로 종종 거론되는 것입니다. 하지만, 전해지는 바에 의하면 딕 포스베리가 처음부터 정면도약이나 복면도약 방식이 가진 '생각의 한계점'에 의문을 품었던 것은 아니라고 합니다. 처음에는 그 역시 별다른 의심 없이 복면도약 방식을 배웠고, 수직도약력이 떨어진다는 약점 때문에 어쩔 수 없이 정면도약 방식으로 전환했다고 합니다. 하지만 수차례의 연습에도 불구하고 엉덩이가 자꾸 바에 걸리게 되자, 그제야 아예 '도약의 프로세스'를 바꿔 도움닫기를 하면서 몸을 틀어 뒤로 젖히면 엉덩이가 편하게 들어올려지면서 낮은 위치의 무게중심으로도 바를 넘을 수 있게 된다는 사실을 알게 된 것이라 합니다. 여기에는 정면도약을 고정관념이라 생각하고 처음부터 다른 방식을 고민한 것 이상의 가치가 있습니다. 그는 기존에 챔피언의 방식으로 통하면서 코치들에 의해 지속적으로 훈련받았던 '도약의 프로세스'에 갇히지 않았습니다. 프로세스 안에 갇혀 그 프로세스가 시키는 대로의 성과에 집중했다면 아마도 포스베리는 정면도약이 가르치는 도움닫기와 다리 뻗기에 계속 도전했을 것이고, 그 안에서 엉덩이를 최대한 올리는 연습을 지속했을 것입니다. 그런 방법으로는 2m 넘기에 번번이 실패했던 그가 국가대표에 선발되기도 어려웠을 것이고, 국가대표가 되어 올림픽에 출전했다 한들 2m 24cm의 기록으로 금메달을 따기도 어려웠을 겁니다. 포스베리의 승리는 프로세스에 대한 승리와 다르지 않습니다. 아무도 의심하지 않았던 도약 프로세스 자체를 의심하고 그것으로부터 과감하게 벗어남으로써 그전에는 미처 알지 못했던 새로운 가능성을 만날 수 있었으며, 그 결과 정면도약이라는 고정관념의 바를 가뿐히 넘어설 수 있었던 것입니다.

프로세스의 순기능을 부정하는 것은 아닙니다. 프로세스는 나름대로의 필요성을 가지고 있습니다. 그러나 아무리 잘 설계된 프로세스라도 완벽하다고 단정지을 수 없다

생각하는 늑대 타스케

는 점을 잊지 말아야 합니다. 기업이 혁신을 추구할 때 가장 먼저 살펴보는 것도 그 기업에 뿌리 내린 문제적 프로세스입니다. 조용한 아침의 나라의 가전업체일 뿐이었던 삼성전자가 오늘날 전 세계 디지털산업의 패권을 놓고 다투는 최강자로 성장할 수 있었던 것도, 1993년 '신경영선언'으로 시작된 대대적인 프로세스 혁신 때문이라는 사실을 우리는 잘 알고 있습니다. 생각을 다루는 프로세스 역시 마찬가지입니다. 프로세스에 함몰되어 프로세스가 요구하는 대로 생각하기 시작하면 프로세스 자체의 문제를 볼 수 없고, 프로세스 밖의 가능성을 잊게 만듭니다. 그러므로 프로세스에 의해 생각을 제한받지 않으려면, 프로세스가 요구하는 대로 생각을 구성하지 말고 생각이 요구하는 대로 프로세스를 재구성할 줄 알아야 합니다. 프로세스가 생각을 지배하기 전에, 생각으로 프로세스를 지배해야 합니다.

14_프로세스 디자인

프로세스를 지배하는 생각의 습관

어떤 형식이든 아이디어를 찾는다면 정해진 프로세스에 따라 시험지 답안 작성하 듯 생각을 전개하지 말고, 그 이전에 다음 네 가지 요소에 관한 생각을 충분히 '그려보 는' 게 좋습니다. 다음의 그림을 기억하십시오.

상황과 목표가 동일하다면 아이디어는 필요하지 않습니다. 아이디어가 필요하다 는 것은 목표와 현재 상황 사이에 괴리gap가 존재한다는 뜻입니다. 그리고 여기서 괴리 는 시간이 지나면 저절로 해결되는 것이 아닙니다. 목표를 달성하는 데 방해가 되는 요

생각하는 늑대 타스케

인, 즉 장애 요인barrier이 존재하고 이는 곧 목표 달성을 위해 해결해야 할 문제라는 의미로 '해결 과제'가 됩니다. 아이디어는 이 해결 과제에 작용하여 상황과 목표 사이의 괴리를 해소하게 만드는 '해결 방안'입니다. 여러분이 아이디어를 구한다는 것은 (어떤 프로세스를 적용하든) 결국 정확한 상황 인식 아래 목표, 해결 과제, 해결 방안 이 세 가지 요소에 대한 답을 구체화하는 것과 크게 다르지 않습니다.

프로세스대로 일을 진행하기 전에 우선 이 세 가지 요소에 대해 충분히 생각해보세요. 아직 어떠한 일도 진행하기 전이기 때문에 생각을 뒷받침해줄 객관적인 자료가 하나도 없을 것이고, 그래서 이 과정이 다소 막연하게 느껴질 수도 있을 겁니다. 그러나 바로 그 점이 이 과정의 핵심입니다. 아무런 자료가 없기 때문에 역으로 어떠한 자료에도 구애받지 않고 자유롭게 생각해볼 수 있다는 점에 주목하십시오. 이 과정은 주로 '가설'로 구조화됩니다. '우리의 목표는 A를 하루에 100개씩 판매하는 것인데, 지금은 겨우 1개씩 팔리고 있어. 그것은 아마도(!) 우리의 타깃 고객인 주부들이 A를 사면 주변에서 나쁜 엄마로 생각할까 봐 우려하는 탓일 거야. 죄의식을 느끼지 않게 만들 수 있는 방법을 찾아야겠어'처럼 생각해보는 겁니다.

현재의 상황을 정확하게 파악하는 것은 매우 중요한 일이지만, 그렇다고 처음부터 지나치게 많은 시간을 상황 파악에 할애할 필요는 없습니다. 정확성은 본격적인 프로세스를 시작하면서 추구하기로 하고, 지금은 그에 앞서 프로젝트의 전체적인 그림을 그린다는 심정으로 접근하면 됩니다. 주어진 목표는 타당한지 의심해보고 어떤 목표를 설정하는 게 적절한지에 대해 생각해봅니다. 무엇보다 해결 과제에 대해 여러 가지 가능성을 풍부하게 검토해보는 것이 중요합니다. 생각해본 가설의 양이 많으면 많을수록 이후의 프로세스가 좀 더 정교해질 수 있습니다. 가설들 사이에 형성된 쟁점을 통해 무엇을 확인해보면 되는지, 어떤 식으로 검증하는 게 좋을지가 분명해지기 때문입니다. 풍부한 가설로 미리 전체적인 그림을 그려보는 습관은 해결 과제와 해결 방안에 관해 다양한 각도의 생각을 유발시키고, 아이디어를 중심으로 프로세스를 재구성할 수 있도록 유도

하기 때문에 '문제 해결'의 본질을 놓치지 않고 프로젝트를 수행할 수 있도록 도와줍니다. 생각을 컨베이어 벨트 위에 올려놓지 말고 생각의 컨베이어 벨트를 만드는 겁니다.

목표

과업이 요구하고 있는 목표를 분명하게 설정합니다.
목표가 명확하지 않으면 모든 것이 방향을 잃습니다.
이 과정에서 유의해야 할 점은 〈목표〉와 〈목표 달성 효과〉를
혼동하지 않는 것입니다.
'병을 치료하는 것'과 '아프지 않게 만드는 것'은 다릅니다.
전자를 목표로 하는 의사는 병의 근본 원인을 추적하지만
후자를 목표로 하면 진통제만 써도 됩니다.
후자는 전자의 목표를 달성했을 때 부가적으로 발생하는
효과입니다. 〈목표 달성 효과〉를 〈목표〉로 삼으면
잘못된 해결 방안이 도출된다는 점에 유의하세요.

해결 과제

상황과 목표 사이에 괴리를 발생시킨 인자들을 생각해보고
목표 달성에 방해가 될 만한 요소들을
자유롭게 상상해보세요. 가설이 많을수록 좋습니다.
부정적인 요소라고 모두 해결 과제가 될 수는 없습니다.
여러 가지 장애 요인이 보인다면 상황과 목표 사이의 괴리에
가장 결정적이고 핵심적인 요인,
즉 '진짜 문제'를 찾아내는 것도 매우 중요한 일입니다.
프로세스 진행 전에 다각도로 생각해두세요.

해결 방안

아이디어 찾는 데 다른 왕도는 없습니다.
습관적 생각을 깨는 생각의 습관부터 기르기!

생각하는 늑대 타스케

15

북 경 반 점

———

열흘쯤 되었을 것이다. 요즘 나는 지하철로 출근하는 길에 일부러 한 정거장 먼저 내리곤 한다. 여느 해보다 일찍 피어 벌써 빌딩 숲 사이사이를 온통 노랗게 물들인 개나리를 보며 천천히 걸어오는 것도 좋지만, 무엇보다 걸음걸이만큼 느린 생각들을 봄바람에 살랑살랑 띄워 보내는 게 참 좋다. 그때 생각의 리듬은 안단테andante에 가깝다. 특별한 생각을 하는 것은 아니다. 업무에 관한 생각을 할 때도 있고 요즘은 곧잘 물고기를 낚아온다는 아버지에 대한 생각을 할 때도 있다. 그리고 아주 가끔은 윤희를 생각한다.

윤희에겐 여전히 아무런 대답도 없다. 어제 문득 생각나 내 근황을 전하긴 했지만 이번에도 답을 기대하진 않는다. 그저 이런 출근길의 산책 같은 안부였을 뿐이다. 아무튼 회사를 옮긴 지 1년이 넘어서야 이런 시간을 알게 되었다는 게 아쉬울

생각하는 늑대 타스케

정도로 행복한 시간들이다.

그러고 보니 정준 차장이 떠난 지도 5개월이 넘었다. 가끔 전화통화로 서로의 안부를 묻고 있다. 전화상의 정 차장은 여전히 겸손함이 진하게 밴 목소리로 말하지만, 예상대로 그는 발군의 실력을 발휘하며 큐브크리에이티브를 업계의 주목을 한 몸에 받는 다크호스로 올려놓는 데 지대한 공헌을 하고 있다. 들은 바에 의하면, 회사 출범 4개월 동안 세 차례의 경쟁프레젠테이션이 있었는데 정 차장의 주도로 세 차례 모두 승리로 이끌었다는 것이다. 우리 회사와의 경쟁은 아직 없어서 정 차장이 예고한 대결은 이루어지지 않았지만 조만간 만나게 될 것 같은 느낌이 강하게 들 만큼 그 회사의 선전이 연일 화제가 되고 있다.

그 외에 크게 달라진 것은 없다. 굳이 달라진 것이 있다면 타스케 팀장과 나의 거리가 이전보다 많이 가까워졌다는 것이다. 사실 가까워졌다는 표현은 부적절한 것 같다. 타스케 팀장이 나를 비롯한 팀원들에게 부쩍 친밀하게 대한다는 게 더 정확한 표현이겠다. 말도 조금 많아진 느낌이다. 요즘은 책장 앞에 잘 앉지 않는 것도 달라졌다면 달라진 점이다. 요즘 그는 책보다 햇살을 더 좋아하는 것 같다. 창가에 가만히 앉아서 창밖을 넋 놓고 바라볼 때가 많다. 그럴 땐 얼핏 외로운 늑대가 보인다. 무슨 생각에 빠져 있는 건지 궁금할 때도 있는데 그의 생각은 대개 라르고largo로 흐르는 것 같아서 함부로 끼어들기가 어렵다.

하는 업무의 변화는 전혀 없다. 프로젝트가 들어오면 함께 모여 회의를 하고 정리된 방향을 설명하고 그 아이디어가 통과할 경우 종종 기획서를 써주기도 하고 발표를 해주기도 한다. 타스케 팀장은 프레젠테이션을 하지 않기 때문에 나와 이 대리가 번갈아 가면서 하곤 하는데, 덕분에 우리의 발표 실력도 그동안 꽤 향상된 것 같다. 또 예상했던 것과는 달리 타스케 팀장에게 적응하는 데도 큰 어려움이 따르진 않았다. 힌트만 던지고 생각은 우리 스스로 풀어가게 만드는 팀장의 스타일은 여전하지만, 그전에 경험했던 사례와 비슷한 일들이 자주 반복되는 데다 팀장의 힌트도 상당히 쉬운 편이어서 따라가기가 어렵지 않은 것이다.

'또 저러시네. 도대체 요즘 왜 저러시는 걸까요?'

오전 내내 창밖만 하염없이 내다보고 있는 타스케를 걱정스레 쳐다보더니 이지원 대리가 종이에 이런 메모를 써서 나를 향해 들어 보였다.

'글쎄요, 광합성 중이신가?'

나도 얼른 종이로 대답했다. 꼭 학창 시절에 하던 장난 같다.

"어이 박 박사님, 생각 좀 해보셨나요?"

타스케 팀장이 갑자기 의자를 테이블 방향으로 돌리는 바람에 한창 종이대화에 여념이 없던 우리는 화들짝 놀랐다. 치석을 부르는 걸 보니 회의가 시작될 모양이다. 이번 프로젝트는 사실 은근히 부담되는 프로젝트다. 형식적으로야 담당 기획팀에게 우리의 전략 아이디어만 제공하면 된다지만, 그 아이디어 자체가 중장기 커뮤니케이션 전략안의 기초가 되는 것이기 때문에 그저 가볍게 아이디어만 툭 던져놓을 수 있는 작업이 아니었다.

아이디어를 의뢰해온 팀은 세계적인 전구회사 〈오슬로〉를 담당하는 기획팀이었다. 〈오슬로〉는 '오랜 전구 수명'이라는 확실히 차별화된 강점과 국제적 명성을 바탕으로 국내 시장의 40% 이상을 장악한 1위 기업이다. 하지만 최근 값싼 중국산 전구들이 대량으로 수입되면서 매출과 시장점유율이 동반하락하는 추세를 보이고 있다고 한다. 〈오슬로〉는 중국산 제품의 수입이 줄어들기는커녕 오히려 증가할 것이라 보고 우리 회사에 중장기 대응 방안을 요청했던 것이다. 오늘은 이 건에 대해 우리 팀 내부의 의견을 나누는 첫 번째 자리였다.

타스케 팀장은 프로젝트 의뢰가 들어오면 보통 사나흘의 생각할 시간을 가지고 나서 회의를 진행하는 편이다. 사나흘이라는 시간을 별도로 할애하는 이유는, 예전에 정 차장이 회사를 떠나기 전에 말했던 아이디어의 세가지 요소, 즉 '목표, 문제, 해결 방안'에 대해 충분히 고민해보라는 뜻이다. 각자가 그 생각을 풍부하게 해야만 회의의 밀도가 높아지기 때문일 것이다. 타스케 팀장은 그중에서도 '문제'

의 파악을 특히 중요시하는 경향이 있다.

이유는 간단하다. 무언가를 해결할 방법을 찾기 위해선 무엇보다 먼저 해결해야 할 '문제'가 무엇인지를 분명히 해두어야 하는 것이다. 물이 새는 곳이 어딘지 모르고서 깨진 독에 물을 어떻게 채울 수 있겠는가. 당연한 이야기겠지만, 여러 제품이 다양한 양상으로 경쟁하고 있는 시장에서 매출이나 시장점유율에 갑작스러운 변화가 발생한 이유를 발견하기란 말처럼 쉬운 일만은 아니다. 그래서 실제로 시장에서는 문제를 잘못 진단함으로써 제대로 된 해결책을 찾지 못하는 경우가 허다하다.

그런 면에서 나는 첫 번째 회의 시간을 조금 만만하게 생각하고 있었다. 〈오슬로〉의 문제는 뻔해 보일 정도로 분명하기 때문이다. 그것에 대해선 광고주 스스로도 이미 너무나 잘 알고 있다. 〈오슬로〉도 심각하게 생각하듯이, 〈오슬로〉의 전구 제품들의 판매 추이가 현격하게 떨어지고 있는 까닭은 〈오슬로〉의 제품들 가격의 절반 수준밖에 안 되는 중국산 전구들 때문이다. 다른 원인은 아무리 생각해도 없다. 우리가 공들여 생각해봐야 할 것은 이런 경우에 〈오슬로〉가 취할 수 있는 전략적 선택들이다. 사실 시장 1위가 후발주자의 저가 공세에 대처하는 방법은 이미 다양하게 검토되어 있다. 내가 조심할 것은 책에서 시키는 대로 따라가지 않고 우리나라 소비자의 특성을 고려하여 가장 효과적인 방법을 찾아내는 것이다.

예상했던 대로 회의는 일사천리로 진행되었다. 이지원 대리나 치석도 중국산 저가 전구가 문제라는 사실에는 이견이 없었기 때문에, 우리는 중국산 제품을 극복할 수 있는 '해결 방법'에 집중하여 이견들을 조정해갔다. 타스케 팀장은 그저 묵묵히 듣고만 있었다. 이야기를 들으며 생각에 잠긴 듯 낙서를 하기도 하고 어떤 이야기는 받아 적기도 하고 또 어떤 이야기들엔 고개를 끄덕이기도 했다. 그는 나의 이야기에 대해서도 상당히 수긍하는 듯했다. 나의 의견은, 저가의 중국산 제품이라는 뚜렷한 문제를 해결하기 위해선 중국산보다는 약간 비싸더라도 가격 차이를 상당히 줄인 저가형 전구를 따로 출시해서 시장을 방어하자는 것이었다. 소비자들은 이미 〈오슬로〉의 명성을 알고 있기 때문에 저가형 전구가 출시된다면 〈오슬로〉라는 브랜드의 후광을 받아 중국산 제품을 압도할 수 있으리라고 생각했던 것이다.

하지만 이지원 대리는 나의 '해결 방법'에 회의적이었다. 저가형 모델을 출시하면 오히려 저가형 전구 시장을 키우게 돼서 중장기적으로는 오히려 〈오슬로〉에게 나쁜 결과를 초래할 것 같다는 것이다. 그녀는 카니발라이제이션carnivalization, 원래는 인육을 먹는 식인 습성과 같이 동족을 먹는 습성을 일컫는 말이지만, 마케팅에서는 새롭게 출시된 제품이 자사의 다른 제품의 매출에 해를 입히는, 일종의 자기잠식 현상을 일컫는 말로 쓰인다을 걱정하는 듯했다. 말하자면 저가형 전구가 나와서 중국산을 누르고 잘 팔리면 기존의 고가형 전구는 더욱 안 팔리게 되리라는 것이었다. 저가제품이 잘 팔려도 고가제품이 더 안 팔린다면 〈오슬로〉 입장에서는 수익이 떨어지는 셈이긴 하다. 전구가 그다지 자주 교체하는 제품은 아니기 때문이다. 치석도 이 대리와 비슷한 의견을 냈다. 치석은 '싼 게 비지떡'이라는 우리나라 소비자들의 인식을 활용하여 품질 우위 이미지를 적극적으로 강화하면 역공의 기회가 생길 것이라 했다.

그럴듯하지만 그 방법에는 치석이 미처 생각지 못한 결정적인 오류가 있다. 소비자들이 전구의 품질에 대해서 판단할 기준이 없다는 것이다. 어떤 전구가 더 좋다고 말할 것인가? 더 밝은 것이 더 좋다고 할 수 있는가? 그것을 더 좋은 것이라고 판단한다면 그럼 소비자는 어떻게 더 밝은지 알아낼 수 있는가? 중국산 저가 제품이라고 나올 때부터 어두운 것은 아닐 텐데, 그 점을 어떻게 믿게 할 것인가? 결국 소비자들은 전구에 대해선 그 품질을 감각적으로 따지기 힘든 것이다. 그래서 그나마 따질 수 있는 전구의 수명을 강조했던 것이고, 문제는 그것이 중국산 저가 제품 앞에서는 더 이상 안 통한다는 것 아닌가.

"설령 품질에 차이가 있다 하더라도 눈에 보이는 차이가 심하지 않기 때문에 가격의 차이보다 중요하지 않게 된다는 말이군?"

나의 반론을 듣던 타스케 팀장이 되물었다. 나의 의도를 정확하게 꿰뚫고 있었다. 내 대답을 듣고서 팀장은 한참 동안 얼굴을 테이블에 올려놓고 눈을 깜박거리며 생각에 잠긴 듯했다. 우리는 그가 고민하는 동안에도 계속해서 의견을 나누었다. 정 차장의 표현을 빌리자면 원활한 삼투압 과정이었다. 하지만 이상하게도 이야기는 겉돌기만 했다. 무엇 하나로 정리되거나 좁혀지는 맛이 없고 서로의 의견에 꼬리에 꼬리를 물고 반론이 등장했다. 눈을 굴려가며 가만히 듣고 있던 타스케가 갑자기 일어섰다.

"아이고, 배가 고파서 그러나? 머리가 안 돌아가네."

시곗바늘이 점심시간을 훨씬 지나간 후였다. 언젠가부터 종종 이런 식이다. 회의를 하다 보면 점심시간을 잊어버린다.

"중국산 전구가 자꾸 속을 썩이는데 그런 의미에서 우리 오늘 점심은 중국요리로 하는 게 어떨까?"

북경반점. 회사 뒷골목에 있는, 타스케 팀장이 신입사원일 때부터 단골이었다는 중국요릿집으로 향했다. 그동안 보수공사를 해온 덕에 아주 허름한 정도는 아니지만 그래도 세월의 흔적까지 지울 수는 없었다. 좁은 공간에 자리도 다닥다닥 붙어 있는 게 영락없는 70, 80년대 중국요릿집이었다. 북경반점이라는 이름이 과해 보이는 정도랄까. 주인으로 보이는 노인이 우리 일행을 반겼다. 타스케 팀장을 잘 알기도 하는 듯했지만 그보다 가게 안에 손님이 워낙 없었다.

"오늘은 좀 더 한산하네요."

15_북경반점

타스케 팀장이 자리를 잡아 앉으며 인사말처럼 건넸다. 그런데 노인은 그동안 맺힌 게 많았던 모양이다. 아예 옆자리에 자리를 잡고 앉아서는 걱정거리를 늘어놓기 시작했다.

"쪼오기 조, 조놈들 때문이지. 아니 대체 이 손바닥만 한 동네에서 뭐 나 뉘 먹을 게 있다고 대가리를 쳐들고 비집고 들어와, 들어오긴?"

노인은 흰 수염이 이슬처럼 맺혀 있는 턱을 입구 바깥쪽으로 한참 내밀었다. 내 눈이 나도 모르게 그 턱을 따라갔다. 아, '금문金門'! 노인의 턱 끝에는 몇 달 전 새로 생긴 중국요릿집 간판이 걸려 있었다. 생긴 지 얼마 안 되다 보니 시설은 북경반점이 도저히 상대할 수 없는 수준일 정도로 넓고 깨끗한 집이다. 듣기로는 주방장도 유명 호텔 중식당 출신이라는 것 같았다. 실은 나도 전에 몇 번 가본 적이 있다. 가격은 평범한 다른 중국요릿집에 비해 비싼 편이었지만 그 집은 늘 문전성시를 이루었다.

"오호, 저 집이 문제구면!"

타스케 팀장이 식탁을 탁 쳤다. 타스케답지 않다. 왠지 과장된 동작.

"까짓것 저 집에 불만 질러버리면 되겠네!"

생각하는 늑대 타스케

타스케 팀장은 더욱 과장했다. 마치 기름이라도 퍼붓는 듯한 시늉을 했다. 그런 타스케를 보고 노인이 주방 안으로 들어가면서 너털웃음을 지었다.

"허허허. 말이 그렇다는 거지, 뭐. 이러다가 딱 굶어 죽게 생겼다니까."

노인은 주인이자 지배인이자 주방장인 듯했다. 노인이 주방으로 들어가자 홀에는 딱 우리 일행만 남았다. 어딘지 안쓰러운 느낌이었다. 노인을 물끄러미 바라보던 타스케 팀장이 눈을 입구 쪽으로 다시 돌렸다.

"저 금문만 없어지면 중국요리 먹고 싶은 손님들은 다시 북경반점을 찾긴 찾을 거야, 그렇지? 근데 또 다른 집이 생기면 그땐 어떻게 하지? 그 집도 불 질러야 하나?"

팀장은 혼잣말처럼 중얼거렸다. 글쎄, 금문을 없애는 건 문제 자체를 없애는 것이라 그럴듯하기도 하지만 왠지 본질적인 해결책 같지는 않다. 타스케 팀장 말대로 그 자리에 '은문銀門'이라는 중국집이라도 새로 들어서면 또다시 손님을 빼앗길 것 같기 때문이다.

"자, 짜장면 대령이오."
"나는 자장면이 더 좋은데."

치석의 실없는 소리. 노인은 아예 자기 몫의 짜장면까지 함께 가져와서 자리를 잡고 앉았다. 타스케 팀장이 아무 말 없이 옆으로 살짝 비켜 자리를 내주는 모양새가 썩 익숙해 보였다. 노인은 짜장을 한 손으로 술술 비비며 말했다.

"쯔쯔, 이 젊은 양반 모르는 소리 하고 계시네. 짜장면이 훨씬 좋은 거야. 자장면엔 짜장이 안 들어가거든."

그의 목소리엔 30년 넘게 짜장면을 만들어온 장인匠人의 능청이 깔려 있었다.

식사를 마치고 일어서는데 타스케 팀장은 노인과 바둑 한 판 두고 들어가겠다면서 우리를 먼저 보냈다. 한참 안쓰럽게 지켜보더니 마음이 짠했나 보다. 우리 셋도 공원에 들러 잠시 걷기로 했다. 이대로 사무실로 들어간다 해도 분명 몰려오는 춘곤증이 우리를 맘껏 희롱하리라. '북경반점'이라고 쓰인 낡은 천이 봄바람에 깃발처럼 펄럭거렸다.

생각하는 늑대 타스케

16

가물에 마른 땅

오늘은 출근길 산책을 생략하고 곧바로 회사로 향했다. 어제 풀리지 않았던 숙제가 남은 느낌인 데다 지하철을 타고 오며 생각한 것들을 얼른 정리하고 싶었기 때문이다. 평소에도 다른 사람들보다 출근시간이 많이 이른 편인데 산책까지 걸렀더니 회사 전체가 한적한 기분이었다. 아직 아무도 출근하지 않았으려니 생각했는데 복도로 들어서자 우리 사무실 쪽에서 음악이 흘러나오고 있었다. 베토벤 바이올린 협주곡이었다. 내가 아는 몇 안 되는 클래식 곡 중에 하나다. 1악장만으로도 20분이 넘어서 바이올린 소리에 잡다한 생각을 올려놓기 좋은 곡이다.

타스케 팀장이었다. 그는 오늘도 창가에 앉아 멀리 아침햇살이 조잘대고 있는 강을 멀거니 바라보고 있는 듯했다. 눈은 뜨고 있었지만 아주 깊은 잠에 빠진 것처럼, 내가 인사를 건네고 자리에 앉아 컴퓨터를 켠 다음 다시 커피를 한 잔 타올

생각하는 늑대 타스케

때까지도 나의 존재를 전혀 알아채지 못했다. 무슨 말 못할 고민이라도 있는 것인지, 전에는 좀처럼 보기 힘들었던 모습들에 알 수 없는 병이라도 전염된 듯 마음이 무거워졌다.

"이 곡, 좋아하시나 봐요?"

비로소 내 쪽으로 고개를 돌린 타스케가 나에게 되물었다.

"김 대리도 좋아하는 곡인가?"
"아, 네…… 그냥 조금. 워낙 아는 곡이 몇 곡 없습니다."

타스케는 자기도 그렇다고 했다.

"알려진 바로는 베토벤의 유일한 바이올린 협주곡이지. 그가 서른여섯 때인가 그의 인생 중 가장 행복했던 시기에 작곡한 곡이래. 그래서 그런지 베토벤의 곡에서 쉽게 찾을 수 있는 고뇌의 그림자가 잘 안 느껴지는 것 같아. 그렇지?"
"아, 네. 그런 거 같네요."

개인적으로는 뭔가 웅장하다거나 선율이 아름답다거나 그런 감상만 가져봤을 뿐이라 정말로 그런지는 솔직히 잘 모르겠지만, 그래도 왠지 타스케의 감상에 동조하고 싶은 기분이었다.

"혹시 좋아하는 바이올린 연주자도 있나?"

"아는 연주자가 별로 없어서요. 그냥 야사 하이페츠Jascha Heifetz를 좋아합니다."

"아, 하이페츠…… 하이페츠도 정말 좋지. 생전에 당대 최고라는 칭송을 들었던 천재 바이올리니스트라고 하지? 하이페츠도 좋지만, 나는 그 사람보다는 그를 향한 환호에 눌려 만년 2인자 자리에 만족해야 했다는 다비드 오이스트라흐David Oistrakh를 더 좋아하는 편이야. 바이올린을 누가 더 잘 연주하는 건지 구별할 만한 귀를 가진 건 아니고 그냥 다비드 오이스트라흐의 연주가 왠지 좀 더 따뜻한 느낌이랄까? 친절하면서도 인간미 넘치는 느낌."

이름은 어디서 들어본 적이 있는 것 같은데 그의 연주까지 찾아서 들어본 적은 없다.

"아, 그럼 지금 저 연주도 그 사람이 하는 건가요?"

"맞아. 나는 특히 지금 저 카덴차cadenza 부분을 참 좋아해."

"카덴차요?"

"응. 협주곡에서 독주악기와 협연하던 관현악이 멈추고 독주악기 연주자가 자기 마음대로 연주할 수 있게 해둔 부분이지. 예전에는 작곡가가 그 부분을 표시만 해두고 연주자가 정말로 마음대로 연주하곤 했다는데 요즘은 작곡가가 그 부분까지 작곡을 하는 경우가 더 많다더군. 어쨌든 관현악 없이 무반주로 독주자 혼자 연주하는 부분으로 생각하면 될 거야. 잘 들어보면 바이올린 소리밖에 안 들리지?"

"아, 그렇군요."

"독주 연주자가 자신의 기량을 마음껏 뽐낼 수 있는 부분이라 많은 연주자들이 이 부분에서는 되도록 화려하게 자신의 기교를 자랑하려고 하지. 그런데 잘은 모르지만 다비드 오이스트라흐는 좀 다른 것 같아. 뭐랄까, 기교보다는 감정에 더 초점을 맞춘 것 같다고 해야 하나? 결과적으로는 기교를 죽이고 음악을 살려놓은 느낌 같은 거지."

어제 유보된 회의가 다시 시작된 것은 잠시 다녀올 곳이 있다던 타스케 팀장이 자리로 돌아온 11시경이었다. 그러나 다시 시작되었을 뿐 새로운 의견은 없었다. 우리는 어제 회의가 유보되었던 바로 그 지점으로 돌아가서 어제에 이은 공전을 거듭할 뿐이었다. 딱히 새로운 아이디어가 없었던 것은 나도 마찬가지였다. 깨어 있는 시간을 모두 생각으로 소비했지만 정작 〈오슬로〉에 관한 생각에 집중하지 못한 탓이 컸을 것이다.

사실은 나는 〈오슬로〉보다 북경반점이 더 마음에 걸렸다. 타스케가 아무런 이유도 없이 갑자기 우리를 북경반점으로 데리고 갔을 것 같지 않았기 때문이다. 그는 중국산 전구 때문에 고민이니 중국요리나 먹자고 했지만 그런 우스꽝스러운 이유를 진지하게 받아들일 사람은 아무도 없었다. 게다가 평소에 보여주지 않던 과장된 억양과 태도는 그에게 말한 것과는 다른 의도가 숨어 있음을 충분히 느끼게 하는 것이었다.

나는 타스케 팀장이 헛되이 쳇바퀴만 돌리고 있던 〈오슬로〉 문제에 힌트를 주기 위해 일부러 북경반점을 선택했을 것으로 봤다. 다시 말해, 〈오슬로〉와 북경반점 사이에는 어떤 공통점이 존재하는 것이다. 단편적으로 생각하면 고객이 감소하는 추세라는 사실이 유사하고 그 이유로 지금까지 없었던 강력한 경쟁자가 출현했다는 점 역시 유사하다. 그러나 거기까지였다. 공통점은 명확하지만 그 안에서 타스케 팀장이 우리에게 주려던 힌트가 무엇인지 잡아내기는 쉽지 않았다. 나의 추리마저도 헛되이 쳇바퀴만 돌렸다.

"가령 말이야, 우리가 농사꾼인데 가뭄이 들어 땅이 말라버렸다고 해보
자고."

어제처럼 잠잠히 듣고만 있던 타스케 팀장이 우리들의 침묵이 길어지자 그 사이를 비집고 들어섰다. 자신의 생각을 전달할 때 그의 표정은 금방 친절해진다. 아침

생각하는 늑대 타스케

에 본 멀뚱한 얼굴이 아니었다. 그의 목소리는 차분했지만 생기가 넘쳤다. 오이스트라흐의 협주곡 연주 같다.

"모두 마을회관에 모여 앉아 하늘만 탓하고 있을 수는 없겠지. 박 박사님
생각엔 우리는 어떻게 해야 할까?"
"어떻게든 물을 대야죠. 어디서 끌어오든지요."

치석이 초등학교 때 반장처럼 대답했다.

"그러지 말고, 물기가 많은 다른 흙으로 갈아엎으면 안 될까?"
"그 와중에 농작물 다 죽어요."

이지원 대리의 목소리가 좀 퉁명스러웠다. 타스케는 물러서지 않았다.

"그러니까, 만약에 그렇게 해도 농작물이 죽지 않는다면?"
"그래도 안 될 것 같습니다."

이번엔 내 차례.

"왜 그렇지?"

"땅을 갈아엎는다고 문제가 근본적으로 해결되는 건 아니기 때문입니다. 어차피 물이 부족하기 때문에 그 땅 역시 곧 말라버릴 겁니다."

"그렇군."

타스케 팀장이 자리에서 일어나 창가에 섰다. 중천을 향해가는 햇살 덕분에 순간 눈이 부셨다. 얼굴은 잘 안 보였지만 목소리의 표정이 밝았다.

"우리는 왜 아이디어를 내는 것일까? 원하는 바를 이루고 싶기 때문이겠지. 근데 원하는 바가 쉽게 이루어지는 것이라면 굳이 아이디어가 필요하진 않을 거야. 원하는 바, 즉 목표를 이루기 쉽지 않다는 것은 그 안에 뭔가 문제가 있다는 말인데, 우리들은 가끔 이 '문제'라는 것을 너무 쉽게 생각하는 것 같아. 여러분도 알다시피, 문제를 잘못 규정하면 적절한 해결 방안을 찾을 수 없는데도 문제를 찾는 것에 대해선 비교적 술렁술렁 넘어가려는 경향이 있다는 거지. 특히 〈오슬로〉처럼 문제가 뚜렷해 보이는 경우일수록 그런 경향이 더 심해지는 것 같은데, 하지만 문제라는 게 늘 그렇게 눈에 잘 띄는 것은 아니란 점을 생각해봤으면 좋겠어."

타스케가 화이트보드 앞으로 걸어가더니 마커를 들고 무언가를 그리기 시작했다. 화이트보드를 거의 쓰지 않는 그가 굳이 마커를 들 때는 대부분 개념적인 설명이 필요한 경우다. 아무 말 없이 그림에 열중하는 모습이 우리를 더욱 진지하게

생각하는 늑대 타스케

만들었다.

"어떤 일이 생겼어. 이것을 우리 이슈issue라고 해보자. 하나의 이슈는 대개 세 가지 요소로 분해할 수 있지. 〈사실fact〉, 〈문제problem〉, 그리고 〈결과result〉. 가뭄이라는 이슈를 가지고 우리 함께 생각해볼까? 가뭄은 장기간 비가 오지 않는다는 〈사실〉에서 출발해. 그리고 이 사실의 작용에 의해 물이 부족해지는 〈문제〉가 발생하고 말이야. 마지막으로 이 문제 때문에 결국 땅이 마르고 갈라지는 〈결과〉가 나타나게 되지. 이렇게 보면, 땅이 갈라지는 현상을 해결하려면 물이 부족해진 〈문제〉를 무엇보다 먼저 해결해야 함이 명확해지지."

도식을 그리고 나서 타스케 팀장은 우리 쪽을 향해 마치 '어때, 간단하지?' 하고 말하듯이 팔짱을 끼고 뿌듯한 표정을 지었다. 회의 때 메모하는 일이 별로 없는 우리 팀인데 오늘은 하나같이 화이트보드를 보며 도식을 따라 그리고 있었다. 우리에게 생각을 섞을 시간을 주듯 기다리던 타스케가 다시 이야기를 이어갔다.

"이렇게 보면 사실 대단히 쉬운 건데 막상 실제로는 사람들이 〈문제〉를 잘못 짚는 경우가 많아. 물론 땅이 갈라진다고 아예 땅을 갈아엎는 것처럼 〈결과〉를 〈문제〉로 잘못 파악하는 경우까지야 흔하지 않지만 말이야. 그래도 〈사실〉을 〈문제〉로 오인하는 경우는 매우 빈번하게 일어나지. 예

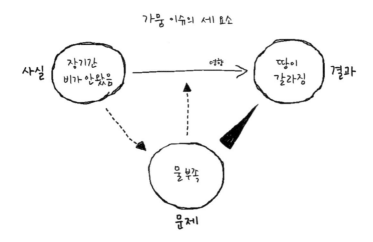

가뭄 이슈의 세 요소

컨대, '장기간 비가 오지 않은 것'은 마치 땅을 갈라지게 만든 원인처럼 보이기 때문에 꼭 〈문제〉처럼 느껴질 수도 있어. 하지만 그것을 〈문제〉라고 규정하면 우리는 그것을 해결하기 위해 '비를 내리게 해야 한다'는 이상한 결론에 도달할 수밖에 없지. 즉 가뭄의 해결 방안으로 기우제가 제시되는 거야. 뭔가 이상하지 않아? 아까도 이야기했지만 '장기간 비가 오지 않은 것'은 이미 일어난 〈사실〉이야. 〈사실〉은 우리가 통제할 수 없는, 이 이슈의 '환경' 같은 요소로 봐야 해. 〈사실〉은 통제할 수 없기 때문에 해결의 대상이 될 수도 없어. 해결할 수 없는 건 그 자체로 이미 〈문제〉가 아니거든. 반면 〈문제〉는 우리가 해결해야 할, 이 이슈의 열쇠 같은 거야. 〈문제〉는 〈사실〉이라는 변수 없이도 〈결과〉를 만들 수 있어. 〈결과〉의 직접적인 원인이니까."

생각하는 늑대 타스케

타스케 팀장은 이야기를 멈추고 물을 따라 마셨다. 이토록 또박또박 길게 이야기를 풀어놓은 게 오랜만이라 그런지, 어느새 그의 목도 가문 듯했다.

"그럼 이제 우리 어제 갔던 북경반점의 문제도 다뤄볼까? 주인장이 손님이 떨어지는 현상의 원인을 '금문의 등장'이라고 생각했던 것 기억들 해?"

그랬다. 북경반점의 주인은 손님이 줄어드는 〈결과〉를 금문이라는 강력한 경쟁 식당이 등장한 〈문제〉 때문이라고 생각했다. 금문 때문에 장사가 안 된다고 믿은 것이다. 하지만 타스케 팀장의 말대로라면 그것은 〈문제〉가 될 수 없다. 금문에 불을 내 없앤다 해도 손님이 줄어드는 현상이 근본적으로 해결될 수 없는 것도 금문의 등장은 그저 〈사실〉일 뿐이기 때문이다. 즉 그것은 우리가 통제할 수 없는 환경적 요인에 불과하다. 〈문제〉는 금문의 등장이라는 환경적 변화에 의해 촉진되어 결과적으로 손님이 줄어드는 현상을 만든 직접적인 원인에서 구해야 하는 것이다.

"그러니까 팀장님 말씀은 금문의 등장은 〈사실〉에 불과하단 거죠?"

이지원 대리가 타스케의 이야기가 시작되기도 전에 답을 했다.

"뿐만 아니라 같은 관점에서 금문이 갖춘 '더욱 훌륭한 인테리어'와 '호텔

16_가물에 마른 땅

조리사 출신 주방장' 역시 〈사실〉의 일부로 봐야겠지."

'그렇겠지.' 팀장의 말에 나도 모르게 고개를 끄덕이고 있었다. 금문의 인테리어나 주방장은 어쨌든 금문의 등장이라는 환경에 종속되어 있는 요소다. 우리가 통제할 수 없는 것은 마찬가지일 테다.

"그럼 북경반점은 이제 어떻게 해야 하나요?"

치석이 타스케 팀장을 바라보며 물었다. 치석의 목소리에 한숨까지 묻어 있는 게 마치 북경반점의 주인장 같았다. 타스케는 '글쎄……' 하는 표정을 지을 뿐 별다른 답을 하진 않았다. 치석의 고민은 북경반점을 위한 해결 방안을 찾는 것이지만 아마도 그것은 타스케의 의도를 벗어난 쟁점일 것이다. 해결 방안을 찾으려면 먼저 〈문제〉를 찾아야 한다. 그러나 현재로선 우리에게 〈문제〉를 특정할 수 있는 생각의 자료가 전혀 없다. 가설에 의존한 논의는 가능하겠지만 북경반점이 본론이 아닌 상황에서 우리들의 논의가 삼천포에서 보내는 시간이 너무 길어지는 것이다. 본론은 〈오슬로〉다. 팀장이 애초에 북경반점의 사례를 들었던 까닭도 〈오슬로〉 프로젝트에서 헤매고 있는 우리에게 〈사실〉과 〈문제〉를 구분하여 접근할 것을 주문하기 위한 것이다. 하지만 치석의 고민을 단박에 잘라내고 싶진 않았다.

"해결 방안은 〈문제〉가 무엇이냐에 달려 있겠죠. 지금 우리에겐 〈문제〉를 추론해볼 수 있는 자료가 전혀 없기 때문에 일반적인 가설도 쉽진 않지만 그냥 개인적인 가설은 있어요."

치석의 이야기를 적당한 선에서 매듭지으려고 꺼낸 이야기인데 치석은 물론이고 타스케 팀장과 이 대리까지 관심을 보였다.

"〈문제〉는 〈사실〉이라는 변수가 없더라도 〈결과〉를 만들 수 있고 〈사실〉에 의해 촉진되어 〈결과〉를 가속화하는 근본적 원인이라는 관점만 가지고 추론해보면, 결국 북경반점의 〈문제〉는 손님에게 '중국요리 먹을 수 있는 곳'이라는 카테고리 자체의 가치 말고는 특별히 금문 대신 북경반점을 선택할 만한 차별화된 매력을 제공하지 못하고 있다는 점이 아닐까 싶어요. 그냥 가까운 곳에 있어서 가는 중국집이라는 사실은 아무 매력도 없는 중국집이란 뜻과 같다고 볼 수 있으니까요. 물론 결과적으로 사람들로 하여금 금문을 더 좋은 중국요릿집으로 느끼게 만든 데는 금문의 강점도 작용했겠지만, 그런 곳과 경쟁할 만한 북경반점의 가치가 없다는 점이 더 근본적인 〈문제〉로 보입니다."
"동의."

이야기가 끝나자마자 타스케가 조금은 건조하고 짧게 내 가설에 한 표를 더했다. 순간적이긴 했지만 건조한 동의가 오히려 내 기분을 더 좋게 만들었다. 덕분에

16_가물에 마른 땅

내가 타스케 팀장과 같은 의견을 냈다는 게 왠지 당연해진 느낌. 이지원 대리도 거들었다.

"금문과 경쟁할 수 있을 만한 북경반점만의 차별화된 가치를 찾아내는 게 관건이란 말씀으로 이해할 수 있겠네요."
"네. 만약 그 가설이 옳다면요. 예컨대 사람들이 금문의 가치를 북경반점의 가치보다 높이 평가하는 이유를 파악해봤더니, 금문의 호텔조리사 출신 주방장이라는 요소가 사람들로 하여금 금문의 요리가 왠지 더 우수할 것 같다는 기대를 가지게 만들 수 있겠죠. 뭐 다른 원인이 있을 수도 있지만. 아무튼 조사 결과 그런 사실이 밝혀지면 북경반점으로선 경쟁력 있는 호텔조리사 출신 주방장을 고용한다거나, 그럴 만한 돈이 없을 경우에는 금문의 호텔조리사 출신 주방장이 심어주는 '맛에 대한 기대'와 경쟁할 수 있는 북경반점만의 가치를 찾아야 하는 거죠."
"동의."

치석이 팀장의 흉내를 내며 내 이야기를 받았다. 같은 단어도 상황에 따라 습도가 달라진다. 분위기도 한결 가벼워져 북경반점에 대한 논의는 그만 마무리해도 좋을 것 같았다.

"가령 호텔조리사 출신 주방장과 경쟁해서는 이길 가능성이 없는 메뉴를

생각하는 늑대 타스케

과감히 없애고 대신 몇 가지 기본 음식에 집중하여 가격을 큰 폭으로 낮춘다거나 '30년 전통 짜장면 전문 중국집'처럼 북경반점의 오랜 역사를 통해 맛에 대한 기대감을 높인다거나, 다양한 방법이 있을 거예요. 요는, 어떤 식의 해결 방안이든 〈문제〉에 대한 정확한 규정 없이는 불가능하니 그 부분의 쟁점부터 명확하게 정리해야겠죠. 그리고 그러기 위해선 가장 먼저 〈사실〉, 〈문제〉, 〈결과〉의 구분이 중요하고요."

"자, 그럼 우리 이제 〈오슬로〉 얘기로 돌아가볼까?"

타스케 팀장이 만족스러운 얼굴로 회의의 차선을 부드럽게 변경했다. 적절한 타이밍.

"제가 한번 해볼게요."

아까부터 타스케 팀장이 그려놓은 그림을 열심히 따라 그려보던 치석이 손을 번쩍 들더니 화이트보드 앞으로 걸어 나갔다. 오늘 치석은 영락없이 초등학교 때 반장 같다.

"그러니까 〈오슬로〉의 매출이 감소하는 현상은 〈결과〉가 되고, 우리가 처음에 〈문제〉라고 생각했던 '중국산 저가 제품의 등장'은 알고 보면 〈사실〉이었던 거예요. 그러면 '무엇이 진짜 〈문제〉인가'라는 숙제가 남는데, 북경반점의 케이스를 참고해볼 때, 음, 제 가설은 '사람들이 〈오슬로〉의 전구로부터 특별한 가치를 느끼지 못한다'쯤 되지 않을까 싶네요."

치석의 씩씩한 모습에 타스케의 얼굴이 마치 서른여섯 베토벤 같았다. 상대의 의견을 듣고 내 의견을 말하고 그러다 주저함 없이 섞고 다 함께 새로운 생각을 탐색하고. 생각과 생각을 삼투압시켜 서로의 생각을 자라게 하는 타스케팀의 방식에 나도 꽤 익숙해졌다. 그런데 치석의 의견을 듣던 이 대리가 의문을 표시했다.

"사람들이 〈오슬로〉 전구로부터 특별한 가치를 못 느낀다고 보기엔 무리가 있는 것 같아요. 북경반점이야 경쟁이 없던 상태에서 경쟁이 이루어지다 보니 그동안 금문에 대항할 가치를 축적하지 못했다는 점을 근본적인 원인으로 생각할 수 있겠지만, 〈오슬로〉는 이미 많은 경쟁자들과의 경쟁에서 압도적인 1위 자리를 차지하고 있었는데 그런 제품의 가치를 사람들이 인정하지 않는다는 건 이해하기 어려워요. 그보다는 어제부터 이상하게 생각한 건데 사람들이 중국산 저가제품을 산다는 행위 속에 실마리가 있는 건 아닐까요?"

모든 제품과 브랜드는 저마다 처한 상황과 환경이 다르고 사람들과 관계를 맺는 양상이 다르다. 그에 따라 〈문제〉의 양상도 달라진다. 실마리에 대해 물어보려 했는데 이 대리의 이야기가 바로 이어졌다.

생각하는 늑대 타스케

"보통 중국산 저가제품이라고 하면 나무젓가락도 꺼려하잖아요. 그런 사람들이 왜 하필 전구에 한해서는 중국산 저가제품인데도 아무 불만 없이 구매하는 것일까요?"

그러고 보니 이상하긴 이상하다. 최근 몇 년 사이에 일부 알려진 중국기업들이 꽤 높은 수준의 성능을 가졌으면서도 상대적으로 낮은 가격의 전자제품들을 공급하고는 있다지만, 정말 일부 제품에 제한된 경우인 데다 그마저도 상당한 인지도의 뒷받침이 있었기 때문에 가능한 일이었다. 그에 비해 전구 제품은 알려진 중국기업의 제품도 아니다.

"좀 더 명확한 이유를 알려면 조사를 해봐야겠지만, 이 대리의 의문을 해결하려면 이런 가설은 어떨까요?"

알듯 말듯 알쏭달쏭하지만 일단 내 생각을 꺼내보기로 했다.

"이를테면 사람들이 전구라는 제품을 그다지 중요하게 생각하지 않는다는 가정을 해보는 거죠. 우리들의 집에는 모두 전구가 있는데, 보통은 자기 집에 있는 전구가 어떤 브랜드인지도 잘 몰라요. 평소에 천장을 쳐다보며 그 집 전구가 어느 회사 제품인지 따지는 사람도 없고요. 한마디로 전구는 우리의 일상적인 관심을 받는 제품이 아니라는 거죠. 관심이 생기게 될 때가 있긴 한데, 전구의 불빛이 어두워지거나 불이 아예 나가버리는 경우 정도? 그나마 전구에 관심이 생겼다고 해도 그 관심은 전구를 갈아 끼우는 것에 있지, '어떤 브랜드의 전구로 갈아 끼울 것이냐' 하는 것은 아니잖아요. 전구를 바꿀 때를 생각해보면 좀 더 명확해져요. 사람들은 자기 집 전기 설비에 적당한 전구의 종류를 따지지, 브랜드를 따지거나 하지 않는 거예요."

이 대리는 고개를 끄덕였지만 치석의 의문은 해결되지 못한 듯했다.

"그런 것 같긴 한데요, 근데 그러면 어떻게 〈오슬로〉가 1위를 할 수 있었을까요?"

알쏭달쏭하던 게 더 알쏭달쏭해졌다. 모두의 머릿속에 생각의 정체 현상. 막막함이 조금 길어지려 하자 그때까지 잠자코 있던 타스케 팀장이 길을 터주었다.

"치석의 의문 역시 우리가 확인해봐야 할 부분이야. 다만 사람들이 지금까지 〈오슬로〉 제품을 많이 샀다고 해서 〈오슬로〉의 제품력에 대해 무한한 신뢰를 가지고 있다고 보긴 힘들다는 점도 고려해줘. 지금까지의 성과를 브랜드 차원의 성과라기보단 영업력의 성과라고 생각할 수도 있고, 소비자들이 전구에 대해 관심은 없지만 그렇다고 나쁜 전구를 고르기는 또 싫어서 그나마 가장 유명한 전구 제품을 선택하다 보니 그 성과가 〈오슬로〉에 집중되었을 수도 있는 거니까. 혹은 사람들이 막연하게나마 〈오슬로〉 전구의 수명이 길다는 점을 알고 있었으나 중국산 제품의 가격이 그런 수명의 차이를 무시할 수 있을 만큼 싸다고 생각했을 수도 있겠지. 어쨌든 이 모든 가능성의 배경에 '전구에 대한 사람들의 무관심'이 존재할 수 있는 거니까 〈오슬로〉의 주요한 〈문제〉로 상정해서 검토해볼 필요는 있어 보여."

타스케 팀장은 우리에게 〈오슬로〉의 진짜 문제에 대한 생각을 좀 더 구체화해볼 것을 주문했다. 그러고 나면 조사를 통해 실제 양상을 검증해볼 것이다. 팀장

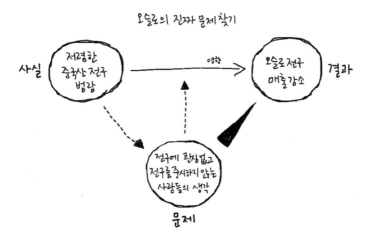

16_가물에 마른 땅

은 점심 약속이 있는지 다음 회의 시간을 잡고 사무실을 떠날 준비로 분주했지만, 우리는 다들 자리를 그대로 앉아 그가 그린 '사실—문제—결과'의 도식을 뚫어지게 바라보고 있었다. 서둘러 나가던 타스케가 잠시 멈추었다.

"우리는 모두 백조의 우아한 자태 아래 무수한 다리 운동이 있다는 걸 잘 알고 있지. 그런데 실제로는 그런 사실을 자주 잊고 지내는 것 같아. 눈에 보이는 현상에는 보이지 않는 원인이 존재할 수 있어. 나는 여러분이 그렇게 눈에 잘 보이지 않는 원인을 집요하게 추구해주길 바라네. 특히 여러분처럼 사람의 행동과 인식을 움직이는 방법을 찾는 사람들은 좀 더 주의 깊게 사실과 문제 그리고 결과를 바라봐야 해. 왜냐하면 인간은 나 같은 늑대와는 달라서 행동의 원인이 대단히 복잡하기 때문이야. 기뻐도 울고 슬퍼도 웃는 게 사람이지 않은가."

생각하는 늑대 타스케

습관적 생각을 깨는
통찰력 있는 사람들의 생각 습관

여섯 번째

진짜 문제를
생각합니다

함께 생각해보는 문제

우리나라 동쪽 끝 부분 어딘가에 A리조트라는 휴양 시설이 있다고 가정해봅시다. A리조트의 최대 강점은 대한민국 최고의 스키 시설을 가지고 있다는 것과 험준하게 펼쳐진 태백산맥의 (우리나라에선 쉽게 보기 어려운) 웅장한 경관입니다. 하지만 A리조트에는 두 가지의 치명적인 약점이 있었습니다. 첫 번째는 서울에서 너무 멀다는 점이고, 두 번째는 스키 시설에 비해 다른 위락 시설이 턱없이 부족했다는 점인데, 수도권의 여름방학 가족여행객을 겨냥, 몇 해 전 워터파크와 부대시설 등을 설치하면서 시설 면에서는 상당히 개선되었습니다. 그럼에도 불구하고 여름 고객이 아주 약간 늘어났을 뿐, 아직도 겨울철에만 고객이 집중되는 현상이 별로 개선되지 못했고, 사계절 리조트를 지향한다고 말하기엔 턱없이 부족한 성과를 보여주고 있습니다. 사계절 리조트로 성공하기 위해 A리조트가 해결해야 할 문제는 무엇일까요?

숨은 문제 찾기

해결 방안에 대한 통찰(아이디어 발상)에 있어서 가장 중요한 작업은 '무엇이 문제인지'를 정확하게 알아내는 것입니다. 해결해야 할 문제를 잘못 규정하고서 적절한 해결 방안을 찾으려는 것은 우물에서 숭늉 찾으려는 것과 다르지 않기 때문입니다. 너무나 당연한 이야기처럼 들리지만, 실제로 업무가 처리되는 과정을 살펴보면 당연하게 생각되는 것치고는 '문제'를 정확히 알아내는 게 그다지 쉽지만은 않은 게 사실입니다. 그리고 그것은 아이로니컬하게도 '문제'가 너무 뚜렷해 보이기 때문에 발생하는 착오인 경우가 많습니다. 그중에서도 특히 잦은 경우는 '부정적인 상황' 자체를 문제로 오인하는 경우입니다. 아마도 부정적인 양상이 뚜렷할수록 그 자체로 해결해야 할 대상처럼 인식되기 쉬운 까닭일 것입니다. 하지만 엄밀하게 말해서 부정적인 상황은 해결의 대상이 될 수 없습니다. 그것은 해결되는 것이 아니라, '문제'가 해결되면서 그 결과 자연스럽게 해소되거나 개선되는 것입니다. 이렇듯 문제와 부정적인 상황 사이에는 명확한 인과관계가 성립하지만, 그럼에도 불구하고 '무엇이 문제인지' 정확하게 규명해내는 일이 그리 간단한 것만은 아닙니다. 부정적인 상황에 영향을 주는 요인들이 그만큼 복잡하게 얽혀 있는 경우가 많기 때문입니다.

여러 가지 요인들의 복잡한 실타래 속에서 정확하게 '문제'를 가려내기 위해서는 무엇보다 하나의 이슈issue를 바라보는 입체적인 시각이 필요합니다. 하나의 이슈는 문제에서 비롯되어 이미 눈앞에서 벌어지고 있는 현상 그 자체를 의미하는 '결과result'와 그런 결과가 발생할 수 있도록 영향을 끼치는 환경으로서의 '사실fact', 그리고 결과의 직접적 원인인 동시에 해결해야 할 본질적 과제를 의미하는 '문제problem'로 구성되어 있는데, 입체적인 시각은 여기서 결과의 원인이 되는 문제를 사실로부터 잘 분리시킬 수 있도록 도와주기 때문입니다. '사실'과 '문제'는 실제 비즈니스나 기획의 현장에서 가장 빈번하게 혼동되는 요소입니다. '문제'와 마찬가지로, '사실' 또한 '결과'의 발현에 영향을 끼치기 때문에 '결과의 원인'으로 오인되기 쉽고, 그로 인해 '사실'을 '문제'로 착각하기도 쉬워지는 것입니다. 하지만 '사실'은 결과 발현에 영향을 끼치기는 하지만 직접적인 원인이라고 볼 수 없는 것이며, 이미 발생한 통제 불가능한 요소라는 점에서 '문제'가 될 수 없습니다. 통제가 불가능하다는 것은 해결이 불가능하다는 것이고, 해결할 수 없다는 것은 이미 그 자체로 '문제'로 볼 수 없기 때문입니다.

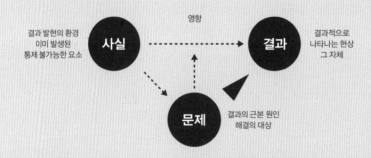

이제 우리 다 같이 A리조트의 문제로 돌아가보겠습니다. A리조트가 사계절 리조트로 성공하기 위한 아이디어를 찾기 위해선 무엇보다 먼저 현재의 상황과 목표 사이에 괴리를 만들어낸 '문제'를 찾아야 합니다. 여러분은 A리조트의 문제를 무엇으로 생각하셨습니까? 일단 두 가지 가능성을 짚어보겠습니다.

생각하는 늑대 타스케

1. 겨울에만 고객이 몰리고, 다른 계절엔 그렇지 못한 것

이것을 문제로 생각하신 분은 거의 없을 듯합니다. 이것은 부정적인 상황 그 자체, 즉 '결과'입니다. 부정적인 상황은 해결해야 할 것이 아니고, 문제가 해결되는 과정에 자연적으로 해소되는 것임을 앞서 살펴보았습니다. 우리가 해결해야 할 '문제'는 항상 결과의 가장 직접적이고 가장 결정적인 원인입니다.

2. 서울에서 지나치게 먼 거리

거리상의 불리함은 분명 고객들이 쉽게 찾아오는 데 방해가 되었을 것이고, 리조트 방문 비율을 떨어뜨리는 데 무시하기 힘든 영향을 끼쳤을 것입니다. 더구나 물놀이 시설 등 리조트 자체의 여름계절용 상품력을 강화했음에도 상황이 별로 개선되지 않은 점을 미루어 생각해보면, 물리적 거리가 우리들이 찾는 '문제'로 꽤 유력해 보이기도 합니다. 하지만 그렇다고 해도 이것은 문제가 될 수 없습니다. 이것은 '사실'에 불과합니다. 일단 통제할 수 있는 요소가 아닙니다. 만약 이것이 문제라면 해결 방안은 A리조트를 서울 가까이로 옮기는 것이 되어야 합니다. 또한 고객의 방문 비율을 떨어뜨리는 직접적이고 결정적인 원인으로 볼 수도 없습니다. 사람들이 제주도를 많이 찾는 이유가 '그곳이 가깝기 때문'이라고 생각할 수는 없는 것입니다.

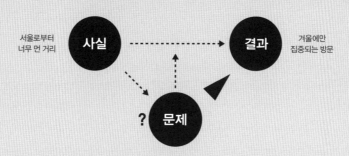

'문제'는 서울로부터 너무 먼 거리임에도 불구하고 겨울철에는 붐비는 이유와, 물놀이 시설을 구비했음에도 불구하고 여름철에조차 한산한 이유 사이의 괴리에 존재합

16_가물에 마른 땅

니다. 이 현상의 직접적인 원인을 눈여겨볼 필요가 있습니다. 그것은 고객들이 'A리조트=스키장'이라는 제한적 인식을 매우 강하게 가지고 있다거나, 스키장 이외의 가치는 전혀 느끼지 못하고 있다는 의미가 됩니다. 여기서 한 발 더 나아가 물놀이 시설의 유무가 전자의 인식에 큰 작용을 하지 못했다는 점과 전자를 후자의 결과적 인식으로 볼 수 있다는 점에서, '고객들이 스키 목적 이외엔 A리조트에서 시간을 보낼 가치를 느끼지 못한다'는 점을 이 과제의 가장 핵심적인 문제로 꼽을 수 있겠습니다. 이것은 단지 시설을 확충함으로써 해결될 수 있는 문제가 아니고, 계절에 상관없이 A리조트에서 시간을 보낸다는 것이 어떤 의미를 가지는지 독자적이면서도 차별화된 가치가 부여되어야 함을 뜻합니다. 제주 올레길이 걷는 것 이상의 가치를 제공하지 못했다면 그렇게 많은 사람들을 모으진 못했을 것입니다. 제주 올레길을 걷는 것엔 서울 시내를 걷는 것과 다른 의미가 있습니다. A리조트에도 그런 의미가 필요한 것입니다.

지난 2012년 새해 초 기획재정부는 새해 업무 계획을 발표하는 자리에서, 한국이 경제 위기 상황에 빠져 있으며 서민들이 고통받지 않도록 위기 관리에 주력하겠다는 내용의 다소 암울한 소식을 전했습니다. 그러면서 위기의 원인으로 당시 유럽의 재정 위기, 원자재가의 상승, 2012년에 치러질 선거 리스크 등 복합적인 리스크를 주요 요인으로 꼽았습니다. 외형상 논리적인 문제가 없어 보이기도 하고, 많은 사람들이 이런 형식의 인과관계 설정에 별다른 오류를 못 느끼는 것도 사실입니다. 하지만 이런 인식은 문제 해결에 전혀 도움이 되지 못합니다. 베스트셀러 『최진기의 글로벌 경제 특강』, 『최진기의 거의 모든 인문학 특강』의 저자이자, 경제와 인문학 분야의 최고 인기강사 중 한 명인 최진기 씨는 어느 경제학 강좌에서 2012년 기획재정부의 문제 인식을 신랄하게 비판하면서, 우리나라의 경제 위기의 원인은 이른바 '복합 리스크' 같은 대외 요인들에 있는 것이 아니라, 가계 부채, 물가 불안, 부동산 거품 등 우리나라의 펀더멘탈Fundamen-tal, 기초적 경제 여건 안에서 찾아야 한다고 주장했습니다. 이를 이슈를 다루는 입체적 관점에서 사실-문제-결과를 분리하여 검토하면, 기획재정부가 문제라고 생각한 각종 대외 변수들은 경제 위기라는 현상에 영향을 끼칠 수 있는 환경으로서 '사실'에 불과하고,

생각하는 늑대 타스케

진짜 문제는 그러한 사실이 결과에 영향을 끼치도록 만드는 내재적 원인에서 찾아야 한다는 것입니다. 경제학적 지식을 갖고 있지 않더라도 최진기 씨의 주장은 꽤 설득력 있게 들립니다. 대외 변수는 우리가 해결할 수 없는 '사실'이지만, 최진기 씨가 문제라고 생각하는 내재적 원인들은 그런 '사실' 없이도 한국의 경제 위기라는 '결과'를 만들 수 있기 때문입니다.

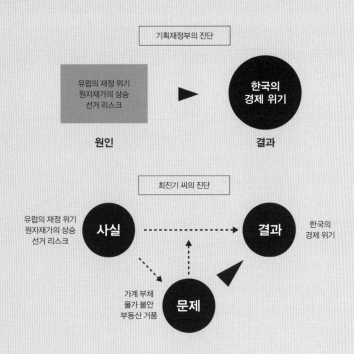

대형마트로 소비자들이 몰리자 전통시장과 골목상권을 보호하기 위해 우리 정부가 내놓은 대응 방안에서도 마찬가지의 오류를 찾을 수 있습니다. 전통시장과 골목상권을 활성화시키기 위해 채택된 아이디어는 '대형마트에 강제휴업일을 지정하여 고객들의 발을 전통시장과 골목상권으로 돌리는 것'이었습니다. 결과는 잘 아시다시피 좋지 못했

16_가물에 마른 땅

습니다. 그 아이디어는 아이디어가 아니었던 겁니다. 한 달에 두어 번 대형마트를 갈 수 없게 된 고객들은 휴무일 전날 몰아서 장을 봐오기 시작했습니다. 눈치채셨겠지만 이것 역시 '사실'을 '문제'로 규정한 오류입니다. 대형마트가 들어선 것은 '사실'에 불과한 것입니다. 그것이 전통시장의 매출에 영향을 끼칠 수는 있지만, 직접적인 인과관계를 형성하지는 않습니다. '문제'는 대형마트가 들어섰다는 사실만으로도 고객들의 발걸음이 줄어들 만큼 전통시장의 경쟁력이 취약했다는 데 있습니다. 다른 대안이 없어서 어쩔 수 없이 다닌 것일 뿐, 사람들에겐 굳이 전통시장을 찾아야 할 이유와 매력이 없었던 것입니다. 모든 전통시장이 잘 안 되는 것도 아닙니다. 서울시 종로에 있는 광장시장을 가보세요. 주차도 불편하고 조금도 쾌적하지 않습니다. 하지만 언제나 발 디딜 틈 없이 사람들로 붐빕니다. 심지어 500m 넘게 떨어진 곳에 차를 세워두고 오는 사람까지 있습니다. 광장시장만의 가치, 광장시장만의 경쟁력 때문입니다.

이렇듯 '사실'은 대개 '결과'에 영향을 끼치는 모습을 하고 있고, 또 부정적인 양상을 띠고 있기 때문에 '문제'와 혼동될 가능성이 높다는 점을 깊이 새겨두시기 바랍니다. 그리하여 어떠한 이슈를 다루든 문제를 파악하기 위한 시각을 차갑게 유지하도록 노력해야 합니다. 만일 여러분이 '매출 감소'와 같은 마케팅적 상황을 다루고 있고, 그래서 마케팅상의 솔루션을 추구하고 있다면 조금 더 조심스럽게 접근해야 합니다. 어차피 마케팅은 제품 간의 싸움이 아닌 인식의 싸움이라 소비자의 인식만 잘 들여다보면 '문제'를 발견할 수 있겠지만, 그 소비자 인식 자체가 대단히 복잡한 양상으로 얽혀 있기 때문에, 고도로 훈련된 통찰력의 뒷받침 없이는 그 속에서 문제를 찾는다는 게 결코 쉽지 않은 일이기 때문입니다.

생각하는 늑대 타스케

17

준비하지 못한 카덴차

—

창밖에는 비가 내리고 있었다. 창가를 적시는 빗물들이 도시를 온통 수채화처럼 물들이고 있었고, 그 수채화 속에선 색색의 우산에 가려져 표정을 알 수 없는 가슴들이 총총걸음을 재촉하고 있었다. 어떤 우산 아래의 가슴은 눈물 짓고 있을 것이고, 어떤 우산 아래의 가슴은 미소 짓고 있을 것이다. 가만히 바라보고 있으니 어느덧 내 마음도 수채화 속을 걷고 있었다. 무표정하던 수채화가 하염없이 애틋해졌다.

"김 대리님!"

아까부터 불렀던 모양이다. 무슨 생각을 하느라고 그리 불러도 몰랐느냐고 치석이 툴툴거렸다. 식사하러 갈 시간을 넘겼던 것이다. 요즘 나는 곧잘 타스케 팀장

17_준비하지 못한 카덴차

이 앉아 있던 자리에 앉아 창밖을 내다보곤 한다. 참 신기한 일이다. 나는 그저 물끄러미 나와 별 상관없는 세상을 바라볼 뿐인데 한참 보고 있다 보면 그 속을 유영하고 있는 자신을 발견하게 되는 것이다. 몰랐던 사실…… 세상이 거울이다.

"팀장님은 어떻게 지내고 계실까요?"

각자 우산을 펼치고 아까 그 수채화 속을 걸어가다가 문득 이지원 대리가 물었다. 글쎄, 어떻게 지내고 있을지 나도 궁금해졌다. 그러고 보니 타스케 팀장이 개인적인 사정을 이유로 갑작스럽게 휴직원을 제출하고 자리를 비운 지도 한 달 가까이 되어간다. 그는 3개월 후에 돌아오겠다는 이야기만 남겼을 뿐 휴직의 사유에 대해선 끝까지 말을 아꼈다. 너무나 갑작스러운 통보였으나 우리는 놀라우리만치 담담하게 그 사실을 받아들였다. 아주 떠나는 것이 아닌 잠깐의 부재이기도 하거니와 그가 휴직원을 내기 한두 달 전부터 풍겨왔던 분위기가 이미 어떤 식으로의 변화든 받아들일 준비를 하게끔 만들었기 때문일 것이다. 그는 어쩐지 말 못할 고민을 떠안고 있는 것처럼 보였고, 언제고 그 고민을 향해 홀로 걸어갈 것만 같았던 것이다. 그래서 우리는 그가 잠시 우리의 곁을 떠나 있어야겠다고 이야기했을 때, 오히려 그가 3개월이란 시간 안에 그토록 무거워 보이는 짐을 다 내려놓을 수 있을지 염려했고, 모쪼록 가벼운 마음으로 우리 앞에 다시 나타나길 간절히 바라게 되었던 것이다.

이 대리가 내 생각의 길을 타스케 쪽으로 한 번 터놓으니 생각은 걷잡을 수 없이 그 쪽을 향해서만 달려갔다. 식사를 하던 중에도 이 대리나 치석의 이야기에 집중하지 못하고, 1년 조금 넘게 쓰여온 나와 타스케의 스토리만이 뱃속을 채우는 듯 했다.

그를 처음 알게 되고 이 팀으로 옮겨왔을 때까지만 해도 타스케 팀장은 내가 극복해야 할 늑대에 불과했다. 그를 이기려면 그가 주로 구사하는 마법을 익혀야 한다고 믿었다. 하지만 그에겐 마법이라고 불릴 만한 특별한 게 없었다. 그는 그저 남들하고는 약간 다른 방식으로 생각할 뿐이었다. 그는 자신의 지식을 과시하지도 않았다. 해박한 지식을 갖추고 있다는 사람들의 평가를 무색하게 만들 정도였다. 그와 수많은 회의에서 의견을 나누었지만 서로 다른 의견을 조정하기 위해 그가 누군가의 지식을 빌리는 모습을 본 적은 단 한 번도 없다. 그는 서로 다른 의견 속에 숨어 있는 '사고방식의 문제'에만 개입했고, 그 부분의 차이를 조정하는 데만 관심을 기울였다. 신기한 것은, 그가 그렇게 단지 손톱만큼 개입했을 뿐인데도 우리는 늘 그전에는 생각지 못했던 색다른, 그러나 매우 설득력 있는 결론에 도달할 수 있었다는 것이다. 그것이 마법이라면 마법이었다.

그런 경험들은 나에게 무시할 수 없을 만큼 영향을 끼쳤다. 그것이 전에 정준 차장이 말했던 '사고방식의 변화'인지는 솔직히 잘 모르겠다. 게다가 설령 그렇다 한들 그것이 얼마만큼의 변화였는지 구체적으로 설명하기도 힘들다. 다만 분명한 것은, 그런 경험들을 통해 내 생각의 렌즈가 좀 더 많은 것을 담아낼 수 있게 변해

17_준비하지 못한 카덴차

왔다는 것이다. 아니, 적어도 내 눈에 보이는 모든 것이 그저 보이는 대로만 존재하는 것은 아니란 점을 깨닫게 되었다.

좀 더 커진 렌즈는 나로 하여금 회사 뒷골목에 있는 꽃집 할머니를 그냥 꽃집 할머니로만 보지 않게 만들었다. 카라꽃을 특별히 좋아하던 죽은 딸 때문에 꽃집을 시작한 아픔을 간직하고 사는 엄마인 동시에, 아직도 소녀 같은 감성을 간직한 어떤 노인네의 아내로 보게끔 만들었다. 이처럼 생각의 렌즈는 내가 지극히 단순하고 반복적인 것으로 생각해왔던 것들 속에 가도 가도 끝이 없는 새로움이 있다는 사실을 보여주었고, 내가 익히 나와는 무관하다고 여겼던 것들 속에 이미 나와 긴밀하게 소통하고 있는 어떤 의미들을 발견하게 해주었다. 생각의 렌즈가 언제나 별다를 것 없었던 하루하루를 새로운 것들로 가득한 우주로 만들어준 것이다. 내 눈에 의해 죽어 있던 모든 것들이 새싹같이 푸릇푸릇해진 것처럼.

하지만 그렇다고 내가 타스케 팀장을 완벽하게 이해하고 있다고 말하기는 어렵다. 그에게는 아직도 쉽게 받아들이기 힘든 부분들이 많이 남아 있는 것이다. 예를 들면, 그는 인간에 관한 문제에 대해서는 지나치게 신중한 모습을 보인다. 인간들이 가지는 인식의 이유, 즉 '왜 그런 생각을 할까'와 같은 문제에 대해서는 생각에 생각을 거듭하면서 결론을 유보하는 경향이 있다. 어떤 때는 답답한 느낌을 피할 수 없다. 조사를 해보면 금방 알 수 있을 것만 같은 문제를 대할 때도 그는 조사 대신 생각에 잠겨 대부분의 시간을 보낸다. 심지어는 조사를 통해 명백하게 밝

생각하는 늑대 타스케

혀진 것들조차도 다시 한 번 생각해보라는 주문을 할 때가 있을 정도다.

이지원 대리와도 이것에 대해 이야기를 나눈 적이 있었는데, 이 대리는 늑대로서의 어쩔 수 없는 한계쯤으로 받아들이는 것 같았다. 늑대이기 때문에 사람에 대해선 그만큼 조심스러울 수밖에 없지 않겠느냐는 것이다. 일리가 있어 보였다. 어쨌든 타스케 팀장 본인이 자신의 이야기도 언제든 틀릴 수 있고 그래서 그의 생각에 대해서도 항상 비판적 시각을 유지하라고 했듯이, 일단은 그 부분에 의심의 여지를 남겨두기로 했다.

"경쟁프레젠테이션이 생겼는데, 식사 끝나면 우리 팀으로 좀 와줄 수 있어?"

이 부장의 전화였다. 오랜만에 들려오는 이 부장의 목소리도 그랬지만 무엇보다 그와 함께 경쟁프레젠테이션에 참여하게 된다는 소식이 무척 반갑게 들렸다. 사실 나를 이 회사로 불러준 것도 이 부장이었고, 회사를 옮긴 지 얼마 지나지도 않아 팀을 옮기게 해달라는 청을 들어준 것도 이 부장이었다. 항상 빚지고 사는 느낌이었는데 이번 프로젝트를 진행하면서 약간이라도 그 짐을 덜 수 있을 것 같았기 때문이었다. 물론 타스케 팀장이 없는 상황이라 경쟁에서의 승리를 장담하기까진 힘들겠지만, 타스케 없이 치러진 최근 경쟁 전적도 괜찮은 편이고 컨디션까지 상승세여서 그런지 왠지 모를 자신감이 붙은 것도 사실이다.

17_준비하지 못한 카덴차

"어서 와. 이거 김 대리, 뭔가 달라진 느낌인데."

뭐가 달라졌느냐고 물으려다가 말았다. 나 자신도 못 느끼고 있고 특별히 변화를 준 것도 없는데 뾰족한 답이 나오랴 싶었다. 그러나 예사롭지만은 않은 인사말이긴 하다. 의미 없어 보이는 인사말이라도 같은 소리를 여러 군데서 듣다 보면 왠지 정말 그런 것 같다는 착각이 생기는 법이다.

"어허, 뭐지? 뭐가 변한 거야? 스타일도 그대로고 몸매도 그대로고, 거참 이상하네. 뭐가 변하긴 분명 변했는데. 왠지 여유 있어 보인단 말이야."

여유라면 아마 프로젝트에 임하는 자신감 탓일 테다.

"그동안의 회포는 천천히 풀기로 하고, 아무튼 프로젝트 얘긴데, 또 〈솟대음료〉야."

〈솟대음료〉라면 이 부장이 현재 담당하고 있는 회사다. 1년 전에 〈오! 수정과〉라는 음료의 경쟁프레젠테이션을 통해 영입한 이후부터 계속해서 맡아오고 있는 회사다. 아시다시피 나에게는 개인적인 사연도 있는 회사이고. 그런데 그 회사에서 이번에 몇 년 전에 의욕적으로 출시했다가 시장에서 고전을 면치 못하고 있는 음료인 〈소나무눈〉을 다시 한 번 살려보겠다며 대대적인 마케팅 계획을 수립하고

생각하는 늑대 타스케

있다고 한다. 워낙 큰 프로젝트라 다양한 아이디어를 받아보길 원했고 결국 경쟁 프레젠테이션까지 시행하게 된 것이다.

우리 회사, 특히 이 부장으로선 다소 서운한 결정이다. 그 회사가 이렇게 한 번 실패했던 음료를 다시 살려보겠다는 의지를 품을 수 있게 된 것도 사실 〈오! 수정 과〉의 놀라운 성공에 힘입은 것 아닌가. 그렇다면 아무리 중요한 프로젝트라 하더 라도 우리 회사에 먼저 단독으로 아이디어를 발표할 기회를 주고 그것이 마땅치 않았을 때 경쟁을 붙여도 괜찮았을 것이다. 하지만 사람 좋은 이 부장은 그냥 그 회사 입장에선 그만큼 중요한 프로젝트인 것으로 이해하고 넘어간 듯했다.

"우리와 경쟁하는 회사는 어디 어디예요?"

섭섭함을 애써 감추려는 듯 담배를 물고 있던 이 부장의 표정이 나의 질문에 어 쩐지 느긋하게 변했다.

"사실, 경쟁이랄 것도 없어. 경쟁자가 한 군데밖에 없거든. 게다가 아주 조그만 회사야. 여러 회사가 참여하고 싶어 했는데 광고주가 다 거절하고 우리 회사랑 그 회사에게만 기회를 준 것 같아. 어쩌면 우리에게 그냥 맡 길 수도 있는데 워낙 큰 프로젝트라 그러긴 어렵고 해서 일종의 요식행위 를 꾸민 것 같기도 해."

17_준비하지 못한 카덴차

"그 조그만 회사가 어딘데요?"

"아, 큐브크리에이티브라고 왜 생긴 지 얼마 안 된 회사 있잖아. 거기래. 요즘 중소 규모 광고주들 사이에선 꽤 화제라더군. 그래도 우리랑 붙어서 되겠어? 체급이 다른데."

소스라치게 놀랐다. 큐브크리에이티브라면 정준 차장이 전략팀장으로 옮겨간 바로 그 회사다. 요즘 업계 최대의 다크호스로 승승장구하고 있다는 사실은 익히 들었지만, 바로 우리 턱밑까지 따라붙었을 거라고는 생각하지 못했다. 정준 차장 의 웃는 얼굴이 떠올랐다. 그가 예고했던 전쟁이 시작된 것이다.

"쉽지만은 않겠네요."

나의 긴장한 목소리에 이 부장은 그새 내가 많이 겸손해졌다고 했지만, 그건 아니었다. 나는 정말로 쉽지 않은 경쟁을 예상하고 있었다. 이 부장이야 정 차장이 그곳으로 옮겨간 사실조차 모를 것이고, 행여 안다고 하더라도 정 차장의 진면목을 모를 테니까 충분히 방심할 여유가 있을 것이다. 그러나 나는 결코 그럴 수 없는 입장이다. 정 차장은 내가 인정한 몇 급수 위의 선수다. 그는 타스케식 전략을 꿰뚫고 있는 사람이다. 내가 타스케 팀장의 의도를 파악하지 못해 헤매고 있을 동안 나를 위해 타스케 팀장의 생각을 해석해주던 사람이다. 그와 경쟁해야 한다는 것은, 타스케 팀장이 자리를 비우고 있는 상태에서 그의 오른팔이자 수제자와 경쟁을 해야 한다는 것을 의미하는 것이다. 게다가 그는 작년에 〈솟대음료〉 사람들 앞에서 우리 측 전략을 발표했던 당사자다. 모든 사람들이 인상 깊게 지켜보았던 그날의 주역이었다. 만약 〈솟대음료〉 측이 〈오! 수정과〉의 성공을 정 차장의 전략 덕분으로 생각하고 있다면 상황은 우리에게 훨씬 불리하게 작용할 것이다. 이 부장은 규모를 통해 우리의 낙승을 예감하고 있지만 광고주는 큐브크리에이티브의 실력을 훨씬 크게 생각할 수 있는 것이다. 긴장되지 않는다면 내가 정상이 아니다.

"왜 그래, 김 대리. 김 대리도 잘나가잖아. 요즘 경쟁프레젠테이션 승률이
엄청나던데 뭘 그래. 다른 사람들도 김 대리가 뛰어나다고 칭송이 자자하
단 말이지. 왜 이렇게 풀 죽은 얼굴이야? 설마 나랑 같이 일하기 싫은 건
아니겠지?"

장난스럽게 나를 흘겨보는 이 부장에게서 프로젝트와 관련된 자료들을 넘겨받고 내 자리로 돌아왔다. 자리에 털썩 주저앉았더니 곧 가슴 깊은 곳으로부터 엷은 한숨이 새어 나왔다. 이 대리와 치석이 동시에 나를 쳐다봤다. 아무 일도 아니라는 듯 손사래를 쳤으나 그렇게 믿기엔 주저앉는 소리가 너무 컸던 모양이다. 치석이 일부러 물을 떠다주고 갔다. 이 부장에게 진 신세를 조금이라도 갚아주고 싶었는데 너무 강한 상대가 앞을 막아선 느낌. 부담감과 긴장감이 풀 수 없는 매듭처럼 엉켜 머리를 조였다. 그때 CD 하나가 내 눈에 들어왔다. 타스케 팀장이 자리를

비우면서 나에게 빌려주고 간 오이스트라흐의 베토벤 바이올린 협주곡 CD였다. 그렇게 한동안 멍하니 오이스트라흐의 얼굴을 쳐다보았다.

　'이봐 김 대리, 기운 내라고. 이건 그냥 카덴차 부분일 뿐이야. 아무것도 신경 쓰지 말고 그냥 당신 방식대로 연주해봐. 모두들 그걸 기다리고 있다고!'

　마치 다비드 오이스트라흐가 이렇게 말해주는 듯했다. 마음이 조금 편해졌다. 그래, 비록 준비가 안 된 카덴차이긴 하지만 나도 나름대로 익혀온 연주 방식이 있다. 게다가 프로젝트 자체만 두고 보면 내가 손도 못 댈 프로젝트도 아니다. 나도 바이올린 연주자다. 함께 연주되던 관현악이 잠시 멈추고 이제 나의 독주를 기다리고 있을 뿐이다. 그저 지금까지 익혀온 것을 토대로 내 나름의 연주만 하면 된다. 중요한 것은 기교가 아니다. 기교를 버리고 생각을 살린다. 경쟁프레젠테이션이라는 협주곡의 승패는 결국 생각의 힘에 달려 있는 것이다. 나는 결코 타스케의 수제자라는 이름에 주눅 든 2인자로 남고 싶진 않다.

　'해보자! 해볼 만하고 또 나는 할 수 있다!'

　갑자기 용기백배. 내 마음을 읽었는지 창가에는 빗줄기가 아까보다 더욱 거세게 내려치고 있었다. 우레와 같은 박수소리다.

　　　　　　　　　　　　　　　생각하는 늑대 타스케

1 8

봄의 왈츠

"민윤희? 오, 이것은 여자의 이름?"

　귀가 번쩍 뜨인다는 것이 무엇을 말하는지를 실감한 순간이었다. 치석이 놀리듯 부른 그 이름. 작년 봄 나에게 이별을 통보한 후 잠시 메일을 주고받다가 돌연 자취를 감추었던, 아직도 잊히지 않고 가슴속에 남아 이따금 머릿속 전체를 채워버리는 바로 그녀의 이름이었다. 놀란 눈을 수습하고 있지 못하는 나에게 치석이 건네준 건 다름 아닌 그녀가 보낸 한 통의 편지였다. 전화번호도 바꾸고 이메일에도 답이 없던 그녀에게서 편지라니. 믿기지가 않아서 나는 안에 쓰인 내용보다 글씨체를 먼저 살폈다. 맞다! 내가 간직하고 있는 다른 편지들 속의 그것과 똑같은 글씨였다.

생각하는 늑대 타스케

'오빠, 한참 망설이다 펜을 들었어. 나는 지금 영국에 있어. 1년 코스로 어학연수를 왔는데 한 8개월쯤 된 것 같아. 한국이 그리워질 수 있는 것은 일부러 아무것도 안 했어. 인터넷도…… 가끔 외롭긴 한데 그럭저럭 잘 지내고 있어. 그러다 어제야 비로소 오빠가 보냈던 메일들을 읽었어. 답장도 없는데 뭘 그리 많이 보냈어? 바보같이…… 아무튼 오빠도 잘 지내고 있는 것 같아 마음이 놓여. 잘은 모르겠지만 예전하고는 좀 달라진 느낌도 나고. 타스케 팀장님이란 분도 궁금해. 왠지 좋은 분일 것 같아. 참! 전에 수업시간에 들은 얘긴데, 여기 영국의 어느 신문에서 재미난 앙케트를 했대. '영국 끝자락에서 런던에 이르는 가장 빠른 방법'을 공모했다는 거야. 거기서 1등을 차지한 사람은 아주 어린아이였대. 그 답이 무엇이었을지 궁금하지 않아? 그 아이의 답을 듣고 나는 무릎을 탁 쳤는데…… 오빠의 답은 무엇일지 궁금해.'

편지를 읽자마자 나는 다시 봉투를 살펴보았다. 있었다. 그녀의 주소가 있었다. 그녀는 나의 답장을 허락하고 있을 뿐 아니라 질문에 대한 답을 기다리고 있는 것이다. 나도 모르게 눈물이 흐를 뻔했다. 전화번호도 연락을 끊기 위해 의도적으로 바꾼 게 아니었다. 영어공부를 시작했다더니, 윤희 성격이라면 아예 어학연수를 떠날 수도 있을 거라는 사실을 나는 전혀 생각하지 못하고 있었다. 가끔 외롭긴 하다는 말도 여간 안심되는 게 아니다. 아직 윤희는 나처럼 혼자인 게 분명하다. 가슴속에 따스한 봄바람이 불어왔다.

18_봄의 왈츠

물론 이 편지 한 장이 터널의 끝을 알리는 빛줄기는 아닐 것이다. 그러나 분명히 이 길이 터널로만 끝나지는 않을 것이며 어딘가 출구가 있으리라는 표지판은 될 것이다. 차근차근 조심해서 걸어가다 보면 반드시 그 출구를 만나게 될 것이다.

그런데 질문의 답이 잘 떠오르지 않는다. 출구를 향한 첫발을 잘 내디디려면 나의 대답도 그녀가 무릎을 치도록 하는 것일수록 좋을 텐데 그게 그리 쉬워 보이지 않는다. 예컨대 어떤 교통수단을 어떤 식으로 이용해야 가장 빠른 시간에 도착할 수 있느냐를 맞힌다 해서 그녀가 무릎을 칠 리는 만무한 것이다. 이 부분은 좀 더 생각해보기로 했다. 일단 안부편지부터 보내고 빠른 시간 안에 나의 답을 알려주면 되겠지.

윤희의 편지는 새로운 프로젝트에 임하는 나의 마음에 왈츠를 깔아주었다. 티를 내진 않았지만 그래도 잔뜩 긴장하며 준비하고 있었는데, 윤희의 편지 한 장이 다량의 엔도르핀을 선사해준 덕분에 정 차장과의 첫 번째 대결이 생각했던 것보다 순조롭게 준비될 수 있었던 것이다. 정 차장도 나를 잘 알고 있겠지만 나 역시 그를 짐작할 수 있다. 그는 타스케 팀장과 함께하며 익혔던 사고방식을 충분히 활용할 것이다. 물론 나의 경험이 그보다 풍부하지 못한 탓에 그가 어떤 생각의 함정을 비집고 파고들지 지금으로선 다 예측하기 힘들다. 하지만 언젠가 그가 이야기했듯이 타스케적 사고방식의 근본 원리는 단순하다. '더 깊은 생각을 막는 모든 것과의 싸움'이 바로 통찰력으로 가는 길이다. 그래서 나는 나도 모르게 습관적인

생각하는 늑대 타스케

생각으로 놓치는 부분이 생기지 않도록 프로젝트의 모든 과정을 검토에 검토를 거듭하며 꼼꼼하게 준비해왔다. 프로젝트에 참여하는 모든 사람들의 의견을 주의 깊게 경청하면서 그들 의견 중에 내가 미처 생각지 못했던 부분들은 없는지, 어쩌면 내가 가지고 있는 상식 때문에 쓰레기로 치부되는 아이디어는 없는지 촉각을 곤두세웠다.

〈소나무눈〉은 테스트 마케팅_{본격적인 제품 출시 이전에 시제품으로 시장의 반응을 체크해보는 행위} 결과, 30~40대 직장인들이 주로 선택한다는 점에 착안하여 소나무 싹에서 추출한 성분의 효능을 바탕으로 '머리를 맑게 해주는 음료', '기분을 상쾌하게 해주는 음료'라는 식으로 대대적인 광고를 퍼부었지만, 시장에서의 반응은 바닥권을 벗어나지 못하고 있는 제품이다. 주요한 실패 원인은 맛에 대한 호불호가 지나치게 양극화되었다는 점으로 알려졌다. 어떤 사람은 마니아 수준의 애정을 보이지만 어떤 사람은 거들떠보지도 않는데 안타깝게도 후자의 수가 전자의 수보다 월등히 많다는 것이다.

하지만 나의 가설은 이것과는 조금 달랐다. 나는 실패의 원인이 맛에 있다고 생각하지 않았다. 적어도 맛이 실패의 원인이 되려면 어느 순간까지는 대량으로 팔렸다가 이후부터는 재구매가 잘 이루어지지 않는 형태의 판매 추이가 형성되어야 했다. 하지만 이 음료는 처음부터 잘 팔리지 않는 음료였다. 소수의 고객만 찾았고 그 수가 계속 유지되고 있는 것이다. 맛이 원인이라면 음용도 하지 않은 고객들은 도대체 언제 그 맛에 실망했단 말인가? 마셔봤어야 실망을 하든 말든 하지.

　그러므로 〈소나무눈〉의 실패 원인을 맛의 문제로 단정짓는 것은 다소 안일한 발상으로 보인다. 그것은 '맛'의 실패가 아니라 '맛에 대한 기대감 형성'의 실패라고 봐야 옳다. 즉 소나무 자체가 사람들로 하여금 맛에 대한 기대를 떨어뜨렸을 수도 있다는 것이다. 사람들은 소나무를 식용으로 기대하지 않는다. 그 맛조차 상상할 수가 없다. 한 번도 먹을 수 있는 것이라 생각하지 못했던 것을 보며 좋은 맛을 기대하게 되기란 결코 쉬운 일이 아니다.

　그러나 문제 해결이 쉽지만은 않았다. 〈솟대음료〉 측이 〈소나무눈〉이라는 브랜드네임을 계속해서 쓰고 싶어 하기 때문이다. 그동안 축적된 브랜드자산을 충분히 활용하고 싶다는 뜻인데, 그러기 위해선 기존에 사용하고 있던 이름이 필수적이라는 것이다. 소나무가 풍기는 이상한 맛의 연상 때문에 고달픈 길을 걸어온 음료에다 이름만 바꿔도 국면 전환을 꾀할 수 있을 것 같은 제품인데 그 이름을 바꾸지 말라니 난감하기 짝이 없는 조건이었다. 이 부장 팀과 우리 팀은 마라톤 회의를 거쳐 결국 소비자 조사를 통해 우리의 생각을 점검해본 후, 우리의 타당성이 객관적인 수치로 분명하게 나타날 경우 최대한 〈솟대음료〉 측을 설득해보기로 결론을 내렸다.

　조사 결과는 매우 고무적이었다. 30~40대 직장인의 대다수가 업무 집중력 향

생각하는 늑대 타스케

상에 도움을 주는 소나무싹의 효능, 즉 머리를 맑게 해주는 기능에 대한 필요성을 절감하고 있었다. 게다가 예상했던 것처럼 정작 소나무싹으로 만들어졌다고 하니 맛에 대한 기대가 떨어진다고 대답한 것이다. 나의 가설과 달랐던 점이 있다면 소나무싹에 대한 거부감이 예상했던 것보다는 심각하지 않았다는 점이었는데, 어쨌든 그렇다고 맛이 있을 거라고 기대하는 것도 아니므로 크게 문제될 것은 없는 결과였다.

그래서 우리는 우리가 원래 고려했던 방향대로 브랜드네임을 바꾸는 방향을 제안하기로 최종 결정을 내렸다. 물론 너무 과도한 변화는 광고주의 거부감을 일으킬 수 있으므로 광고주도 큰 어려움 없이 선택할 수 있는, 합의가 가능한 수준의 브랜드네임 교체를 제안하기로 했다. 타깃인 직장인들이 소나무싹의 효능은 꼭 필요한 것으로 인식하면서도 맛에 대해선 의문을 품는다는 점을 고려해 〈소나무숲 옹달샘〉이라는 새 브랜드네임을 도입하자는 것이다. '소나무숲'이라는 표현을 통해 효능에 대한 기대를 충족시키는 동시에 만에 하나 발생할 수도 있는 맛에 대한 거부감을 '옹달샘'이라는 표현으로 절묘하게 피해가고 있다는 생각이 들었다. 뿐만 아니라 이 정도면 〈소나무눈〉의 성과를 사장시키지 않고 효과적으로 계승할 수 있으리라고 판단했다.

광고 제작물도 만족할 만한 수준으로 나왔다. '깊은 산속 옹달샘'이라는 동요를 배경음악으로 활용했는데 어린아이들의 합창을 그대로 사용한 점이 특히 마음에 들었다. 그 나잇대 자녀를 가진 30~40대 직장인을 감성적으로 자극할 수 있는 데다가 숲이 주는 청량감과 상쾌함을 극적으로 전달함으로써 '머리가 맑아진다'라는 효능을 교묘하게 강조해주는 광고안이었기 때문이다. 마케팅 전략을 준비할 때부터 어느 정도 자신이 붙었는데, 광고 제작물을 보고나니 경쟁에서 이길 수 있다는 확신이 설 정도였다.

〈솟대음료〉 7층 대회의실. 우리 회사에서 참석한 일행들이 자리를 잡고 앉아 경쟁프레젠테이션이 시작되기를 기다리고 있었다. 발표자는 나였다. 차분하게 발표할 내용을 다시 한 번 읽어보았다. 정 차장만큼 훌륭한 동화책을 만들어내진 못했지만 그래도 꽤 설득력 있는 기획서. 이 부장이 깜짝 놀랐을 만큼 나는 철저하게 핵심 타깃인 30~40대 직장인의 시각에서 기획서를 썼다. 그들의 맛에 대한 인식을 최대한 통찰해냈고 남다른 접근으로 새로운 아이디어를 구성해냈다.

그러나 점점 시간이 다가오자 차분하려고 애를 쓰면 쓸수록 이상하게 몸이 굳고 손에 땀이 나는 느낌이 들었다. 알 수 없는 긴장감. 어쩌면 정준 차장을 경쟁자로 만나는 첫 번째 링이라는 사실 때문이었을지도 모르겠다. 최선을 다해 준비했고 우리가 준비한 내용에도 자신이 있었지만, 그래도 내가 인정한 고수와의 첫 번째 대결이 주는 부담이 그리 쉽게 떨쳐지진 않았다. 이 부장이 와서 괜히 한 번 어깨를 주물러주었다. 함께 참석한 이지원 대리도 입을 방긋거리며 '아자, 아자!' 하고 외치는 시늉을 해 보였다.

생각하는 늑대 타스케

드디어 경쟁프레젠테이션 시간. 회의실의 열기는 대단했고 〈솟대음료〉 사람들의 반응은 뜨거웠다. 사람들은 나의 일거수일투족, 한 마디 한 마디에 눈과 귀를 집중하고 경청했다. 사안의 중요성을 온몸으로 느낄 수 있었다. 사장부터 담당 프로덕트 매니저까지 스무 명이 넘는 사람들의 진지한 눈빛을 한 몸에 받으니 회의실 안에 이미 여름이 들어선 것만 같았다. 프레젠테이션에 참석한 한 사람 한 사람과 눈을 맞추며 잘 닦인 아스팔트 길을 내달리듯 거침없이 준비한 내용을 소화했다. 그 사람들 속에 묻혀 있던 이 부장과 눈이 마주쳤다. 그의 흐뭇한 표정에 나는 아예 흥이 날 정도가 되었다. 단 한 번의 실수도 없이 우리의 아이디어를 강력하게 전달했다.

발표가 끝나자 박수가 터져 나왔다. 경쟁의 자리에서 박수가 나오는 경우는 많지 않다. 어쨌든 그들은 심사위원의 자세일 수밖에 없기 때문이다. 대성공. 우리의 전략과 광고물에 대한 호응이 넘쳐났다. 특히 젊은 실무자들의 반응은 환호에 가까운 수준이었다. 이름을 바꿨을 때도 〈소나무눈〉의 자산적 가치가 제대로 계승될 수 있겠느냐는 사장의 질문이 있긴 했지만, 그 역시 우리가 예상했던 질문이었고 그를 만족시킬 만한 답변을 해주었다. 모든 순서를 마치고 회의실 문을 나서려는데 사장이 와서 "정말 애 많이 쓰셨다"며 우리 회사 참석자들에게 일일이 악수를 청했다. 우리는 마치 열렬한 지지자들 속에서 선거 유세를 마친 후보 같았다. 회의실 밖 복도에서 정 차장 일행이 다음 순서를 기다리고 있었다.

"아, 분위기가 너무 뜨거운데요? 이거 우리는 헛수고하는 거 아닙니까?"

정 차장은 사뭇 긴장하는 듯한 목소리였지만 짐짓 여유를 잃지 않은 표정이었다. 원래부터 정 차장을 좋아했던 이 대리 얼굴에 화색이 돌았다. 호들갑스러울 정도로 정 차장을 반겼다.

"잘 지내죠?"

오랜만의 악수. 그의 손은 더 따뜻해진 것 같았다. 그것을 느끼지 못했다면 나도 모르게 손에 힘이 들어갔을 것이다.

"아시잖아요. 타스케 팀장님이 휴직하고 안 계셔서 제대로 준비가 안 됐습니다."

나는 약간 엄살을 부렸다. 이번에 지면 타스케 팀장이 아니라 나에게 지는 것임을 알려주고 싶었던 탓일 테다. 일전에 치석을 통해 그 소식을 들었다는 정 차장 얼굴에 타스케에 대한 걱정이 스치는 듯했다. 하지만 그는 이내 밝은 표정을 지으며 이긴 사람이 진 사람에게 소주 한잔 사기로 하자면서 발길을 돌렸다. 그런데 뭐랄까, 회의실을 향해 걸어가는 정 차장의 뒷모습이 어쩐지 쓸쓸해 보였다. 대군을 이끌던 장수의 기품은 어디 가고 게릴라군의 지친 어깨만 남은 듯했다. 마음이 어수선해지면서 나도 모르게 적으로 만난 정 차장의 건투를 빌게 되었다. 내 마음을 읽기라도 한 건지 회의실로 막 들어선 정 차장이 다시 뒤돌아 난감하다는 표정으로 나를 불렀다.

"김 대리! 택시비는 천천히 갚아도 되는데 말이죠, 허허."

18_봄의 왈츠

1 9

까 라 마 조 프 가 의   형 제 들

"허허, 알았어요. 당연히 사야죠."

이긴 자의 여유라고 해야 할까. 전화기 저편에서 들려오는 정 차장의 목소리에는 미안함이 잔뜩 묻어 있었다. 다시 한 번 속이 쓰라렸다. 〈소나무눈〉 경쟁이 큐브크리에이티브의 승리로 끝났다는 소식이 들려온 것은 이미 일주일 전의 일이다. 나는 되도록 대수롭지 않게 생각하려고 애썼다. 정 차장은 어차피 이기기 힘든 상대였다는 말이 스스로에게 적당히 위로가 되기도 했다. 그러나 이 부장을 비롯하여 사람들이 한결같이 "괜찮다", "최선을 다했다", "다음에 잘하자"는 식으로 나를 위로해올 때마다 패배의 아픔이 구체적으로 곱씹어져 당분간은 〈솟대음료〉의 '솟'자도 듣기 싫어지는 지경에 이르기도 했다. 하지만 그 상태로 일주일을 버티지 못하고 나는 정 차장에게 전화를 걸기로 했다.

겉으로는 정 차장을 축하해준다는 좋은 핑계가 있었다. 벌써 전화가 걸려왔을 법도 한데 그는 첫 번째 경쟁의 승리가 과하게 미안했는지 차마 연락을 하지 못하는 눈치였다. 조금 늦어지긴 했지만 그래도 내 쪽에서 먼저 전화를 걸어 축하의 마음을 전하는 게 그나마 그를 편하게 해줄 수 있으리라 생각했다. 하지만 전화를 걸 수밖에 없게 만든 진짜 이유는 따로 있었다. 처음엔 그 경쟁에 대해 아무 생각도 하기 싫었는데, 날이 갈수록 경쟁프레젠테이션 때의 그 열광적인 분위기를 모조리 무효화하고 오히려 나를 패배의 수렁으로 떨어뜨렸던 정 차장의 전략이 견딜 수 없을 만큼 궁금해졌던 것이다. 정 차장에게는 그냥 약속대로 술이나 한잔 사라고 했지만 그 역시 내가 무엇을 원하고 있을지는 잘 알고 있을 터였다.

약속 장소에는 혼자 나갔다. 이지원 대리에게 오늘 약속을 말하면 분명히 따라나설 것 같고, 그렇게 되면 내가 나누고 싶은 이야기에 집중하기가 힘들 것 같아서 얘기조차 꺼내지 않았다. 늦지 않게 나갔음에도 불구하고 정 차장이 먼저 자리를 지키고 있었다.

"팀장님한테선 아직 별 연락이 없나요?"

정 차장은 타스케 팀장의 소식부터 물었다. 역시 타스케가 아끼는 제자답다.

"세 달씩이나 자리를 비우신 적은 없는데, 무슨 일일까요?"

19_까라마조프가의 형제들

정 차장에 의하면 타스케 팀장은 과거에도 한두 달씩 갑작스럽게 자리를 비우곤 했다고 한다. 워낙에 사적인 영역에 대한 이야기를 삼가기도 하지만 예전엔 전혀 티를 내지 않고 있다가 사라지곤 해서 여간 놀란 게 아니었다고 했다. 그의 이야기를 듣다 보니 휴직원을 내기 직전 즈음의 어딘지 모르게 어둡기만 하던 창가에서의 표정들이 떠올랐다. 그러게, 이 양반은 도대체 어디서 뭘 하고 있는 중일까?

"라퓨타 쪽의 전략도 상당히 설득력이 있었다고 들었어요. 〈솟대음료〉에
　서 고민을 상당히 많이 했다고 하더군요."

자리를 옮기고 나서야 정 차장 입에서 〈소나무눈〉 경쟁에 관한 이야기를 들을 수 있었다. 약속은 소주로 해놓고 정작 술집으로 가진 않았다. 어떤 종류의 술을 마시게 되든 정 차장의 술은 축배가 될 테고 나의 술은 패배의 쓴잔이 될 것 같았기 때문에 내심 술집을 피하고 싶었는데, 다음 날 아침 일찍 중요한 일이 있다고 먼저 양해를 구해온 정 차장 덕분에 내가 굳이 구차한 변명을 늘어놓을 필요가 없어져버렸다.

그는 〈솟대음료〉가 우열을 가리기 힘든 두 전략을 놓고 고심을 거듭한 끝에 근소한 차이로 큐브크리에이티브 측의 손을 들어준 것이라며 나를 위로했다. '근소한 차이'란 말에 은근히 기운이 꿈틀거리는 간사함이라니!

생각하는 늑대 타스케

"그래도 질 만한 이유가 있으니까 진 거겠죠, 뭐."

　정 차장 측 전략의 내용을 바로 묻고 싶었지만, 일단은 참고 기회를 엿보기로 했는데, 의외로 정 차장 쪽에서 우리의 전략이 무엇이었냐고 물어왔다. 〈솟대음료〉에서 고민을 많이 했다는 소리를 듣고 우리 쪽 전략이 궁금했었단다.

　　"저희는 〈소나무눈〉의 맛 자체에 문제가 있었다기보다 사람들에게 맛에
　　대한 기대를 심어주는 데 문제가 있어 실패한 것으로 봤어요. 사람들은
　　흔히 소나무를 먹는 것으로 생각지 않으니까 소나무싹에서 추출한 성분
　　의 맛을 기대하기 힘들다고 생각한 거죠. 일단 핵심타깃인 30~40대 직장
　　인들은 '머리를 맑게 하는 기능'에 대한 욕구를 기본적으로 가지고 있으
　　므로, 맛에 대한 기대만 새로이 형성시켜주면 되겠다 싶어서 〈소나무숲
　　옹달샘〉이라는 새 브랜드네임을 제안했어요."

　정 차장은 우리 쪽 전략을 무척 흥미로워했다. 어떻게 해서 그런 생각을 하게 되었는지 질문을 하기도 했다. 전에 치석과 아이디어를 나누던 정 차장의 모습이었다.

　　"아, 충분히 타당한 전략이네요. 내가 〈솟대음료〉 사람이었더라도 고민할
　　수밖에 없었을 것 같아요."

왠지 단순한 립서비스로는 들리지 않았다. 정말로 근소한 차이였을 것 같은 게 어쩐지 아쉽다는 생각까지 들 정도로 나는 얄팍해졌다. 그러면서 정 차장의 전략이 더더욱 궁금해지기 시작했다.

"차장님 쪽 전략은 무엇이었는데요?"
"우리는 아예 신제품을 출시하자고 제안했어요. 〈소나무눈 I.Q.〉라는 이름으로 일종의 확장을 시도하자는 의견이었죠."
"〈소나무눈 I.Q.〉요?"
"네. 고등학생용 〈소나무눈〉이라고나 할까요? 타깃을 조정해서 다시 출시하자는 게 저희 아이디어의 모체였어요."

이해할 수 없었다. 그렇다면 일종의 브랜드확장을 펼쳐보자는 것인데, 기본적으로 이런 브랜드확장이 성공하려면 이 경우의 모브랜드 〈소나무눈〉 자체가 성공한 브랜드여야 한다. 성공한 브랜드의 후광효과를 충분히 활용하자는 게 브랜드확장의 기본 원리인데 정 차장 측 전략은 그런 이론을 완전히 뒤집고 있는 것이다. 정 차장은 나의 의구심을 읽은 사람 같았다.

"허허, 알잖아요. 내가 원래 이론 같은 건 잘 모른다는 거."

그럴 리가. 그의 마케팅 지식은 업계 최고 수준이라고 해도 과언이 아니다.

"물론 브랜드확장의 일반적인 조건들을 따져봤을 때 사실 이 구상은 맞지 않는 전략일 수도 있어요. 하지만 이런 식으로 브랜드확장을 해서는 안 되는 거라면, 우리는 차라리 이것을 브랜드확장이 아닌 새로운 전략 개념으로 생각하기로 했어요. 책에는 아직 소개가 안 된 케이스 정도로 보면 되는 거죠. 이런 경우가 없었던 것일 뿐, 틀린 건 아니라고 생각했어요. 필립 코틀러가 생각하지 못했던 방법이라고 틀린 것으로 볼 순 없잖아요? 군이 이론적인 개념 정의가 필요하다면 그냥 '역逆브랜드확장' 혹은 '브랜드우회확장'이라고 부르죠, 뭐. 그럴듯하지 않나요?"

식은땀이 흘렀다. 이번 프로젝트에 최대한의 통찰력을 투입하기 위해 더 깊은 생각을 방해하는 모든 것을 검토하겠노라 다짐했고 실제로 프로젝트를 더없이 신중하게 진행했지만, 나에게는 아직도 책에서 이야기한 대로 생각하는 버릇이 버젓이 남아 있는 것이었다. 그가 필립 코틀러의 이름을 거론한 것도 나에게 '필립교도의 함정'을 상기시키기 위한 것이었으리라. 순간적이긴 했지만 어쨌든 나는 어떤 마케팅 전문가로부터 얻어온 지식에 갇혀 스스로 새로운 가능성을 차단해버렸다. 하지만 그렇다고 내 모든 의구심이 떨쳐진 건 아니었다.

"아무리 그렇다 해도 타깃을 바꾼 것은 잘 이해하기 힘든데요. 그 제품은 시장에 정식으로 출시되기 전인 테스트마케팅 때부터 30~40대가 선호해온 음료였고 실제로 시장에서도 그들 중심으로 팔리고 있잖아요. 게다가 30~40대가 〈소나무눈〉의 '머리를 맑게 하는 기능'에 가장 큰 호의를 보이는 상태에서 굳이 타깃을 고등학생으로 바꿀 이유가 있었나요?"

오랜만에 보는 정 차장의 따뜻한 미소. 그는 마치 기다리던 질문에 답을 하듯 차분하게 말했다.

"아, 실은 우리 아이디어의 전략적 핵심이 바로 거기에 있어요. 우리는 〈솟대음료〉가 핵심 타깃이라고 생각한 30~40대에게 사실은 머리가 맑아지고 싶은 욕구가 없다고 봤어요. 〈소나무눈〉의 핵심 기능이 머리를 맑게 해주는 것으로 널리 알려진 마당에 제품의 기능 자체를 다른 것으로 대체하기는 힘들고, 그래서 대신 정말로 머리가 맑아지길 원하는 타깃을 찾아 그들에 맞게 제품을 조금 바꿔보자고 한 거죠."

정 차장의 언급대로 고등학생, 특히 수험생에게는 머리가 맑아지기 원하는 욕구가 분명히 존재할 것 같다. 아니, 어떤 면에선 매우 클 것 같기도 하다. 하지만 그렇다고 30~40대 직장인에겐 그런 욕구가 없다고 단정지을 순 없는 것 아닌가. 테스트마케팅 때나 그 이후에 진행된 모든 소비자 조사, 하물며 이번 프로젝트를 진행하면서 실시한 우리 회사의 조사에서도 30~40대는 분명히 자신들에게 그런 욕구가 있음을 뚜렷이 보여주었다. 내 기억으로는 80%가 넘는 사람들이 그런 욕구가 있다고 답했던 것 같다. 아무튼 이런 명백한 수치가 있음에도 불구하고 어떻

생각하는 늑대 타스케

게 이것을 부정할 수 있는가 말이다.

"우리는 그것을 조사의 오류 혹은 조사 분석의 오류로 생각했어요."
"네?"
"우리도 30~40대 직장인을 대상으로 소비자 조사를 해봤어요. 대신 라퓨타에서는 묻지 않은 질문 하나를 더 포함시켰죠. '찌뿌듯하고 집중이 잘 안 될 때 여러분은 보통 무엇을 원하게 되는가?' 하는 질문이었어요. 그 결과 애석하게도 '음료로 머리를 맑게 하겠다'는 대답은 단 한 건도 나오지 않았어요. 대부분의 30~40대 직장인들은 '사우나에서 쉬고 싶다', '산책을 하고 싶다'라고 대답했던 거예요. 즉 찌뿌듯하고 집중이 안 될 때 그들이 가장 원하는 것은 음료를 마시고 맑은 정신으로 업무에 복귀하고 싶은 게 아니었다는 거죠. 그들이 가장 간절하게 바라는 건 어쨌든 업무를 피해 잠시나마 쉬는 거예요. 그것이 그들의 진짜 욕구죠. 김 대리가 파악한 건 그들의 진짜 욕구라기보단 포장된 욕구가 아닐까 싶어요."

정 차장은 30~40대의 소비자들이 질문에 맞춰 적절하게 답을 하다 보니 머리가 맑아지는 음료가 있으면 좋겠다고 말한 것이지, 그들의 진정한 욕구가 정말로 음료를 통해 문제를 해결하려는 것은 아니라고 봤다. 그 대신 그들의 진정한 욕구는 어디 가서 좀 쉬었다 오는 것으로 봐야 한다고 말했다. 물론 업무량이 과도하게 많거나 야근으로 늦게까지 일해야 할 때 필요에 의해 피로회복과 관련된 음료제품을 마시기는 하지만 그나마도 머리를 맑게 만들고 싶어서는 아니라고 덧붙였다. 아무튼 그런 까닭으로 〈소나무눈〉은 애초부터 욕구가 강하지도 않은 타깃을 대상으로 마케팅을 전개한 것과 다름없고 그래서 현재까지 저조한 성과를 피할 수 없었다는 것이다. 결국 정 차장의 결론은 평소에도 머리가 맑아지길 강하게 원하는 사람들 특히 고등학교 수험생 같은 사람을 새로운 타깃으로 조정하여 그들에 맞는 확장제품을 출시하는 게 매출 증대의 기회가 될 것으로 내다본 것이다.

"마케팅에 정답이 따로 존재하는 게 아니잖아요. 해답을 찾을 뿐이지. 사실 누가 맞고 누가 틀린지 아직은 알 수 없어요. 마케팅은 그저 시장에서 검증될 뿐이죠. 어쩌면 김 대리의 생각이 결국 맞는 것으로 나타날 수도 있을 거예요."

정 차장이 남은 커피를 단숨에 들이켰다. 해주고 싶은 이야기가 좀 더 남아 있다는 뜻일 테다.

"김 대리, 조사는 주로 숫자로 표현되니까 믿고 의지하기가 쉬워져요. 그 수치가 정말로 그만큼의 사람의 마음인 것으로 오해하게 만들죠. 그렇지만 조사를 너무 믿지는 마세요. 조사 속에는 우리에게 오해를 불러일으킬 만한 지뢰가 곳곳에 숨어 있기 마련이거든요. 미국의 저명한 마케팅 컨설턴트인 해리 벡위드Harry Beckwith가 언젠가 이런 얘기를 한 적이 있어

생각하는 늑대 타스케

요. 사람들은 자신의 진짜 생각을 있는 그대로 답하지 않는다는 거예요. 대체로 가장 좋다고 믿는 답변을 한다는 거죠. 그들은 '그래, 나는 건강식을 좋아하고, 그래서 반드시 건강식을 사먹겠다'고 말하지만 실제로 그렇지 않은 경우는 얼마든지 있다고 주의를 주고 있죠. 나는 이 말에 동의해요. 그것은 사람들이 거짓말쟁이라서 그런 게 아니에요. 사람들은 자신이 조사의 대상임을 깨닫는 순간, 있는 그대로의 진짜 자신보다는 더 좋게 관찰되기를 바라죠. 이것은 인간의 본능이에요. 그러다 보니 조사의 답변에는 좀 더 포장된 자신을 기록하게 되는 거고요. 사실은 잠시 사무실을 벗어나서 쉬고 싶지만 또 한편으로는 열심히 일하는 사람이 더 바람직하다고 생각하기 때문에 〈소나무눈〉을 마시고 싶다고 이야기하는 것처럼 말이에요."

내 기억 어딘가에 책갈피 같은 게 꽂혀 있었던 것처럼 문득 정 차장과의 이런 시간들이 떠올랐다. 그때처럼 정 차장이 이야기의 템포를 조절하고 있었다.

"옛날에 어떤 여성잡지가 창간을 준비하면서 소비자 조사를 했어요. 조사를 해본 결과, 루머성 기사와 섹스 기사가 없는 유익한 여성잡지라면 구매하겠다는 의향이 90%가 넘는 수준으로 나온 거예요. 그 잡지는 소비자의 욕구를 충실히 반영하여 정말로 그런 잡지를 창간해냈죠. 2년도 안 되어 그 잡지사는 문을 닫았다고 해요. 사람의 욕구에는 이성과 감성이 복잡하게 얽혀 있어요. 그중에는 '하고 싶은 것'과 '해야 하는 것'이 혼재되어 있죠. 너무 복잡해서 때론 해야 하는 것을 하고 싶은 것으로 착각하기도 해요. 자신의 욕구도 제대로 모르는 상태가 되는 거죠. 어떤 학생이 있다고 가정해봅시다. 이 학생은 놀고 싶어 해요. 하지만 너무 놀다 보니 슬슬 걱정이 되는 거예요. 공부를 해야겠다는 생각이 든 거죠. 이때 그에게 '놀래, 공부할래?' 하고 묻는다면 이 학생은 뭐라고 대답할까요? 그가 공부하겠다고 대답한다고 해서 그의 욕구가 공부라고 단정지어 말할 수 있을까요?"

정 차장은 언젠가 '다언삭궁多言數窮'이라는 사자성어를 알려주며 자신에겐 말이 많아지는 것을 경계하는 성향이 있다고 한 적이 있다. 말 그대로 말 때문에 궁지에 몰린 경험이 많아서는 아니고 말을 많이 하고 나면 스스로 곤궁감에 빠져 뭔가 허해지는 기분이 들기 때문이라고 했다. 실제로도 그는 꼭 필요할 때만 말을 꺼낸다는 인상을 줄 정도로 과묵한 편이었다. 마치 생각하기가 너무 바빠서 말할 틈도 없는 느낌. 어쨌든 그런 그가 나에게는 자주 말이 많아진다. 꼭 필요하다고 느꼈나 보다.

"사람들은 이렇게 자신의 욕구조차 제대로 알지 못할 뿐 아니라, 그것을 알아내려 그다지 노력하지도 않아요. 설령 자신의 복잡한 욕구에 대해 정확하게 알아냈다 한들 그에 대해 친절하게 설명해주려고 하지도 않죠. 인

생각하는 늑대 타스케

지적인 노력에 게으르고 소홀해서 인간을 '인지적 구두쇠cognitive miser'라고도 해요. 결정적으로 사람의 마음은 고정되어 있지 않아요. 반드시 행동으로 옮겨지는 것도 아니고요. 다시 말해, 우리가 조사의 결과를 별 의심 없이 받아들이기엔 사람의 마음은 너무 복잡해요. 우리는 흔히 소비자 인사이트를 찾겠다면서 조사를 시작하지만, 조사에서 찾을 수 있는 것은 인사이트가 아니라 단지 사실로 추정되는 대답일 뿐이에요. 조사 자체가 일단 인사이트적이지 못하기 때문이죠. 기본적으로 몇 개의 질문만으로 인간의 복잡한 인식을 정의하겠다는 자체가 무리한 발상이라고 생각해요. 『까라마조프가의 형제들』을 읽고 내가 느꼈던 점을 빌려 표현하면, 인간은 광활해요. 질서 속에 모순, 모순 속에 질서를 담고 사는 하나의 거대한 우주죠. 숫자 몇 개로는 결코 인간을 말해줄 수 없어요. 김대리, 조사는 조사일 뿐이에요. 숫자를 믿지 말고 그냥 참고만 해요. 그게 중요합니다."

커피전문점을 빠져나와 지하철이 있는 곳까지 걸어가는 동안 나는 줄곧 정 차장과 함께 걷고 있었고 그 와중에 몇 마디를 나누기도 했지만, 내 생각은 왠지 저만큼 뒤처져 혼자 걸어야 했다. 사실 내가 조사에 완전히 의지하고 있었다고 생각하기엔 억울한 게 많다. 그러나 조사에서 그려진 소비자의 욕구를 단 한 번도 의심하지 않고 그대로 받아들였다는 점은 인정할 수밖에 없었다. 근소한 차이라기엔 생각의 격차가 너무나 뼈아팠다. 내가 조사 위를 달리는 동안 정 차장은 조사를 다루고 있었던 것이다. 정말로 패할 만했던 게임이었구나, 생각하면서 정 차장과 작별인사를 나누려는데 정 차장이 갑자기 자신의 가방을 뒤적이기 시작했다.

"아참, 이거 선물이에요."

그리 두껍지 않은 하얀색 노트. 어딘지 익숙한 그 노트는 바로 정 차장이 타스케팀에서 일할 때 뭔가 새로운 생각을 하게 될 때마다 기록했던 '생각하는 노트'였다. 몸 둘 바를 몰랐다. 나는 정 차장에게 이 노트가 얼마나 소중한 것인지 잘 안다. 타스케 팀장과 함께 일하면서 경험한 엄청난 양과 질의 생각의 삼투압이 고스란히 담겨 있는 노트. '사양해야 하지 않을까?'라는 생각이 들었지만 내 손은 이미 그 노트를 꼭 감싸고 있었다.

"이 노트를 왜 저에게……"

말꼬리를 흐리자 그의 입꼬리가 상냥하게 올라갔다.

"실은, 전부터 주고 싶었어요."

노트 속에 정 차장이 남겨둔 쪽지가 들어 있음을 알아챈 것은 이미 정 차장과 헤어져 막 지하철에 오르려던 순간이었다. 정 차장의 손처럼 쪽지에서 온기가 느

생각하는 늑대 타스케

껴졌다.

'우정이라는 게 산길과 같아서 자주 오가지 않으면 수풀이 우거져 길 자체가 없어진다던데, 그동안 내가 바쁘다는 핑계로 수풀이 우거지고 있는 길을 돌아보지 못했군요. 미안한 마음으로 이 노트를 줍니다. 내가 부족해서 채우지 못한 부분은 김 대리가 채워주면 고맙겠어요. 그리고, 다음번엔 반드시 택시비를 갚아주세요.'

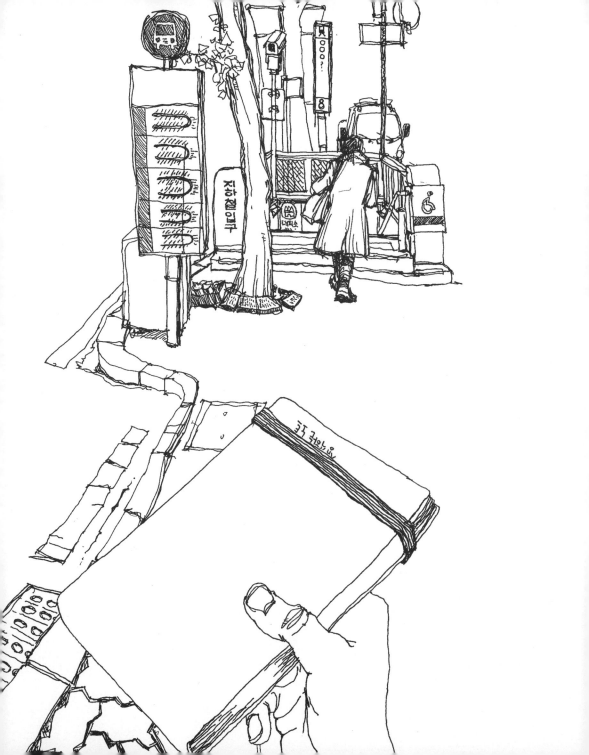

일곱 번째

숫자를 믿지 않습니다

Not everything that counts can be counted,
and not everything that can be counted counts.
소중한 모든 것을 숫자로 셀 수 있는 것은 아니며
숫자로 셀 수 있는 모든 것이 다 소중한 것도 아니다.

_알버트 아인슈타인 Albert Einstein

숫자의 우상

경쟁은 치열하고 모든 것이 불확실합니다. 무엇이든 해야겠는데 무엇을 해야 할지, 어떻게 해야 할지 무턱대고 결정하기가 쉽지 않습니다. 이 불안을 해소시켜줄 좋은 약이 있습니다. 숫자입니다. 숫자는 판단을 가로막는 어둠 속에서 한 줄기 빛을 내려줍니다. 숫자는 언제나 직관적이고 선언적이며 명확합니다. '비가 올 것 같으니 우산을 가져가렴'이라는 말보다 '비 올 확률이 85%라고 하니 우산을 가져가렴'이라는 말이 더 확실한 느낌을 주고, '병이 재발할 가능성이 낮은 편입니다'라는 말보다 '재발 가능성이 10%보다 낮습니다'라는 말에 더 안심이 됩니다. 숫자는 불확실한 것들에 구체성을 제공하고, 주관이 개입할 여지를 차단해 최대한의 객관성을 보장하는 듯합니다. 실제로 비즈니스 현장에서 '숫자만 믿는다'는 경영자를 어렵지 않게 만날 수 있는 이유도 숫자가 가진 객관성의 매력이 큰 까닭일 것입니다.

하지만 숫자는 마음 놓고 보이는 대로 믿어도 될 만큼 견고한 존재는 아닙니다. 2002년 우리나라의 이혼율이 47.4%를 기록했다는 공식적인 발표가 나와서 논란이 된 적이 있습니다. 2002년에 혼인한 쌍이 306,600쌍인 반면, 같은 해 이혼한 쌍이

19_까라마조프가의 형제들

145,300쌍이었다는 것입니다. 결혼한 부부의 절반이 헤어진다니 우리나라의 가족해체 현상이 생각했던 것보다 훨씬 심각하고 빠른 속도로 이뤄지는 것처럼 해석되었습니다. 그러나 여기에는 통계적 오류가 있습니다. 통계치의 분모와 분자가 서로 다른 집단이기 때문입니다. 분모는 2002년에 혼인한 전체 부부의 수이지만, 분자는 2002년 이전에 결혼한 기혼 부부가 모두 포함된 수치였던 것입니다. 이것은 단순한 오류에 불과하지만, 수리에 서툰 사람이 이 숫자를 액면 그대로 받아들이면 그에 의해 이루어지는 많은 의사결정(예컨대 결혼제도 관련 정책 같은 것)에 돌이킬 수 없는 문제가 발생할 수 있는 것입니다.

게다가 숫자는 전혀 객관적이지 않은 '특정한 의도'에 상당히 취약합니다. 누군가 마음먹고 자신의 의도를 관철하기 위해 숫자의 '부분적 사실'만 객관화할 수도 있다는 의미입니다. 2013년 여름 정부는 전력 수급이 초비상상태에 빠졌다며 모든 국민이 절전 운동에 동참해달라며 대국민호소문을 발표했습니다. 여러 단체와 언론들이 우리나라의 1인당 소비 전력량이 독일, 일본, 영국, 프랑스 등 주요 선진국에 비해 훨씬 많다는

전력거래소 국가별 전력 산업 동향 보고서(2009~2010)

생각하는 늑대 타스케

자료를 제시하면서 블랙아웃Blackout,대규모 정전 사태에 대한 위기감이 높아졌고, 그동안 선진국 사람들보다도 무분별하게 전기를 써온 전력난의 주범들(국민들)은 부채질로 무더위를 견디면서 에어컨 온도를 높게 유지해야만 했습니다. 그러나 여기에는 숫자의 함정이 있었습니다. 우리나라의 총 소비 전력량을 단순히 인구수로 나누면 상당히 높은 숫자가 나오지만, 그중에 주거용으로 사용되는 전력량만 따로 떼어 계산하면 우리나라의 소비 전력량은 주요 선진국에 비해 상당히 낮은 것으로 나타나는 것입니다. 사실 우리나라의 주거용 전력 소비비중은 2010년을 기준으로 봤을 때 전체 사용 전력량의 20%에도 못 미치는 수준이고, 산업용 소비의 1/3 수준에 불과해, 블랙아웃 운운하는 전력난의 주범이 되기엔 억울한 구석이 많습니다. '1인당 소비 전력량'이라는 숫자를 제시하며 주거용 전력 소비를 줄여야 한다고 주문한 곳에서 이 사실을 알고 있었는지 모르고 있었는지는 확인할 수 없습니다. 어쨌든 이렇게 숫자는 특정한 의도에 취약하다는 점과 그래서 얼마든지 그릇된 의사결정에 영향을 끼칠 수 있다는 점을 잊지 말아야겠습니다.

숫자의 성질

숫자가 보이는 만큼 진실하지도, 객관적이지도 못한 것은 사실 숫자가 지닌 본원적 성질 때문입니다. 숫자는 숫자로 명시된 사실 이면의 맥락을 삭제하고 '단면화'하려는 성질이 있습니다. 여러분이 잘 모르는 지역으로 출장을 떠나 점심식사를 해야 하는 상황이라고 가정해봅시다. 시간적 여유가 있는 여러분은 되도록 더 맛있는 집을 찾고 싶습니다. 여러분이 들어선 골목에 좌우로 비슷한 크기의 한식집이 하나씩 있습니다. 좌측에는 손님이 15명으로 한 테이블만 남아 있고, 우측에는 한 테이블에만 손님이 2명 있습니다. 숫자로만 보면 15:2, 좌측 집이 더 큰 인기를 끌고 있습니다. 같은 메뉴, 같은 가격대라면 맛있는 집에 손님이 더 몰린다는 기존 정보를 활용하여, 숫자는 좌측 집을 추천하고 있는 셈입니다. 하지만 이 추천이 만족스러우리라는 보장은 없습니다. 좌측의 손님 15명이 점심시간에 쫓겨 맛보다는 음식이 나오는 데 소요되는 시간을 선택 기준으로 삼았을 수도 있기 때문입니다. 우리가 이면의 사실을 따로 확인해보기 전까지는 숫자는 그 맥락에 대해 아무런 이야기도 해주지 않습니다. 숫자를 통해 우리는 분리된 사실들 사이의 '상관관계'를 추정할 수 있을 뿐 '인과관계'까지 알아낼 수는 없습니다. 숫자는 표정입니다. 마음은 알 수 없습니다. 숫자는 상징입니다. 내용은 알 수 없습니다. ▬

생각하는 늑대 타스케

그러므로 의사결정상의 확신을 위해 숫자를 맹목적으로 추구하는 것은 오히려 위험한 결과를 만들 수도 있습니다. '숫자만 믿다가' 실패한 사례는 얼마든지 있습니다. 대표적으로 알려진 것으로 '계량화의 신봉자'이자 '계량분석기법의 대가' 로버트 맥나마라Robert McNamara의 사례가 있습니다. 그는 미국을 이끄는 엘리트로 대우받았습니다. 하버드 경영대학원에서 가장 젊고 연봉이 높은 교수였고, 계량적 분석에 입각한 경영관리 합리화의 성과로 자동차회사 포드Ford의 사장까지 올랐으며, 케네디 행정부와 존슨 행정부에서 8년간이나 국방부 장관을 지냈습니다. 국방부의 모든 것을 계량화하는 데 주력했던 그는 당시 발발한 베트남전 역시 '전쟁의 계량화'를 통해 반드시 승리할 것으로 확신했습니다. 그는 CIA에 특별전담반을 설치, 폭격의 모든 것을 숫자로 만들었습니다. 투하한 폭탄의 종류, 투하의 위치, 투하수량과 투하의 효과까지 계량적으로 분석했고, 그 분석 결과를 토대로 속전속결로 전쟁을 끝낼 수 있으리라고 믿었습니다. 그러나 맥나마라의 계량화를 통한 승전의 구상은 참담한 실패로 끝났습니다. 숫자가 준 확신과는 달리 전쟁은 10년을 끌었고, 미국은 아무것도 얻은 것 없이 패전국이 되어 물러나야 했습니다. 계량화로는 정글의 변수를 통제할 수 없었고, 월맹군의 용맹과 투혼은 계량화의 앵글 속으로 들어오지도 않았던 것입니다.

〈뉴욕타임스〉에 의하면, 베스트셀러 『블랙스완』의 저자 나심 니콜라스 탈레브Nassim Nicholas Taleb는 "고기를 몇 kg 사는 것은 중요하지만, 그것이 무게와 칼로리라는 숫자로 변질되면 고기를 먹는 즐거움과 당시 상대와 나눈 대화의 즐거움 같은 계량화할 수 없는 중요한 것들이 사라져버린다"면서 "자신이 얻은 측정치를 최대한 활용하려다 보니 다른 것을 못 보게 되는 것이 문제"라고 지적했다고 합니다. 숫자는 도구입니다. 잘 쓰면 유용한 것이지만 맹목적으로 추구하면 오히려 생각을 마비시킬 수 있습니다. 숫자를 있는 그대로 받아들이는 순간 상상력은 날개를 접습니다. 『톰 소여의 모험』의 작가 마크 트웨인Mark Twain은 "만약 당신이 가진 도구가 망치뿐이라면, 당신은 모든 문제를 못으로 보게 될 것"이라고 말했습니다. 숫자는 불확실성을 보완해주는 불확실한 도구입니다. 생각의 자료가 될 수는 있지만, 자료가 생각을 할 수는 없습니다. 숫자로 방향을 판단해서는 안됩니다. 숫자만으로도 방향을 정할 수 있다면 재무제표, 판매 추이 등의 숫자만으로도 성공적인 투자를 할 수 있어야 합니다. 숫자의 가치는 그 방향으로 얼마나 빨리, 얼마나 정교하게, 얼마나 효과적으로 갈 수 있을지에 대한 구체적인 방법을 구할 때 비로소 빛나는 것입니다.

생각하는 늑대 타스케

조사: 마음을 다루는 숫자

사람의 인식, 욕구, 의향 등을 알아내기 위해 가장 광범위하게 활용되는 것이 조사입니다. 특히 마케팅 영역에서 '소비자 인식'이 차지하는 비중은 거의 절대적이기 때문에 일정 수준 규모가 갖춰진 기업에서는 짧은 주기의 조사를 정기적으로 시행할 정도로 중시됩니다. 그러나 안타깝게도 조사를 통해 모든 것을 찾아낼 수 있다거나 조사를 통해 알아낸 모든 것이 사실일 거라는 기대는 하지 않는 게 좋습니다. 사람의 마음을 주로 숫자로 표현해내는 조사는 사람의 생각을 객관적이고 과학적인 지표로 표현해주기 때문에 마케팅 활동을 전개하는 데 불안을 해소하게 해주고 열정적으로 활동할 수 있게끔 추진장치를 달아주기도 합니다. 그러나 이를 지나치게 맹신했다가는 (숫자에 대한 맹목적인 믿음에서와 마찬가지로) 그 추진장치의 위력만큼 실패의 속도도 가속화될 수 있다는 점에 유의해야 합니다.

조사라는 작업은 기본적으로 '사람은 누구나 자기 자신의 욕구를 잘 알고 있다'라고 전제함으로써 성립되는 과정입니다. 조사에서 얻은 답이 사실은 소비자 스스로도 별로 신뢰할 수 없는 것이라면, 조사보고서에 표현된 수치들은 이미 그 자체로 생명력을 상실할 수밖에 없는 것입니다. 그런데 과연 사람들은 자기 자신의 욕구를 잘 알고 있을까요? 여러분은 스스로 무엇을 원하는지에 대해 늘 확신하고 계십니까?

2차 세계대전 당시 군용차로 지프Jeep를 납품하여 성공을 거둔 〈아메리칸모터스〉라는 회사는 종전 후 지프의 상용화에 관심을 가지게 됩니다. 그 가능성을 타진하고 수요를 예측하기 위해 진행한 소비자 조사의 결과는 참담하기 이를 데 없었습니다. 조사 결과대로라면 상용화된 지프는 세상에 나와서는 안 되는 것이었습니다. 결국 그들은 소비자가 원하는 차를 만들기로 하고 철저한 조사를 통해 승용차 시장에 도전했습니다. 하지만 성과가 좋지 못했습니다. 그래서 그들은 그냥 지프를 상용화하기로 결정합니다. 마지못해 내린 그 결정이 어떤 결과를 낳았는지는 지금 이 순간 거리를 나가봐도 확인할 수 있습니다. 조사 결과 소비자들이 원하지 않는 것으로 나타났던 지프는 현재 세계 최고의 인기를 구가하고 있는 차 중에 하나가 되었습니다. 당시 소비자 조사에 참여했던 사람들이 거짓말을 했을 리는 없습니다. 그들은 단지 상용화된 지프가 세상에 나왔을 때 자신이 그 지프를 좋아하게 되리라는 사실을 알지 못했을 뿐입니다. 지프처럼 어떤 이유로든 소비자 조사의 결과가 현실에서 뒤집히는 사례는 부지기수입니다. 달콤한 맛을 내세운 펩시를 제압하기 위해 블라인드 테스트눈을 가리고 진행하는 맛에 대한 반응 조사를 비롯한 철저한 사전 조사를 통해 '뉴코크'를 출시했다가 소비자들의 거센 반발에 부딪혀 3개월 만에 철수해야 했던 코카콜라의 사례는 대단히 유명합니다. 스티브 잡스는 "대부분의 사람들은 제품을 보여주기 전까진 자신들이 원하는 게 뭔지도 정확히 알지 못한다"고 했습니다. 다이슨의 창업자 제임스 다이슨도 비슷한 이야기를 한 적이 있습니다. 고객은 자신이 다음에 원하게 될 것을 스스로 알지 못하기 때문에 그들에게 어떤 제품을 원하는지 물어봐도 소용이 없고 그래서 고객이 원하는 것을 만들기보다 당신이 만든 것을 고객이 좋아하도록 이끌어야 한다는 이야기입니다.

만에 하나 사람들이 자신이 가진 욕구의 미묘함을 정확하게 알고 있다 하더라도 조사가 완벽해지진 않습니다. 사람들은 기본적으로 '인지적 구두쇠cognitive miser'로, 대

생각하는 늑대 타스케

개 정신적 에너지를 써야 하는 일에 대해 인지적 부담을 줄이려고 노력하려는 경향이 강하기 때문입니다. 그래서 사람들은 간단한 단서로 쉽게 판단하려고 하고, 자신의 생각에 대해서도 충분한 인지적 노력을 동원해 설명하지 않는다는 것입니다. 어떤 사람이 빨간색을 10만큼 좋아하고 노란색을 8만큼 좋아합니다. 그는 비가 오는 날엔 빨간색이 7만큼 좋아지고 노란색은 9만큼 좋아진다는 사실까지 정확하게 알고 있습니다. 하지만 좋아하는 색깔을 묻는 조사에서 그가 자발적으로 그러한 복잡미묘한 자신의 욕구에 관해 질문자가 잘 이해할 수 있도록 설명할 가능성은 거의 없습니다. 그는 그냥 빨간색을 고르거나 노란색을 고를 뿐일 겁니다. 그리고 사실 대부분의 사람들이 그 이전에 자신의 그런 미묘한 욕구 변화에 대해 정신적 에너지를 쓰면서까지 굳이 알려고 하지도 않습니다. 그보다 간단한 조사라 해서 달라지는 것은 없습니다. 조사 대상자는 인지적으로 친절하지 않습니다. 무엇보다 그는 그렇게까지 자세하게 설명해야 할 필요를 느끼지 않습니다.

그 밖에도 조사가 가지는 한계는 많습니다. 사람들은 자신이 조사의 대상임을 아는 순간, 실제의 자기 자신을 정확하게 표현하기보다는 사회적으로 옳다고 여겨지고 사회구성원으로서 좀 더 바람직해 보이는 '이상적인 자신'을 표현하려는 습성이 있습니다. 이럴 경우는 실제의 욕구는 숨고, 옳다고 믿어지는 욕구들만 숫자로 남을 가능성이 높아집니다. 조사의 설계를 정교화하여 그럴 수 있는 가능성을 최대한 배제하더라도, 소비자 스스로 이미 정확한 실제의 자신과 자기가 원하는 모습의 자신을 혼동할 수 있습니다. 조사를 통해 정확한 답에 도달하기 위해 넘어야 할 산이 한두 개가 아닌 것입니다.

물론 조사로는 사람들의 욕구를 절대로 찾아낼 수 없다고 폄하할 수는 없습니다. 어떤 경우는 조사를 통해 문제 해결의 결정적인 실마리를 찾기도 합니다. 조사는 가능성을 다뤄야 합니다. 고정된 사실이 아닌 그럴 수 있는 가능성의 영역에서만 그 가치를 빛낼 수 있습니다. 어떤 경우든 참고하는 수준을 넘어 맹신하는 차원이 되면 조사 역시 '단면화'됩니다. 그렇게 단면화하기엔 인간은 너무나 복잡미묘한 존재입니다. 인간은 슬퍼서 웃기도 하고 웃겨서 울기도 합니다. 최선이 아닌 차선을 선택하기도 하고, 왠지 후회할 것만 같다고 느끼면서도 움직입니다. 그러므로 그들의 말을 그대로 녹음하여 재생하는 것으로는 입체적인 진실에 다가가기 어렵습니다. 숫자로 표현된 그들의 마음은 실제 그들의 마음이 아니라 그들이 그저 그들의 마음이라고 믿고 있거나 믿고 싶어 하는 사실일 뿐입니다.

대개 마케팅상의 필요에 의해 소비자 조사를 하게 되지만, 오히려 조사에서 알아낸 정보들을 '기반으로' 마케팅을 하겠다는 생각은 그다지 바람직하지 않습니다. 그 기업의 마케팅은 (제아무리 잘해봤자) 소비자를 리딩하는 '선도의 마케팅'이 아닌, 소비자의 뒤꽁무니를 따라다니는 '추종의 마케팅'이 될 수밖에 없기 때문입니다. 그리고 조사를 통해 '소비자 인사이트'를 찾겠다는 기대 자체가 마케팅을 왜곡시킬 수 있다는 점을 잊어서는 안 됩니다. 조사는 인사이트의 부족을 메우는 보완재일 뿐이며, 무엇보다 인사이트란 조사를 계획하고 결과를 분석하는 과정 중에 작동하는 상상력의 결과인 것입니다.

생각하는 늑대 타스케

20

런던에 이르는 가장 빠른 방법

―――

토요일 저녁. 아무도 없고 불마저 켜지 않아 적당히 어두운 사무실에 앉아 있었다. 음악까지 틀어놓으니 한없이 그윽해졌다. 커피가 있으면 더욱 좋으련만 사무실에 커피가 떨어져버렸다. 언제부터인가 이런 시간이 좋아졌다. 창밖으로 바쁘게 돌아가는 세상을 두고 가만히 책을 읽고 있으면 나의 시간만 느리게 가고 있는 느낌이 든다. 오늘도 처음엔 오늘까지 다 읽겠다고 결심한 『까라마조프가의 형제들』을 읽고 있었지만 문득 떠오른 윤희 생각 때문에 그냥 펜을 들기로 했다. 다시 윤희와 편지를 주고받기 시작한 이후로 세 번째 보내는 편지다. 사귀고 있을 땐 왜 이렇게 소통하지 못했을까. 뒤늦게 외양간이나 고치고 있는 것 같아 마음이 조금 씁쓸해지기도 했지만, 그래도 아예 망가진 채 방치하느니 지금이라도 고치는 게 낫지 않겠는가.

생각하는 늑대 타스케

그나저나 이번 편지 정도엔 지난번 윤희가 물었던 것에 대한 답을 주는 게 좋을 것 같은데 영 생각이 떠오르질 않는다. 영국 끝자락에서 런던에 이르는 가장 빠른 방법이라니, 분명 교통수단의 문제는 아닐 것 같은데 생각은 그 자리에서만 맴돌고 만다. 지금까지 생각한 것 중에는 '잠을 자면서 가는 것'이 그나마 괜찮은 대답이다. 서울에서 부산으로 가는 기차 안을 생각해도 그렇다. 같은 교통수단으로 같은 거리를 가더라도 잠을 자면서 가게 되면 금세 도착한 느낌이 들기 때문이다. 하지만 그런 건 왠지 아닐 것 같다. 그 정도의 생각에 무릎을 칠 윤희가 아니다.

"토요일인데 오이스트라흐도 좀 쉬게 해주지그래."

타스케 팀장이 돌아왔다. 무려 3개월 만의 복귀. 다음 주 월요일부터 출근하면 될 텐데 무슨 일인지 오늘 회사를 들렀다. 표현할 방법을 몰라 그냥 어제 퇴근해서 오늘 출근하는 팀장에게 하듯 꾸벅 인사만 하고 말았지만 기쁜 마음이 솟구칠 정도로 반가운 재회였다. 타스케 팀장은 미소 띤 얼굴로 CD 쪽을 가리키고 있었다. 그러고 보니 요즘 계속 그가 빌려준 CD를 반복해서 듣고 있었다. CD를 뽑아 돌려주니 팀장이 다른 CD를 걸었다. 좀 더 있다가 갈 생각인 듯했다. 그는 짊어지고 있던 큰 배낭을 내려놓고 짐을 정리하기 시작했다. 정리라고 해봤자 몇 권의 책을 꺼내놓는 것에 불과했지만 한 권 한 권 훑어보면서 꺼내느라 그래도 시간이 꽤 걸렸다. 그중에 시집 세 권을 고르더니 아무 말없이 나에게 건넸다. 세 권 모두 손때가 굉장히 많이 묻어 있는 책들이었다.

20_런던에 이르는 가장 빠른 방법

"괜찮으면 나랑 소주나 한잔 하겠나?"

"네, 소주요?"

정말 뜻밖이었다. 나는 타스케 팀장이 술을 전혀 못하는 줄만 알았다. 그가 사람들과 어울려 술을 마시는 걸 본 적도 없고 그런 얘기를 들은 적도 없다. 내가 몹시 의아해하는 것을 느꼈는지 타스케가 다시 가방을 짊어지며 멋쩍게 웃었다.

"오늘 보름달이 뜨잖아. 늑대는 보름달에 약하거든."

편지를 마무리하지 못한 것이 마음에 걸리긴 했지만 어차피 런던에 이르는 가장 빠른 방법에 대한 뾰족한 아이디어도 없었다. 게다가 타스케 팀장의 첫 번째 초대이기도 해서 서둘러 가방을 챙겼다. 간혹 한 번씩 들른다는 그의 단골술집은 회사에서 조금 떨어진 곳에 있었다. 차를 타고 가기도 애매해서 우리는 초저녁 길을 그냥 걸어가기로 했다. 무거운 배낭 때문에 몸을 앞으로 잔뜩 기울이고 걸어가서인지 가뜩이나 작은 그의 체구가 더욱 왜소하게 느껴졌다. 괜히 들어준다고 나서면 어떻게 생각할지 몰라서 한동안 망설였는데 횡단보도에 다다를 때쯤 다리에 힘이 풀린 듯 갑자기 휘청하는 모습을 보고는 가만히 있을 수가 없었다.

"저기, 팀장님! 배낭 저 주시겠습니까?"

생각하는 늑대 타스케

타스케 팀장은 언제나 사양할 때 더욱 친절하게 웃는다.

"아니야. 이건 내가 짊어져야 할 짐이니까. 그보다 저길 보게."

타스케의 시선이 닿은 곳에는 손에서 놓친 지팡이를 찾아 땅바닥을 더듬고 있는 한 젊은 시각장애인이 있었다. 횡단보도 맞은편에 있어서 당장 도와주지 못하고 한참을 기다려야 했다. 마침 지나가는 사람도 없어서 바로 뒤에 있는 지팡이를 두고 다른 곳을 더듬는 모습이 너무 안쓰러웠다. 파란 신호등이 켜지자마자 그에게 달려갔다. 얼마나 그러고 있었던 건지 청년의 옷은 초여름 햇살이 무색할 만큼 흠뻑 젖어 있었다. 고맙다는 인사를 하고 지팡이를 탁탁거리며 사라지는 뒷모습에 타스케도 마음이 짠했던 모양이다. 그는 배낭에 눌려 구부정한 자세로 청년이 횡단보도를 완전히 건너갈 때까지 그를 계속 지켜보고 있었다.

"어, 오늘은 혼자가 아니시네요?"

타스케 팀장이 가끔 찾는다는 술집은 북경반점보다도 더 허름했다. 골목골목을 굽이굽이 돌아가야 겨우 찾을 수 있는 작은 빌딩 1층의 좁다란 공간에 자리 잡은, 월세는 제대로 낼지 걱정까지 들 정도의 술집이었다. 이 집의 주인도 노인이었다. 그에게는 팀장에게 일행이 있다는 사실이 놀라운 듯했다.

"알아서 챙겨주세요."

늘 그런 식이었는지 주문하는 사람이나 주문받는 사람이나 둘 다 그 과정에 집중하지 않았다. 한동안 주방에서 뚝딱뚝딱하던 노인이 차려온 것들을 보고 나는 약간의 불쾌감을 느꼈다. 그 집의 모든 안주를 다 꺼내온 것 같았기 때문이다. 처음엔 장사도 안 되는데 기왕에 찾아온 손님한테 몰아서 한꺼번에 팔아 치우려는 장삿속처럼 보였다. 그러나 몇 잔의 술이 오가는 동안 사실은 원래부터 타스케 팀장이 늘 그런 식으로 주문해왔다는 사실을 알게 되었다. 비쩍 말라 보이는 체구에 식성조차 신통치 않은 타스케는 유독 그 집에서만큼은 그 많은 안주를 깨끗이 비우고 있었던 것이다. 아예 노인은 타스케 팀장이 애초부터 왕성한 식욕의 소유자로 알고 있을 정도였다.

"그나저나 그동안 별일은 없었고?"

불가사의한 식욕 변화에 대해 물어보려고 했을 때 팀장이 먼저 질문을 던졌다. 그동안 진행했던 자잘한 프로젝트와 정 차장과의 경쟁, 그리고 패배로 끝난 결과에 대해 이야기해주었다. 그랬더니 그는 그 얘기들에 등장하는 사람들의 근황을 물어보는 것으로 질문을 바꿨다. 일에 대해선 별로 신경 쓰지 않는다는 투였다. 처음엔 함께하는 첫 술자리답게 어느 정도의 어색함이 돌았다. 그러다 공통적으로 알고 있는 사람들의 근황이 우리가 앉은 의자의 거리를 좁혀놓았는지, 시간이

생각하는 늑대 타스케

갈수록 술자리는 어떤 얘기라도 할 수 있을 만큼의 분위기로 덥혀지고 있었다.

 "팀장님은 어떻게 지내셨습니까?"

 타스케 팀장은 소주 두어 잔을 마시기 전까지 별다른 이야기를 꺼내지 않았다. 대답하기 싫은 건가 했는데 술을 넘긴 그의 목소리는 생각보다 경쾌했다.

 "낚시하러 다녔지."
 "낚시요? 아, 팀장님도 낚시를 좋아하시나 봐요?"

 언젠가부터 낚시 이야기만 들으면 아버지가 떠오른다.

 "간혹 다니긴 하는데 그다지 잘하는 편은 아냐. 물고기는 안 잡히고 맨날
 늦대만 낚여."

 타스케 팀장의 머쓱한 표정. 아버지도 그런 식으로 이야기한 적이 있다. 사업에 실패하고 시골로 내려간 아버지는 한동안 그곳에 마음을 내리지 못했다. 그곳에서 사귄 친구 손에 이끌려 낚시를 다니게 되면서부터 아버지는 그곳 사람이 되었다고 했다. 아버지가 낚는 것은 시간이라 했다. 황혼기에 접어든 아버지에겐 잡아야만 버릴 수 있는 시간이 있었나 보다. 잘 모르겠지만 어쩌면 타스케 팀장도 비슷

20_런던에 이르는 가장 빠른 방법

한 것 아닐까. 잠시 동안 우리 사이엔 별다른 말이 오가지 않았다.

"김 대리."

타스케 팀장이 나지막이 나를 불렀다. 그가 처음 나를 부른 것도 아닌데 어쩐지 그 소리가 너무도 새삼스러웠다. 세상 모든 것이 그의 이야기를 들으려고 귀를 기울이듯 조용해졌다.

"김 대리, 자네는 분석의 힘을 믿는가?"

"……"

"나는 한때 분석의 힘만 믿었어. 세상에 알아내지 못할 것은 없다고 생각했지. 나는 거침이 없었어. 오만하게도 나는 내가 사람의 마음까지 분석해낼 수 있다고 생각했으니까 말이야."

"네……"

"분석을 하다 보면 유형을 만들게 되지. 사람들을 비슷한 유형으로 묶으려 하는 거야. 왜 요즘에 사람의 성격을 몇 가지 유형으로 나누고 그러는 것처럼 말이야. 세세하게 발생하는 작은 차이는 무시해버렸어. 그 모든 걸 고려하면 유형화하기도 힘들고 분석 자체가 무의미해지니까 말이지."

소주가 썼다.

생각하는 늑대 타스케

"그런데 그러다 보니 어느새 나는 분석을 위한 분석에 혈안이 되어 있더군. 내가 무시했던 세세한 차이들이 인간의 행동에 임청난 영향을 끼칠 수도 있다는 걸 끝까지 인정하지 않았어. 그러던 어느 날 아침, 눈을 떠보니 내 얼굴이 늑대로 변해 있었지."

소주가 또 썼다. 나는 담담하게 앉아 있었지만 실은 어떤 말을 해야 할지 몰라 서성거리고 있었던 것에 가까웠다. 그가 오만이라고 표현한 것에서 나 스스로가 자유로울 수 있을지도 의문이었지만, 무엇보다 그가 친절하게 전하는 이야기 속에 내가 다 짐작할 수 없는 고뇌의 무게가 느껴졌기 때문이었다.

"김 대리, 사람을 분석하려 하지 말게. 사람은 분석할 수도 없고 분석할 의미도 없지. 사람을 분석하는 일은 외계인 아니면 나 같은 늑대나 할 짓이야. 사람인 자네에게 사람은 분석의 대상이 되어서는 안 되네. 자네에게 사람은 이해의 대상이어야 해. 분석이란 그 자체로 자신과 대상의 다름을 전제할 수밖에 없어. 반대로 이해는 서로의 일치를 전제하게 되지. 사람의 마음은 허술하기 짝이 없는 분석 따위로 알아낼 수 있는 게 아냐. 오직 이해를 통해서만 알아낼 수 있는 거라네."

우리는 벌써 소주 세 병을 넘기고 있었다.

20_런던에 이르는 가장 빠른 방법

"김 대리, 자네는 아까 길에서 만난 청년을 보고 무슨 생각이 들던가?"

지팡이를 놓쳐 땅바닥을 더듬던 시각장애인 청년. 타스케 팀장이 갑자기 아무 의미 없이 지워질 뻔한 기억을 살려놓았다.

"특별한 생각은 없었습니다. 좀 안됐다는 생각 정도……"
"그래, 그렇지. 내가 봐도 좀 안됐더군. 그런데 이런 생각을 해보면 어떨까? 자네가 만약 그 청년이었다면, 자네는 어떤 생각이 들었을까?"

글쎄, 내가 만약 그 청년이었다면 내 기분은 어땠을까. 답답하고 억울했겠지. 막상 대답을 하려니 너무 뻔해 보여서 그냥 잠자코 있었다.

"나도 내가 그의 입장일 때 어떤 생각이 들지 정확히 알 수는 없어. 물론 누구든 곤란한 상황에 빠진 그 청년을 보고 안쓰럽게 생각할 수 있었을 거야. 하지만 그 청년은 적어도 지팡이를 찾아준 자네가 자신을 '안됐다' 고 생각하지 않길 바랐을 것 같군. 동정의 대상이 되긴 싫었을 거란 뜻이지. 김 대리, 그것이 바로 분석과 이해의 차이야. 분석은 자네로 하여금 자꾸 그 청년을 대상으로 보게 만들지. 자네의 관찰 대상인 그는 분명 안쓰럽고 불쌍해. 하지만 이해하면 모든 것이 달라져. 이해는 자네를 그 청년 자신으로 만들 거야. 바로 그 친구의 입장이 되는 거지. 청년의 생각을 깨닫는 게 아니고 청년의 눈과 가슴을 납득하고 받아들이게 되는 거야."

주인장 노인이 김치찌개를 데워왔다. 벌써 두 번째다. 타스케는 그 집 김치찌개를 유난히 좋아하는 듯했다.

"자네 혹시 '마케팅 상상력'이란 말 들어봤나?"

"네. 레빗Theodore Levitt 교수의 책을 읽어본 적이 있습니다."

"허허, 자네답군."

"네?"

"굳이 그가 아니더라도 마케팅 상상력에 대해선 많은 이야기들이 있지. 뭐 결국 하는 얘기는 다들 비슷한 것 같아. 중요한 것은 마케팅에서도 결정적인 역할을 하는 건 결국 상상력이라는 결론."

"네, 알고 있습니다."

"응, 그래. 그런데 말이지, 나는 마케팅에서 상상력이라 부르는 것도 실은 궁극적으론 이해력으로 봐야 한다고 생각해. 마케팅에서 상상이 필요한 부분이 무엇이겠어? 아마도 고객의 마음이겠지. 즉 마케팅이란 결국 누가 더 소비자의 마음을 정확하게 상상해내느냐의 싸움이 될 거라는 말이야. 누군가의 마음을 상상한다는 것을 생각해보자고. 마음을 상상한다는 게 뭘까? 그 사람의 입장을 온전히 이해함으로써 그 사람의 눈으로 세상을 바라보는 것 아닐까?"

이해를 하려 한다고 이해할 수 있을까? 그 사람의 눈으로 세상을 보겠다고 그렇게 될 수 있을까? 타스케 팀장의 이야기를 듣다가 그 문제가 목에 걸렸다. 술이 잘 넘어가지 않았다.

"이봐, 김 대리. 이해하고 싶다면, 그 사람의 눈으로 세상을 보고 싶다면, 진심으로 그를 사랑해보게나. 사랑하는 사람의 눈으로 자네를 돌아보는 거야. 자네가 지금 사랑에 실패했다면 그것은 자네가 자네의 눈으로 그 사람을 봤을 뿐 그 사람의 눈으로 자네를 보지 못했기 때문이라네. 김 대리, 그렇게 사랑하는 마음으로 끊임없이 일치를 추구해야 해. 그래야 이해할 수 있어."

취한 듯 취하지 않은 듯, 타스케가 내 잔을 채우고 있었다.

"김 대리, 자네의 눈을 버리고 그 사람의 마음으로 세상을 보게나. 나를 극복하고 싶다면 나를 분석하지 말고 이해해야 해. 나를 이해하고 싶다면 나를 사랑해봐. 내가 늑대로밖에 보이지 않는 그 눈을 버리고 지금 바로 내 마음속으로 뛰어들게. 그때 보일 거야. 내가 왜 내 소박한 위장으로는 감당할 수 없을 만큼의 안주를 시켜 먹는지, 내가 왜 자네를 사랑할 수밖에 없는지. 김 대리, 내 마음속으로 뛰어들어서 내 마음으로 자네를 바라봐. 그래야만 늑대를 잡을 수 있어. 멀쩡한 눈을 달고도 상대방의 마음을

생각하는 늑대 타스케

상상하지 못하고 상대방이 세상을 어떻게 보는지 알지 못한다면, 그것이
야말로 진짜 안타까운 시각장애인 거야."

시간이 얼마나 흘렀을까. 우리의 술자리는 어느새 한참 거나해져 있었다. 주인
장 노인은 가게 구석에서 꾸벅꾸벅 졸고 있었고, 타스케 팀장은 여전히 술잔을 비
우고 있었다. 그가 조용하게 잔을 부딪쳐 왔다.

"인 비노 베리타스in vino veritas! 진리는 술 속에 있지."

말이 없기에 많이 취한 줄 알았는데, 그는 기분이 좀 더 밝아져 있었을 뿐 그리
많이 취한 상태는 아니었다. 타스케 팀장이 따라주는 술을 바로 들이켜고 잔을
돌려주었다. 이번엔 내가 술을 따르며 그에게 물었다.

"팀장님, 영국 끝자락에서 런던에 이르는 가장 빠른 방법이 무엇일까요?"

타스케는 잠시 생각에 빠진 듯했으나 표정은 꽤 여유 있어 보였다.

"글쎄, 쉽지 않은 질문이군. 결국 '어떻게 하면 같은 길도 더 짧게 느껴질
까?'라는 질문처럼 들리긴 하는데…… 뭐, 그거야 사람마다 다를 테니
까. 나는 그냥 내 경우의 답을 하지. 괜찮겠지?"

20_런던에 이르는 가장 빠른 방법

"네, 저도 팀장님 경우의 답을 듣고 싶습니다."

"나라면, 음…… 김 대리, 늑대에겐 모든 길이 멀게만 느껴진다네. 짧은 길이란 없지. 왜냐하면 길 떠나는 늑대는 혼자 다녀야 하는 일이 많기 때문이야. 짐작하겠지만 혼자 다녀야 한다는 건 상당히 쓸쓸한 일이지. 그런데 만약에 늘 혼자 다니던 나에게 자네같이 좋은 길동무가 생긴다면 그 길은 훨씬 짧아질 거야. 그 길에 지나치는 풍경도 나누고 그 풍경 속에 있는 추억도 나눌 수 있겠지. 나의 경우엔 '좋은 길동무와 함께'라고 답하겠어. 좋은 길동무만 있다면 영국 끝자락 아니라 우주 끝에서 출발한다고 해도 런던이 멀게 느껴지지 않을 것 같군, 나라면."

아…… '좋은 길동무'라는 말이 끊기지 않는 메아리처럼 귓속을 울렸다. 심장이 멎을 뻔했다. 이 이야기 아니었을까, 윤희가 나에게 해주고 싶었던 이야기. 소름이 돋았다. 어쩌면 윤희는 우리가 서로에게 더 이상 좋은 길동무가 될 수 없다고 생각해서 떠났던 것일지도 모른다. 내 손에 이끌려 함께 걷기는 했지만 내가 디자인한 곳으로 내 페이스에만 맞추다 보니 어느새 옆에 있으나 옆에 있는 것 같지 않고 함께 걸으나 함께 걷는 것 같지 않은, 그래서 동행 같지 않은 동행으로 느껴졌을지도 모른다. 그러다 윤희는 그동안 나에게서 받은 메일들을 통해 조금씩 변하고 있는 나를 본 건 아닐까. 같은 곳을 향해 같은 보폭으로 걷는 법을 익히는 나를 조금씩 기대하게 된 건 아닐까. 술은 깨고 있었는데 심장은 그때부터 더욱 두근거리기 시작했다. 내친 김에 타스케 팀장에게 더 물어보고 싶어졌다.

생각하는 늑대 타스케

"만약에, 만약에요, 팀장님. 누군가 이 이야기를 저에게 들려주었다면, 왜 이런 얘기를 저에게 들려주고 싶었던 걸까요?"

타스케 팀장은 과장되게 혀를 찼다. 하지만 그의 눈빛만큼은 언제나처럼 따뜻했다.

"어허, 이 친구 참 구제불능일세. 이봐, 김 대리, 그걸 알고 싶은가?"

그의 목소리가 점점 커졌다.

"알고 싶다면, 제발 좀 자네의 그 너무나 잘나빠져서 오히려 흐리멍덩한 눈을 던져버려. 자네가 가지고 있던 생각을 깨버리고 그것으로부터 좀 자유로워지게나. 원래 가지고 있던 생각을 깨고 나면 더 이상 갈 데가 없어서 허둥대겠지. 이봐, 김 대리. 허둥대지 말고 과감하게! 그런 건 물어보면 안 되는 거야. 이제 그만 그 사람의 마음속으로 뛰어들란 말이네. 그 사람이 가장 바라는 게 바로 그걸 거야. 왜냐하면, 음…… 그건 자네가 더 잘 알겠군. 그것도 모른다면 자네는 그 문제를 풀 자격이 없어."

타스케 팀장이 잔을 비우려다 말고 그것이 마지막 잔임을 확인하고는 그냥 일어섰다.

20_런던에 이르는 가장 빠른 방법

"여기 머물렀던 시간에게도 한잔 주자고. 자, 이제 그만 가세. 더 물어볼 거 없지?"

"한 가지 더 있습니다."

팀장이 다시 자리에 앉자 술값을 계산하려 일어섰던 노인도 다시 자리에 앉았다.

"뭔가?"

"저, 다음 주 월요일부터 일주일 정도 휴가를 다녀올까 하는데 괜찮겠습니까?"

"그거야 뭐, 자네 마음이지. 좋을 대로 하게. 그런데 왜 무슨 일이라도 있나?"

"런던을 다녀와야겠습니다."

"런던?"

나는 고개를 끄덕이며 대답했다.

"인생을 함께 걸어가야 할, 제 좋은 길동무가 지금 거기에 있습니다."

에 필 로 그

생각이 생각을 바꿉니다
생각이 생각을 키웁니다

호모 사피엔스Homo Sapiens. 생각하는 동물. 인간은 참 흥미로운 존재입니다. 지금까지 발견된 존재로는 거의 유일하게 복잡한 사고를 처리할 수 있는 능력을 가진 존재임에도 지구상의 그 어떤 동물보다도 생각하기를 싫어하는 것처럼 보입니다. "생각이 많아"라는 말도 즐거운 상상을 한다는 의미보다는 어쩐지 고민이 많다는 말처럼 느껴지고, 은연중에 우리는 '멍 때리는' 것에 호의를 품기까지 합니다. 인지적 구두쇠라는 말에서 알 수 있듯 사람은 인지적 과정에 에너지를 소모하는 일을 되도록 회피하려는 성향이 정말로 강하다는 인상입니다. 어쩌면 '생각하는 동물'이란 그런 우월한 능력을 가진 존재라는 의미보다는 생각을 피할 수 없어 불행한 동물이라는 의미일지도 모르겠습니다. 그럼에도 불구하고 저는 '생각의 가치'를 믿습니다. 생각이 힘을 내야 세상의 모든 선한 의지도 결국 실현될 수 있습니다. 생각이 다른 생각을 만나 새로움을 만들고, 그 이로움을 나누는 과정을 옹

생각하는 늑대 타스케

호합니다. 생각하기 싫어하는 동물적 본성을 딛고, 인간을 이롭게 하기 위해 굳이 아이디어의 길을 걷는 사람들에게 조그만 힘이라도 보태고 싶어 이 작업을 시작했습니다.

아이디어를 찾으려면, 먼저 아이디어를 찾는다는 게 일종의 정해진 답을 찾는 것과는 다른 작업임을 깨달아야 합니다. 아이디어는 수식이나 분석에 의해 답 떨어지듯 나오지 않습니다. 그것은 주어지는 정보를 어떠한 각도에서 보고 어떠한 방식으로 취급하느냐에 따라 발견될 수도, 발견되지 않을 수도 있는 것입니다. 즉 아이디어의 발견 여부와 질을 결정하는 가장 중요한 변수는 바로 사고방식이라고 볼 수 있고, 그러므로 아이디어를 찾는 사람에게는 생각의 각도를 최대한 확보할 수 있는 새로운 사고방식을 구축하는 작업이 무엇보다 중요하다고 할 수 있습니다.

새로운 사고방식을 구축하려면 지금까지의 습관이 만드는 생각, 즉 '습관의 생각'을 깨는 것부터 시작해야 합니다. 상당한 노력이 필요한 작업이긴 하지만 불가능한 것도 아닙니다. 습관의 생각을 깨는 가장 좋은 방법은 습관의 생각이 가장 싫어하는 것을 끈질기게 행하는 것입니다. 습관의 생각은 생각을 귀찮아합니다. 저번에 생각했던 것은 저번에 생각했던 방식으로 되도록 간단하게 마무리하려고 합니다. 습관의 생각은 생각의 갱신을 피하려 하고 한 번 저장된 정보를 의심하려 하지 않습니다.

그러므로 '습관의 생각'은 의도적으로 자꾸 생각하는 습관, 즉 '생각의 습관'에 의해 해체될 수 있습니다. 철학 개념 중에 '양질전화$_{量質轉化}$의 법칙'이라는 게 있습니다. 양적 변화가 질적 변화를 일으킨다는 의미입니다. 열에 의해 얼음 속 분자의 양이 변하면 어느 순간 얼음이 물로 질적인 변화를 일으키는 것과 같은 이치입니다. 마찬가지로 생각의 양이 많아지면 그전에 보지 못했던 앵글의 생각을 하게 되고 이러한 경험이 반복되면서 어느 순간 생각의 질도 '극적으로' 변하게 됩니다. 이 책에서 소개된 방법들을 한마디로 요약하면 결국 생각을 진전시키지 못하게 막았던 과거의 습관을 깨서 생각의 양을 더 많이 확보하는 방법과 다르지 않습니다. 전문가의 의견, 그동안 당연하다고 생각했던 것들, 더 이상 생각할 거리가 없을 것 같은 정보나 뉴스 기사, 남들의 허튼소리, 익숙하고 효율적인 프로세스, 뭔가 객관적인 것처럼 보이는 숫자, 한눈에 봐도 딱 보이는 문제점들. 이것들을 만나는 순간 습관적인 생각은 더 이상의 생각을 멈추게 만들고 그 결과 다시 습관적인 생각이 강화됩니다. 이 악순환의 고리를 끊고 생각의 양을 더 많이 늘리는 것만으로도 우리의 통찰력은 자랄 수 있습니다.

습관의 생각과 싸우는 데 가장 좋은 생각의 습관은 자꾸 왜냐고 묻고 자꾸 의심해보는 것입니다. 일부러 거꾸로 생각해보는 것도 좋습니다. 인간적인 신뢰에 관한 문제가 아닌 이상 의심은 나쁠 게 없습니다. 그것은 문을 닫고 갇혀버리려는 생각의 방을 신선한 공기로 환기시키는 건강한 버릇입니다. 또 한 가지 좋은 습관은 생각의 충돌을 즐기는 것입니다. 자신의 생각을 꺼내는 것을 주저하지 말고 타

생각하는 늑대 타스케

인의 생각이 내 생각에 걸어오는 도전을 꺼리지 않는 게 중요합니다. 금고 깊숙이 보관된 생각에는 이자가 붙지 않습니다. 다른 생각을 겪어낸 생각이 튼튼해지는 것이고 다른 생각과 섞인 생각이 더 크게 자라는 것입니다. 상대방의 생각이 옳을 수 있고 내 생각이 틀릴 수 있습니다. 생각은 원래 그렇습니다. 그것을 인정하고 생각 자체에 유연한 자세를 가지는 것이 생각의 각도를 확대하는 좋은 태도입니다.

몇 번의 생각으로 '습관의 생각'이 사라질 리 없습니다. 습관이 될 정도로 꾸준히 생각해야 겨우 조금씩 바뀔 겁니다. 자각하기 힘든 수준의 변화가 이어지다가 어느 지점에서 희미하게나마 안 보이던 것이 보이기 시작할 겁니다. 그때가 질적인 변화의 첫걸음입니다. 상당히 많은 양적인 변화를 전제한다는 점을 잊지 말고 계속 생각해야 합니다. 생각이 생각을 바꾸고 생각이 생각을 키웁니다. 자기 자신의 사고력을 끝까지 믿는 게 중요합니다. 끝내 성공하기 위한 최소한의 조건은 끝까지 포기하지 않는 것입니다.

생각하는 늑대 타스케

ⓒ 서재근 2015

1판 1쇄 2015년 10월 19일
1판 7쇄 2022년 1월 18일

지은이 서재근
펴낸이 황상욱

기획 황상욱 남충식 **편집** 이은현
디자인 최정윤 **마케팅** 윤해승 장동철 윤두열
표지 그림 서재근 **본문 그림** 이태형 서재근
제작처 더블비(인쇄) 책공감(제본)

펴낸곳 (주)휴먼큐브
출판등록 2015년 7월 24일 제406-2015-000096호
주소 03997 서울특별시 마포구 월드컵로14길 61, 2층

문의전화 02-2039-9462(편집) 02-2039-9463(마케팅) 02-2039-9460(팩스)
전자우편 yun@humancube.kr

ISBN 979-11-955931-3-2 03320

인스타그램 @humancube_books **페이스북** fb.com/humancube44